AM ABEND NACH DER OPER

FLUCHT INS DUNKEL

Arthur Maria Rabenalt

Joseph Goebbels und der »Großdeutsche« Film

Arthur Maria Rabenalt

Joseph Goebbels und der »Großdeutsche« Film

Ausgewählt, durch historische Fakten ergänzt
und herausgegeben von
Herbert Holba

Mit 116 Abbildungen

Herbig

Der vollständige Originaltext befindet sich unter dem Titel
»DIE SPIELWIESE DES DR. JOSEPH GOEBBELS«
im Deutschen Literaturarchiv in Marbach

Das gesamte Bildmaterial stammt aus dem Privatarchiv
Arthur Maria Rabenalt

Umschlaggestaltung: Christel Aumann, München
Satz: Filmsatz Schröter GmbH, München
Gesetzt aus 10/12 Times auf Linotron 202
Druck und Binden: Wiener Verlag, Himberg
Printed in Austria
ISBN: 3-7766-1369-6

Inhalt

Vorwort

Seite 9

I

Der Filmfan

Seite 13

Die Zeit und das Kino – Bomben, Terror und weiße Mäuse – Eine Personenumschreibung zur Spurensicherung

II

Der Schirmherr

Seite 37

Start mit Pannen – Gleichschaltung und Ausschaltung – Goebbels produziert im Ausland

III

Der Medienmogul

Seite 65

Der Konzernchef – Theater, Theater – Fisch im Wasser – Vorsicht Musik, Achtung Schlager – Von der Nipkow-Scheibe zur Bildschirm-Röhre

IV

Der Entertainer

Seite 93

Die Kontinuität des Unterhaltungsfilms – Die Beine hoch, die Reihen fest geschlossen: Der Revuefilm – Probeaufnahmen, die Probe aufs Exempel – Die Zeit als Beispiel

V

Der Liebhaber

Seite 115

Aus dem Tagebuch eines Spätpubertären – Der »Gefühlsmensch« oder Eine preußische Liebesgeschichte – Der Voyeur – Der Erotomane – Goebbels' gerammelte Werke – Der Herr Reichsminister gibt sich die Ehre – Befehl zum Rapport – Liebesnester, Zeremonien und Rituale – La vie intime, Goebbels en pantouffles oder Die Schwierigkeit mit dem Minister zu schlafen – Spitzeldienst in Spitzenhöschen

VI

Der betrogene Betrüger

Seite 159

Der heimliche Widerstand – Das Spiel mit der eingereichten Besetzungsliste

VII

Der Schreibtischtäter

Seite 169

Der Fall Herbert Selpin – Der Fall Joachim Gottschalk – Der Fall des Oberleutnant Richter – Der Fall Renate Müller – Der Fall Hans Otto

VIII

Der Zivilist als Kriegsherr

Seite 187

»Der Soldate ist der schönste Mann im Staate«: Der Soldatenfilm des Vorkriegs – Die eherne Zeit: Der Krieg im Spielfilm – Der Unterhaltungsfilm im Kriege, Friede im Bombenhagel – Kompetenzstreit, Querelen und Malaisen – Schuß und Gegenschuß und die optische Achse, ein Intermezzo – Der landverschickte Film

IX

Der Reichskanzler

Seite 219

Das letzte Kapitel

Nachwort

In eigener Sache
Seite 223

Arthur Maria Rabenalt-Filmographie
(Kinofilme)
Seite 233

Personenregister
Seite 243

Vorwort

Die zahlreichen Erfahrungsberichte und Tagesaufzeichnungen, die während meiner Filmarbeit im Dritten Reich entstanden, wurden ausgewählt, nach den neuesten Erkenntnissen der Filmgeschichte fachlich ergänzt und von kundigen Händen herausgegeben. Dafür möchte ich Herrn Herbert Holba, Wien, herzlich danken.
Diese Berichte stellen den Filmfanatiker Joseph Goebbels in den Mittelpunkt, der als beherrschender Funktionär des Mediums glaubte, ein Lessing des Kinos, der Innovator und Initiator einer neuen deutschen Filmkunst zu sein und der doch zeit seines Lebens ein Sklave seiner amusischen Obsession, seines lädierten Selbstwertgefühles und seiner skrupellosen Demagogie blieb. Dieser Filmfan war ein cineastischer Amateur und Dilettant, ein kunst- und sachfremder Filmbanause.
Doch wird davon in diesem Buch weniger die Rede sein. Der Propagandist und Produzent von Hetzfilmen und verfälschten Filmdokumentationen ist nicht unser eigentliches Thema. Dieser ist bereits ausgiebig filmwissenschaftlich dargestellt worden. Uns interessiert hier mehr der Mann, der aus Opportunismus und privater Liebhaberei zum größten Tycoon des europäischen Filmmarktes wurde und die gewaltigen Produzenten Hollywoods in den Schatten stellte. Der zwar die Puppen seines Filmtheaters dank der Macht und Gewalt des Regimes, dessen Repräsentant er war, nach seinem Wunsch und Willen tanzen lassen konnte, selbst aber nur eine Spielfigur wirtschaftlicher Interessen und der sich stetig wandelnden höheren Umstände war. Und der dabei kreativ impotent blieb.
Es ist bekannt, daß die Auswahl der rein propagandistischen Haß- und Hetzfilme in der Gesamtproduktion dieser bösen zwölf Jahre unverhältnismäßig gering war. In der Mehrzahl der Filme war die nationalsozialistische Gegenwart meist streng ausgeklammert. Sie

spielten in einer Wunschwelt, die mit den harten Gegebenheiten des politischen und später kriegsgeprägten Alltags nicht einmal die Parolen, Embleme und Symbole gemeinsam hatten. Der Inhalt der folgenden Ausführungen ist vorwiegend eine Schilderung jener »Spielwiese«, die sich Joseph Goebbels zu seiner Unterhaltung und der des Führervolkes schuf. Der Propagandist und Politiker kommt dabei weniger zur Sprache als der Privatmann mit seinem speziellen Hobby, (denn er war nach einem Wort der Zeit »moviecrazy«), der Mensch mit seinen Charaktereigenschaften, seinen Fehlern, Schwächen, Vorurteilen und Animositäten, seinem nicht immer richtigen Gespür, seinem mangelnden Kunstverständnis und schlechtem Geschmack.

Der Realpolitiker und Pragmatiker wußte als Massenpsychologe hingegen genau, wie unbeliebt der offiziöse und repräsentative Tendenzfilm in der breiten Masse im Grunde war, und gab sich nach ersten bitteren Erfahrungen keinen falschen Vorstellungen hin.

In den vergangenen Jahrzehnten nach dem Zusammenbruch der Gewaltherrschaft, hatte man undifferenziert davon gesprochen, daß der »sogenannte« unpolitische Film des Dritten Reiches gerade durch seine Unterhaltungs- und Zerstreuungsqualität innenpolitische Zwecke erfüllte und durch seine Zeitflucht die Alltagslasten verminderte. Aber diese Eigenschaften waren und sind ja die ureigene Aufgabe des Unterhaltungsfilmes, in welcher Zeit und in welchem Land er auch immer entstand oder entsteht, und ohne diese Eigenschaften er sein eigener Widerspruch wäre und sich selbst ad absurdum führen würde.

Niemand wird leugnen, daß der Unterhaltungsfilm dieser Epoche die Aufgabe hatte, die Stimmung und Laune schwer geprüfter Menschen zu heben. Aber es ist töricht, ihn für die Verlängerung des Krieges oder die Erhaltung des politisch herrschenden Systemes verantwortlich zu machen!

Dies ist so absurd, als würde man dem *Dreimäderlhaus*, der *Csardasfürstin* oder einem Schwank von Arnold und Bach die Schuld für die Dauer des Grabenkrieges 1914–18 zuweisen.

Die Kriegsmoral des Volkes wurde nicht durch diese Art von Filmen gestärkt, die in letzter Stunde verzweifelten Menschen eine

heile Welt vorgaukelten, sondern vielmehr – was kein Stratege heute mehr bestreiten kann – durch die systematischen und permanenten Flächenbombardements großstädtischer Wohngebiete. Sie waren jedenfalls in gleicherweise sinnlos und uneffizient.
Wie dem auch sei. Unbestritten bleibt, daß die gesamte Spielfilmproduktion der letzten Kriegsjahre des Dritten Reiches etwas von dem irren Wahnwitz eines schizophrenen, pathologischen Filmfanatikers hatte, der den Namen Paul Joseph Goebbels trug.

Lugano, im Mai 1985 *Arthur Maria Rabenalt*

I
Der Filmfan

Die Zeit und das Kino

Der Mensch der ersten Nachkriegszeit, der berühmt-berüchtigten 20er Jahre, wurde entscheidend von einem Medium beeinflußt, das vor dem Ersten Weltkrieg aus dem Schaustellergewerbe aufgestiegen und knapp danach zu einer industriellen Weltmacht geworden war: Dem Film.
Das »laufende Bild« hatte sich nach dem »Großen Völkerringen« erst richtig etabliert, artikuliert und seine fast unbegrenzten Möglichkeiten gezeigt. Die Welt wurde vom Film infiziert wie von der Spanischen Grippe, sie wurde filmverrückt, kinosüchtig. Die Kinematographie wuchs zum Massen-Entertainment heran und schickte sich an, die attraktivste szenische Kunst des technischen Zeitalters zu werden. Erstmals begannen nicht nur die breiten Massen, sondern auch die elitäre Gesellschaft regelmäßig das Kino zu frequentieren, sein Besuch wurde zur kulturellen Pflicht, chic. Intellektuelle, Vertreter aller Kunstzweige und speziell Literaten widmeten ihm ihre Aufmerksamkeit und reflektierten darüber. Carlo Mierendorff schrieb fast süchtig: *Hätte ich das Kino!*, Literaturkritiker verfaßten Enzyklika, Journalisten fanden neue Weidegründe, namhafte Autoren versuchten sich in Filmstoffen und Drehbüchern, arrivierte Dichter gestatteten die Verfilmung ihrer Standardwerke. Die Streitfrage, ob das neue Medium »Kunst« oder »Kolportage« sei, erhitzte die Gemüter und führte zu heftigen Meinungsäußerungen. Filmschauspieler und Kinovedetten wurden zu Idolen, zu Göttern, ihre physische Erscheinung zu Identifikationsfiguren. Sie prägten die Mode und die Inhalte der Wunschtraumgedanken ihrer Zeitgenossen, beeinflußten gesellschaftliche Normen und die zwischenmenschliche Verhaltensstilistik.
Es ist verständlich, daß ein nach Kunstehren hungriger österreichischer Anstreicher, der zum Stadtstreicher geworden war, bevor er sich entschloß ein deutscher Staatsstreicher zu werden, der Faszina-

tion Film sich nicht entzog und dem italienischen und amerikanischen Monumentalkino Beifall zollte. Adolf Hitler sah die pompösen opernhaften Aufmärsche Tausender Statisten aus italienischen Kolossalfilmen, die beeindruckende Architektur aus Menschenleibern in D.W. Griffith' Superspektakel *Intolerance*, zelebrierte Haupt- und Staatsaktionen, die kinematographischen Trugbilder großer geschichtlicher Ereignisse. Und mit ihnen die hypnotisierte Zuschauermasse, ihre Verzauberung, Hingerissenheit und leichte Verführbarkeit durch das optische Pathos der Filmbilder.

Auch der Germanistik-Student Paul Joseph Goebbels, ein romantischer, verworrener Jüngling, überquellend von patriotisch-theatralischen Ideologien, zu deren fragwürdigem Pathos und Gestus ihn der zeitgenössische Expressionismus verführte, war ein leidenschaftlicher Kinogänger und blieb es sein Leben lang, obwohl er später das Lichtspielhaus nur bei festlichen Premieren besuchen konnte. Was für den nachmaligen Filmminister unheilvolle Folge haben sollte: Er sah fürderhin Filme nur noch allein in seinen Heimkinos, huldigte seiner Passion ohne Publikum im kleinen Kreis seiner Adlaten oder mit ausgewählten Zuschauern ohne eigene Meinung und ohne natürliche, impulsive Reaktionen, woraus sich falsche Eindrücke und Wirkungen ergaben, die den »Schirmherrn der deutschen Filmindustrie und Filmkunst« zu zahlreichen, oft verhängnisvollen Fehlurteilen verführten. Denn eine mittelmäßig ausgearbeitete Filmtragödie kann im kleinen Kreis vorgeführt zu Tränen rühren, während sie im ausverkauften Großkino vom Auditorium schallend ausgelacht wird; eine brillante Komödie ist vor geringem Publikum infolge mangelnder Resonanz oft gänzlich unkomisch, ja ärgerlich, während im vollbesetzten Haus Lachen und Beifall orkanartige Züge annehmen.

Während sich das immer ehrgeiziger werdende Kino bemühte, Kunst zu werden, blieb es für die Mehrheit seiner Fans das ideale Unterhaltungsmedium. Unterhaltung verhieß sowohl das Lachen wie seinen Gegensatz – das Weinen. Das Lachen hatte ursprünglich, nachdem es das große Staunen abgelöst hatte, Vorrang. Denn für die ersten Kinobesucher war fast alles, was sie sahen, in erster Linie komisch: Die Zappelbilder, die Worte des Filmerklärers, der

Während Goebbels mit seinen braunen Bataillonen Berlin und seine Kinos zu erobern sucht, machte das Theater der zwanziger und frühen dreißiger Jahre den Fehler, den Faschismus nicht ernstzunehmen.

Meine antimilitaristische Inszenierung von Jacques Offenbachs *DIE GROSSHERZOGIN VON GEROLSTEIN* in der Berliner Volksbühne am Bülowplatz mißfiel Hitler ungemein. Göring, der einstige Liebhaber von Käthe Dorsch, die die Titelrolle spielte, amüsierte sich hingegen an seinem Spiegelbild General Boum-Boum.

Die Aufführung von Bruno Franks *STURM IM WASSERGLAS* in der Berliner Volksbühne 1932 mit Dorothea Wieck und dem korrupten Kommunalpolitiker in der Hitlermaske war damals jedoch schon lebensgefährlich.

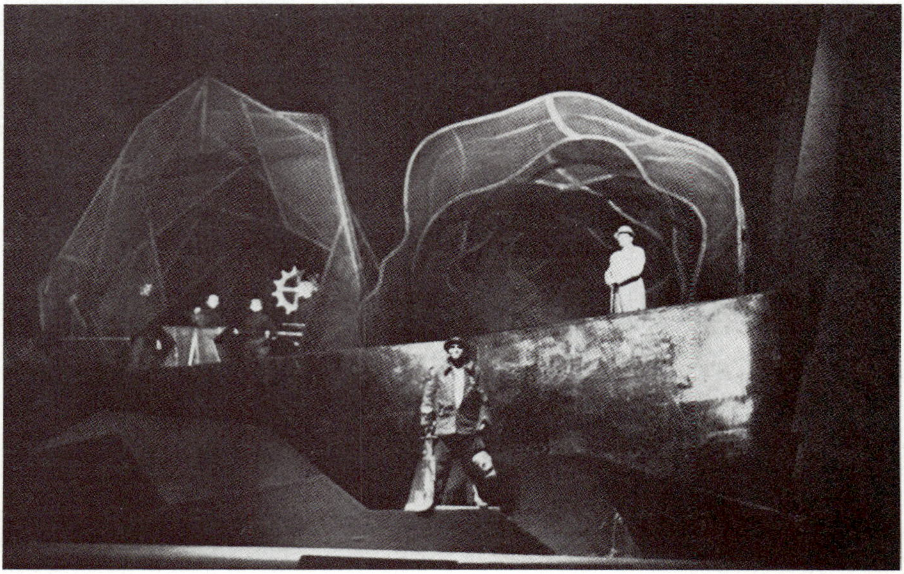

Wütend reagierte die Nazi-Presse auf die »entartete« Szenenkunst der »Kulturbolschewisten«.

Links unten:
Arnold Schönbergs *DIE GLÜCKLICHE HAND* in der Berliner Krolloper

Rechts:
Daniel F.E. Aubers *DIE STUMME VON PORTICI* als »linkes Revolutionstheater«

Unten:
Beethovens *FIDELIO*

Goebbels hetzt die Straße nicht nur gegen die Schändung der klassischen Antike auf. Hier ist es *DAS LEBEN DES OREST* von Ernst Krenek . . .

Gang der Menschen, die naiven Kameratricks. Erst dann kam – durch das Phänomen der Bewegung – die Sensation und mit ihm der Horror, der Schrecken. Zuletzt, als man begann dramatisch und theatralisch zu werden, wurde die Träne locker gemacht.

Obwohl Goebbels den Unterschied zwischen »Filmkunst« und »Unterhaltungskunst« in seinen zahlreichen Reden und Tagebucheintragungen mit Nachdruck apostrophierte, wuchs er weder zum ernstzunehmenden Theoretiker noch zum richtungsweisenden Interpreten heran. Er blieb zeit seines Lebens nur ein leidenschaftlicher Filmfan. Dabei hatte er – mangels Humor – nur wenig Sinn für das heitere Genre der Unterhaltung, für die Komödie, obwohl er die Mission der filmischen Lachpostillen durchaus erkannte. Slapstick-comedies etwa verursachten ihm Kopfschmerzen und erweckten in ihm Wutausbrüche. Er konnte der abstrusen Alogik dieser oftmals surreal anmutenden Filmspezies, ihrer hintersinnigen Philosophie, keinen Spaß abgewinnen. Der rationale Gedankenmensch und Logiker verwandelte sich beim Anblick diverser Genrespezialisten in einen »rasenden Roland« und bezeichnete z.B. die Mitglieder der »Keystone Cops« als Afterkünstler ohne Existenzberechtigung. Ähnlich beurteilte er Harold Lloyd, Buster Keaton und last but not least Charles Spencer Chaplin.

Obwohl lange Zeit seines Lebens nur nach außenhin ein geifernder Antisemit, mit der verborgenen Haßliebe zum jüdischen Geist (und zu seinem anfänglich sehr verehrten geistigen Vorbild, dem Literaturhistoriker und Shakespeare-Übersetzer Friedrich Gundolf) ausgestattet, die immer wieder eruptiv ausbricht, verfolgte er Chaplins »Kid« Jackie Coogan – aus Aversion gegen dessen Spieltechnik – mit den wütendsten Invektiven! Und das zu einer Zeit, als er noch Hoffnung hegte, Anstellung bei der Berliner »Judenpresse« zu finden: »Das Judenjüngelchen *(The Kid)* Jackie Coogan alias Jakob Cohn, wurde nun auch vom Papst empfangen. Wie die Blätter melden, hat der Vatikan auf den kleinen Mosesbengel großen Eindruck gemacht. Jetzt hat der Papst also auch den kleinen Cohn gesehen . . .« usf.

Hitler und Goebbels, die demagogischen Werbetrommler und

Propagandafanatiker, waren von der plakativen graphischen Kunst des bewegten Bildes förmlich hypnotisiert. Als sich kurz vor dem eigenen politischen Durchbruch zum Stummfilm der Ton gesellte, erweiterte sich beider Begeisterung zur Euphorie: Dieses Medium galt es zu erobern, bevor Deutschland oder damit Deutschland erwache! Jeder versuchte auf seine Weise mit der Filmwirtschaft zu kontaktieren. Hitler arrangierte sich mit Deutschlands Presse- und Filmzaren Alfred Hugenberg, der mit seiner Ufa-Wochenschau publizistische Schützenhilfe leistete, Goebbels mit Juristen, Finanzexperten und gemeinem Fußvolk, die ihm Ideen und einsatzbereite Fäuste anboten, mit denen der Kampf um den Film auf breiter Ebene bestritten werden konnte.
Der eigenen In-Szene-Setzung standen die beiden politischen Aufsteiger eher skeptisch gegenüber. Hitler war sich seiner rhetorischen Wirkung sicherer als seiner optischen. Er betrachtete sich für wenig fotogen, während Goebbels sich nur in gemessenen Redepassagen bildlich für tragbar und die Großaufnahme des oratorischen Ausbruches eher für bedenklich hielt. Diese Meinung behielten sie noch bei, als bereits mehrere tausend Meter belichtetes Material in Hunderten Kopien ihre »Schattenbilder« ins deutsche Volk warfen. Sie verließen sich mehr auf die Effektivität der Schau, das inszenierte Ritual, die Zeremonie, die Truppenrevue, die Massenparade, das Exerzitium, das Exerzieren und dann auf die Großaufnahme eines harten, männlichen Gesichtes, die magische Beschwörung und Durchdringung des Bodens und die Unendlichkeit eines Raumes.
Schon vor der Machtübernahme hielt Hitler Ausschau nach idealen Gestalten »nationalsozialistischer Filmspiele und offerierte anläßlich einer Wahlreise an einem geheimgehaltenen Treff der Tänzerin, Schauspielerin, Alpinistin, Wintersportlerin und Regisseurin in Personalunion Leni Riefenstahl die Inszenierung künftiger Staatsfilme«. Goebbels hingegen, von *Die Nibelungen, Metropolis* und *Frau im Mond* (einem Film, dem der spöttische Berliner Mutterwitz den Titel »Im Krater blühn wieder die Bäume« gab) äußerst angetan, spekulierte insgeheim auf deren Schöpfer Fritz Lang, von dem er sich ein nationalsozialistisches Gegenstück zum

bewunderten sowjetischen Revolutionsfilm *Panzerkreuzer Potemkin* erhoffte.

Den Menschen der 20er Jahre beeinflußte das Kino nachhaltig und sogar politisch. Knapp danach wurde er von einem zweiten neuen Medium erfaßt und geformt, dem Radio. Zwei nahezu magische Kommunikationsphänomene machten ihn zum Sklaven des Industriezeitalters: die Projektion des Bildes der Welt auf die Wände eines »Tempels der Illusion« und die drahtlose Entsendung des verkündeten Wortes durch den Äther an jede beliebige Steckdose. Der Mensch bekam neue Dimensionen seiner Sehgewohnheiten und neue Antennen für Wort, Ton und Musik. Ihm wuchsen mit der Technologie des Films und des Rundfunks neue Sensorien für Kreation und Rezeption. Nachdem der »Kinofan« geboren war, folgte ihm der »Radiofan«.

Goebbels war beides, und er griff nach diesen Medien wie ein hemmungsloser Trinker nach dem Alkohol. Aber während er im Rundfunk einzig ein Vehikel seiner beruflichen Lebensaufgabe sah, die Realität politisch verfälschend zu korrigieren, glaubte er als Filmmogul geheimste Sehnsüchte und Obsessionen verwirklichen zu können. Das Objekt seiner Wünsche besaß jedoch einen Januskopf, der in verschiedene Richtungen schielte und mehrere, sich oft widersprechende Aufgaben zu erfüllen hatte. Als staatlich sanktionierter Alleinherrscher mußte Goebbels Kapitalinteressen und Staatswünsche gleichermaßen befriedigen und darüber hinaus ein Publikum mit Narkotika versorgen, deren Betäubungsgrad er selbst bestimmen durfte. Wochenschau, Dokumentarfilm und staatlich subventionierte Tendenzstreifen ließen sich mühelos zu propagandistischen Zugpferden umfunktionieren. Der Spielfilm jedoch, der der Filmindustrie hohe Dividenden einbringen mußte, entpuppte sich bald als launischer, unberechenbarer, jedoch absolut notwendiger Weggefährte. Einerseits Spielplatz seiner eigenen Unterhaltung und jener der »Volksgemeinschaft«, andererseits Zinsen- und Devisenbringer: Ein Lustobjekt, das den »homo cinematicus« in etlichen Belangen von sich abhängig machte und des öfteren verselbständigte.

Die Wandlung des Bewunderers »großer Filme« zum autoritär

entscheidenden »Retter der Filmkunst« vollzog sich in Etappen und ist reich an Zwischen-, Zu- und Reinfällen. In der Summe reflektieren sie Aufstieg und Fall eines Mannes, der zu wenig Sensibilität und Weitblick besaß, um das erreichen zu können, was er unterschwellig anstrebte: den Parnaß.

Bomben, Terror und weiße Mäuse

»Ich möchte am liebsten den ganzen Schwindel in die Ecke werfen. Es ist zum Kotzen! . . .«, vertraute sich Joseph Goebbels am 19. Juni 1926 seinem Tagebuch an. Doch die Metamorphose vom »Revolutionär« zum machthungrigen Polit-Funktionär war bereits im vollen Gange. Noch am 22. November des Vorjahres hatte er bei der Hannoveraner Parteikonferenz gegen die »Vater-Figur« Adolf Hitlers aufbegehrt und den Ausschluß des »Bourgeoisie-Sympathisanten« aus den heiligen Reihen der Braunhemden gefordert. Des »Volkstribunen« unverblümte Anbiederungsversuche an deutsche Großkapitalisten hatten ihn hellhörig und stutzig gemacht, ihn den NSDAP-Linken um Gregor Strasser näher gerückt. Aber als Hitler, Himmler und die übrigen aus dem Münchener Kreis, die es sich materiell längst »gerichtet« hatten, dem »armen Ex-Studenten« Avancen machten, erwachte in ihm der »Realist«: Strassers Traum von der gewaltsamen Durchführung sozialistischer Ideale erschien Goebbels nunmehr weniger attraktiv als die Verwirklichung autoritärer Staatspolitik mit Unterstützung des Kapitals . . .

Goebbels' Übertritt ins Lager Hitlers machte sich bezahlt. Bereits im November 1926 wurde er zum Gauleiter von Berlin-Brandenburg ernannt. Seine Hauptaufgabe: die Vormachtstellung der Strasser-Gruppe zu untergraben und einen härteren Agitationskurs einzuschlagen. Die Organisation von Straßenschlachten gehörten ebenso dazu wie die Inszenierung pompöser Parademärsche und Propagandaveranstaltungen. Goebbels hatte erstmals Gelegenheit, seine Fähigkeit perfekt auszuspielen – 1929 rückte er zum Reichspropagandaleiter der Partei auf und galt als enger Vertrauter Hitlers.

Mit den Erfolgen wuchs auch sein Ego. Als selbsternannter »Berlin-Eroberer« ließ er sich keine Gelegenheit entgehen, die Bewohner der Reichshauptstadt auf seine Partei und Person immer wieder aufmerksam zu machen. Ein besonders geeignetes »Spielfeld« für spektakuläre Aktionen fand der Filmfan Goebbels naturgemäß auch vor und in den Kinos. Ideen dazu lieferten ihm österreichische Parteigenossen, die schon 1923 – vorwiegend in Graz – für Aufregung und Unruhe in heimeligen Lichtspieltheater-Sälen gesorgt hatten, wenn ein prosemitischer oder antimilitaristischer Film auf dem Programm gestanden war. Mit Stinkbomben, weißen Mäusen und Schmährufen hatten sie oft Abbruch der Vorstellung und Absetzung des unerwünschten Streifens erzwungen.

Zahlreiche Störungs- und Beschimpfungsunternehmungen, für die Goebbels verantwortlich zeichnete und die später in der »Parteigeschichte« nostalgisch verbrämt wurden, hatten ihre Geburtsstunde in einem mittelgroßen Kino in der Friedrich-Straße 233, das den vielversprechenden Namen »Helios-Lichtspiele« trug und von einem Parteigenossen namens Carl Neumann geleitet wurde. Wie sein Reichspropagandaleiter verspürte auch er, abgesehen von seinem Broterwerb, einen intensiven Bezug zum »deutschen Medium«, das er »durch Ausschaltung der Juden und des jüdischen Geistes aus Filmkunst und Filmwirtschaft« zu retten gedachte. »Es sollte verhindert werden, daß das deutsche Filmwesen weiterhin Tummelplatz und Verdienstobjekt land- und rassefremder Freibeuter sei.« Ein Büro, mit großem Hitlerbild und kleinen Erinnerungsfotos an gefallene Weltkriegsteilnehmer und SA-Helden an den Wänden, diente von 1930–32 etlichen Mitgliedern der Goebbelsschen Leibwache und »Kinospezialisten« aus dem Gaugebäude in der Hedemannstraße 10 als Treff und Operationsstützpunkt. Goebbels vermied lange Zeit, persönlich in Erscheinung zu treten, nicht weil er die jederzeit zu erwartenden und handgreiflichen Gegenschläge sozialistischer und kommunistischer Arbeiter fürchtete, die das braune Filmnest im Visier hatten, sondern weil er den »spontanen« Charakter dieser (von ihm haargenau getimeten) Protestaktionen gewahrt sehen wollte und man schon längst die »Handschrift« des »Doktors« kannte . . .

Am 4. Dezember 1930 erreichte der »programmierte Kinoterror« einen lautstarken Höhepunkt: Man marschierte in den Berliner Mozartsaal, wo mit Stinkbomben, weißen Mäusen und »Deutschland erwache«-Rufen die Absetzung des pazifistischen US-Films *Im Westen nichts Neues*, dem der gleichnamige Roman des Deutschen Erich Maria Remarque (= Kramer) zugrunde lag, erzwungen werden sollte. Die Rechnung ging auf. Das Frack- und Abendkleidpublikum ließ sich von den zahlreich erschienenen SA-Uniformierten ebenso einschüchtern wie die Mitglieder der Filmzensurstelle, die es mit der Angst zu tun bekamen, als die Zeitungen voll mit Pro- und Kontra-Kommentaren waren und die Nazis ankündigten, bei Nichtabsetzung der »antideutschen Frontsoldaten-Beleidigung« Sprengkörper einzusetzen.

Das rasch erfolgte Aufführungsverbot von *Im Westen nichts Neues* im ganzen Reich bestärkte Goebbels in seinen Plänen und stachelte ihn zu neuen Demonstrationen auf. Sie besaßen Modell-Charakter und wurden von anderen NS-Propagandisten kopiert. Nicht nur in Deutschland.

Nicht kopiert, aber verherrlicht und »verewigt« wurde Goebbels' in die Kino-Geschichte eingegangener Publikumsterror sogar auf dem Theater. Die *Nationalsozialistische Volksbühne*, deren Stammhaus das Theater in der Klosterstraße war, schlug ihre Zelte eigens im Zirkus Busch auf, um in der Sonntagsmatinee des 29. März 1931 »sieben Bilder aus deutscher Gegenwart nach authentischen Quellen zusammengesetzt« dem p.t. Publikum näherzubringen: ein braunes »Leporelloalbum«, das bei – wo denn sonst – Verdun begann und mit dem Skandal rund um *Im Westen nichts Neues* »happyendete«. Selbstverständlich kam Goebbels in persona zu dieser Premiere. Und ließ sich genau in dem Augenblick im Zuschauerraum von einem Spotlight anleuchten, als auf der Bühne seine »theatralisches Fleisch« gewordene Person den gemeinen Widersacher namens Hans Brodnitz (i. e. der jüdische Direktor des Mozartsaals, ein übrigens für seine progressive Programmierung in Berlin sehr geachteter und bekannter Fachmann) zur Kapitulation zwingt: Mit sichtlichem Wohlgefallen klatschte er »sich« Beifall und nahm den des Publikums in Empfang ...

Es sollte dies der erste und einzige »Theatererfolg« Goebbels' bleiben. Zu seinem allergrößten Leidwesen wurden seine mit viel Emphase und Erwartungen verfaßten Stücke *Der Wanderer* und

Der einsame Gast – auch nach der »Rangerhöhung« – nicht oder nur in der Provinz (etwa am Stadttheater Hanau am Main) aufgeführt. Unter seinen Ausflügen in die Literatur gelangte nur der autobiographische, pseudo-expressionistische Pennäler-Roman *Michael* zu Publikationsehren. Aber auch dann erst, als Goebbels Minister war...

Daß sich mit Schreihalsparolen und uniformierten Besuchermassen auch Kinos füllen ließen, demonstrierte der gewiefte Zyniker 15 Tage nach dem gelungenen Boykott von *Im Westen nichts Neues: Das Flötenkonzert von Sanssouci*, ein von der Ufa raffiniert aufbereitetes Historienbild, mit Otto Gebühr als umsichtigen Preußenkönig und militanten Staatslenker Friedrich II., wurde bei seiner Premiere im Berliner Ufa-Palast am Zoo von Goebbels-Mannen provokant mit Beifallsorgien überschüttet und zum »Film des Jahres« gekürt. Ganze 44 Tage lang tobten sich ins Großkino entsandte Parteigenossen die Seele aus dem Leib. Ihre Begeisterungsstürme setzten Kulturfunktionäre auch der gegnerischen Arbeiterpartei in Bewegung, die nunmehr ihrerseits zum »Filmsturm« antraten und mit allen ihnen zur Verfügung stehenden Mitteln gegen das hochgejubelte chauvinistische Nationalepos ankämpften. Wo immer der Film später zum Einsatz gelangte, standen verbale Auseinandersetzungen und oft Handgreiflichkeiten zwischen Rot- und Braunhemden an der Tagesordnung. Fazit: das Streit- und Propagandaobjekt schnellte nach *Die Drei von der Tankstelle* und *Drei Tage Mittelarrest* zum erfolgreichsten Geschäftsfilm der Kinosaison 1930/31 empor und animierte die rechtslastige Ufa zu einer Anzahl ähnlich gearteter Streifen.

Goebbels standen für solche »spontanen Manifestationen aufrechter deutscher und antikapitalistischer-antijüdischer Gesinnung« eine sich ständig vermehrende Zahl von Lichtspieltheatern zur Verfügung, die von Nazis entweder gepachtet oder programmiert wurden. Aufgrund einer Indiskretion – die Nazis sprachen auch von Verrat – konnte man eines Tages in zwei Presseorganen der KPD – *Welt am Abend* und *Rote Fahne* – die rund 20 Namen dieser Kinotheater lesen: Apollo-Lichtspiele, Berlin-Ost; Merkur-Lichtspiele, Nordosten; Marabu-Lichtspiele, Neukölln; Welt-Kino,

Moabit; Theater am Moritzplatz; Wiener Lichtspiele, Neu-Tempelhof; Delphi-Lichtspiele; Rheinschloß, Steglitz gehörten dazu. Goebbels und Co. rekrutierten ihre Anhänger aus der Branche jedoch nicht nur aus der Sicht der stark unter der Film- und Kinokrise (die ihrerseits sehr von der allgemeinen ökonomischen Depression beeinflußt war) leidenden Klein- und Mittelgewerbetreibenden. Auch eine Reihe von prominenten Filmschauspielern und -regisseuren ließen sich für die NSBO-Zelle und den *Kampfbund der deutschen Kultur* anwerben, u.a. Carl Auen (späterer Leiter der Reichsfilmkammer), Carl de Vogt, Aribert Mog (Hedy Kieslers Partner in dem Eros-Klassiker *Ekstase*), Hans Adalbert Schlettow (alias »Hagen« in Fritz Langs *Nibelungen*), Jürgen von Alten. Nicht alle deklarierten sich vor Hitlers Machtübernahme offen dazu, manche »sicherten« sich auch durch ein zweites »Parteibuch« bei den »anderen« ab. Goebbels jedenfalls setzte aber weniger auf die »Künstler«, die er, wenn die »Zeit gekommen war«, sicher »kaufen« zu können glaubte.

Sein Generalprogramm, von der Hedemannstraße aus auch die anderen Medien organisatorisch in den Griff zu bekommen – via *Nationalsozialistischer Volksbühne, Reichsverband Deutscher Rundfunkteilnehmer*, etc. –, konnte Goebbels ab 1927 durch ein eigenes Kampforgan publizistisch vor- und aufbereiten: Durch die Wochenzeitschrift *Der Angriff*. Goebbels fungierte als Herausgeber und natürlich auch als sein eigener, aggressivster Glossen-Schreiber, sein Freund Julius Lippert wurde Chefredakteur, es handelte sich um jenen Lippert, den Hitler 1933 zum ersten Bürgermeiser Berlins im Dritten Reich ernannte. *Der Angriff* war als ideologische Ergänzung zum *Völkischen Beobachter* und als Konkurrenz zur *Berliner Abendzeitung* von Goebbels' nunmehrigen Parteirivalen Strasser ins Leben gerufen worden und diente Goebbels vor allem als »Waffe im deutschen Kulturkampf«. Deren besonderes Ziel, getreu dem Zeitungsmotto »Für die Unterdrückten – gegen die Ausbeuter!«: »Die pazifistisch-zersetzenden, jüdischen Tendenzfilme der System-Zeit.«

Von Goebbels wurde dies mit gewohnt zweischneidiger Demagogie in »Angriff« genommen: Einerseits schoß sich das Goebbels'sche

Hausblatt auf die bekanntermaßen schwarze Ufa, die seit 1927 der Ex-Kruppist, (Scherl-)Großverleger und (seit 1919) deutschnationale Reichstagsabgeordnete Alfred Hugenberg lenkte, vehement ein: Sie würde zu viele »Juden und Ausländer« beschäftigen, namentlich wurden z. B. Kurt Gerron (der später grausam im KZ Theresienstadt umgekommene Schauspieler und Regisseur) und der Drehbuchautor Robert Liebmann angeflegelt. Daß der begeistert aufgenommene Soldaten-Durchhaltefilm *Die letzte Kompagnie*, 1930, mit Conrad Veidt, dessen Ausspruch »Wo wir stehen, da ist Preußen« stets tobende »standing ovations« erntete, mit »jüdischer Beteiligung« entstanden war, überging man gnädig oder tadelte es nur halbherzig. Andrerseits beschränkte sich die ständige Rubrik »Die Kinos spielen heute« darauf, den Spielplan der Ufa-Theater in Berlin anzukündigen ... Großlettrige Inserate für neue Ufa-Filme wurden selbstverständlich ebensowenig verschmäht ...
Zur »angriffs«-bereiten Filmclique rund um Goebbels zählte auch Georg Stark, seines Zeichens Gaupropagandaleiter von Berlin, den Goebbels 1930 zum Leiter der neuerrichteten »Reichsfilmstelle« machte. Trotz weniger Geldmittel – die der NSDAP nahestehenden »Geldleute« butterten ihr Geld, wenn schon in Sachen Film, dann (damals noch) eher in Hugenbergs Projekte – wurde hochaktiv für die Zeit »danach« konspiriert und konzeptioniert. Erste Kontakte mit Filmfirmen wurden geschlossen, z. B. mit Ostermayr & Co., der – jahrzehntelang und erfolgreich – auf Ludwig-Ganghofer-Verfilmungen geeichten Produktionsgesellschaft, die der NSDAP sogar eigens die Gründung einer Firma vorschlug, um »getarnte« Filme herstellen zu können.
Zum Redaktionsteam des *Angriffs* stieß dann der NS-Schriftsteller und Lyriker Willi Krause hinzu. Er sollte später von Goebbels mit der wichtigen Position eines Reichsfilmdramaturgen betraut werden. Als sich Krause, der unter dem Pseudonym Peter Hagen schrieb (sein Roman *Nur nicht weich werden, Susanne!* über eine in die »Fänge der Film-Juden« geratene Komparsin wurde von Arzen von Cserépy 1934 verfilmt, der schon zu Stummfilmzeiten mit seiner *Fridericus Rex*-Tetralogie, 1922/23, chauvinistisches Gedankengut propagierte, 1934 verfilmt), ganz der Filmpraxis

zuwandte, übernahm ein anderer Goebbels-Vasall seinen Posten als Reichsfilmdramaturg: Ein gewisser Hans Jürgen Nierentz. Dieser verewigte sich auch mit einer »dichterischen Leistung« in den Annalen der deutschen Kulturgeschichte – mit dem Text zum Lied »Flieg, deutsche Fahne, flieg!« . . .

Doch so »hoch« und »weit« waren Goebbels und Crew noch nicht gekommen. Trotz des perfekten Unterbaus blieben die praktischen Resultate der Goebbels'schen Filmträume noch schwachbrüstig: In den Parteifilmveranstaltungen gelangten meist nur Amateurfilmchen zur Aufführung. Zur Produktion von professionellen Kurz-, Dokumentar- oder gar Spielfilmen mangelte es an Geld und geeigneten Fachkräften. Verständlich, daß der Jubel groß war, als am 23. Oktober 1932 in München der erste »Großfilm der nationalsozialistischen Bewegung« uraufgeführt wurde. Er trug den Titel *Hitler über Deutschland* und schilderte des Führers »Deutschlandflug«, also seine Wahlreisen. An der Kamera stand Alfons Brümmer, die Kompilation besorgte der Dokumentarfilmer Luitpold Nusser. Carl Neumann, schon erwähnter »NS-Film-Pionier« und Chronist der Goebbels'schen Filmtaten, jubelte damals: »Noch niemals hatte ein deutsches Lichtspieltheater einen solchen Jubel gehört. Er schwoll, nachdem er schon beim ersten Erscheinen des Führers eingesetzt hatte . . . immer mehr an und steigerte sich am Ende . . . zu einem einzigen Orkan!«

Diese »Lautstärke« verwundert nicht. *Hitler über Deutschland* war nicht vertont worden und lief stumm . . .

Im Grunde aber mußte Goebbels bis dahin und auch noch danach, statt »Großfilme« in Auftrag geben zu können, solche »propagandistisch« auswerten, die aufgrund ihrer ausschlachtbaren nationalen Gesinnungsinhalte nützlich schienen und die oftmals – ironischerweise – von jüdischen Autoren geschrieben worden waren. Angriffe gegen jüdische Filmkünstler waren für ihn daher eine dankbare Flucht nach vorne und willkommene Überbrückungshilfe, wenn gerade kein parteigenehmes »Jahrhundertwerk« zur Verfügung stand. Sängerstar Richard Tauber, der mutige Regisseur Richard Oswald, dessen Filme *Dreyfus* und *Der Hauptmann von Köpenick* Goebbels' spezielle Wut erregten, und eine ganze Reihe

anderer Künstler wurden von der von ihm gesteuerten NS-Partei- und -kulturpresse diffamiert und in den Hades verbannt. Plakate und Aushangfotos ihrer Filme wurden von »unbekannten Tätern« zerrissen, Filmkopien gestohlen oder stark beschädigt, Projektionsflächen mit vollen Tintengläsern beworfen.
Goebbels' »kontrollierter Haß« reichte weit. Im Spätsommer 1930, während der Dreharbeiten zum Richard-Tauber-Operettenfilm *Das Land des Lächelns*, wurden nicht nur der Schauspieler-Sänger und die Techniker des Stabes verbal attackiert. Als der Co-Autor des Streifens, der bekannte Wiener »Kaffeehaus-Feuilletonist« Anton Kuh – jüdischer Abstammung – das Atelier in München-Geiselgasteig besuchte, wurde er von einem Außenstehenden heftigst beschimpft und geohrfeigt. Es war ein offenes Geheimnis, daß Goebbels ein »Propagandateam« von SA-Männern zum »Sondereinsatz« abkommandiert hatte ...
Noch ein Sänger-Star hatte den Haß von Goebbels auf sich geladen: Das Konzerthaus- und Schallplatten- bzw. Rundfunk-Idol Joseph Schmidt. Doch diese Attacken gegen den kleinwüchsigen, politisch »harmlosen« Künstler jüdischer Abstammung, die ihren Höhepunkt bei der Premiere von *Ein Lied geht um die Welt* am 9. Mai 1933 erreichen sollten, dürften pathologischen Ursprungs gewesen sein. Man kann direkt annehmen, daß Goebbels seine Minderwertigkeitsgefühle, die einem Klumpfuß (aus frühester Kindheit), einer wenig ansehnlichen Erscheinung und einem Typus entsprangen, der der eigenen und politischen Idealvorstellung wenig entsprach, auf seinen Vornamens-Vetter projizierte. Zusätzlich kam hinzu, daß der erbärmliche Stückeschreiber, Romanschriftsteller und Dichterling, der gescheiterte Belletrist und Theaterdramaturg, der Dilettant Goebbels sein künstlerisch-kritisches Versagen fühlte und all jene beneidete, die vom Publikum geliebt und umjubelt wurden ...

Eine Personenumschreibung zur Spurensicherung

An dieser Stelle, da sich Goebbels noch auf »halbem Wege« vom Cineasten zum Filmmogul befand, möchte ich eine Art Goebbelssches Soziogramm einschieben bzw. vorausschicken. Es stützt sich naturgemäß nur zum Teil auf persönliche Beobachtungen oder Erfahrungen, mehr auf solche, die andere mit ihm – beruflich und/oder privat – gemacht haben, wird aber auch durch viele persönliche und offizielle Statements des Protagonisten meines Buches untermauert. Diese »Personenumschreibung zur Spurensicherung« soll, wenn nicht das Verständnis, so doch den Nachvollzug des (Un)Menschen/Funktionärs Joseph Goebbels erleichtern.

»Ich dominierte!« heißt es in einer Tagebucheintragung aus dem Jahre 1926. Doch der Schreiber dieses apodiktischen Satzes, Joseph Goebbels, war weder damals noch später ein willensstarker oder entscheidungsfreudiger Mann, auch alles andere als ein glühender Fanatiker einer scharf umrissenen politischen Anschauung, sondern ein labiler Schwarmgeist mit wechselnden Standpunkten. Eher Marktschreier als gläubiger Adept. Der rationale, akademische Pragmatiker bewies dies in internen Parteikämpfen immer wieder. Daß er gegen die Mythos-Ideen, die verlogene, verquollene faschistische Weltanschauung war, die den völkischen Nationalismus umwölkte, hat er immer wieder geäußert, förderte aber aus reinen propagandistischen Erwägungen den Horst-Wessel-Mythos. Er propagierte einen mörderischen Antisemitismus lange Jahre, in denen er innerlich schlimmstenfalls ein Salon-Antisemit war – eine zeittypische Snob-Haltung nicht nur völkischer Kreise der 20er Jahre, sondern auch vieler assimilierter Juden und einer spezifischen Intellektualität von Alfred Polgar bis Thomas Mann. Er hatte mit seiner Jugendliebe, die nicht rein »arisch« war und seiner späteren Frau Magda (geborene Rietschel, geschiedene Quandt), die in erster Ehe einen jüdischen Ehemann gehabt hatte, zumindest innere Beziehungen zum Judentum, was als indirekte Versippung aufgefaßt werden kann und – später auch wurde. Er verabscheute bis in die letzten Kriegsjahre hinein das Militär und propagierte den totalen Krieg. Er troff von Menschlichkeit, sprach gleichzeitig von Humanitätsduselei und war zeitlebens ein zynischer Menschenhasser. Er wurde die »grenzenlose Verachtung der Canaille Mensch« nie los. Er war gegen Muckertum und moralinsaure Spießbürgerlichkeit, gab sich als Hedonist, war damit gegen alles, was die Volksmasse auszeichnete, die den Nationalsozialismus überhaupt erst ermöglichte, und blieb im Grunde seines Wesens ein lasterhafter Kleinbürger. Er liebte monomanisch Frauen als Objekte seiner Selbstbestätigung und haßte sie zugleich abgrundtief. Er war in allem das Gegenteil seiner lauthals und genau akzentuierten Meinungsäußerung: Er war sein eigener Widerspruch, die contradictio in subjecto, d. h. in allem das Gegenteil von dem, was er vertrat und darstellte.

Er war ein Intellektueller in einer Zeit, in der man Intellektualität als artfremde jüdische Eigenschaft bezeichnete. Seine Maxime lautete: »Credo, quia absurdum est!« Es kam ihm nicht darauf an, was jemand glaubte, die Hauptsache erschien ihm, daß man etwas glaubte. Goebbels verherrlichte den blonden, blauäugigen, großwüchsigen Herrenmenschen und war selbst klein und dunkeläugig; man konnte ihm eine klischeehafte jüdische Physigonomie schwer absprechen. Er wäre – wie Hitler – für jede *Stürmer*-Karikatur geeignet gewesen. Er rief immer wieder zum Großen Marsch auf und humpelte mit seinem Klumpfuß. Er sprach nie die Wahrheit, aber seine Lügen formulierte er mit kartesianischer Klarheit. Anarchistisch gebärdete er sich mit der Forderung: »Gott gebe euch Ziele – gleichgültig welche!« Seine Zielsetzungen wurden bestimmt durch Ressentiments, Geltungsbedürfnisse und macchiavellistischer Zweckbestimmung.

Er predigte den Judenhaß je nach seinem Auditorium mit brutalster Demagogie oder in der Diktion seines verehrten jüdischen Lehrers, des berühmten Germanisten Friedrich Gundolf (= Gundolfinger, Universität Heidelberg), dessen mangelnde Anerkennung zum Teil den Antisemitismus von Goebbels begründete.

Seiner Neigung zum Phänomen des geistblitzenden Judentums blieb er bis zum bitteren Ende verfallen. Aber er versagte schmählich, denn ihm stand nur Zynismus, Jesuitismus und Rabulistik zur Verfügung. Dem tödlichen Bonmot eines Polgar, Tucholsky oder Karl Kraus, dem Witz eines Anton Kuh konnte er nur kräftige und wirkungsvolle Schlagworte entgegensetzen.

Als Boß einer SA-Schlägertruppe war er ein werbesicherer Slogan-Erfinder. Er hätte in der Waschmittelindustrie als PR-Fachmann Karriere gemacht. Seine Sprüche und Reklameformulierungen waren in ihrem geistigen Anspruch der Werbung für das Hühneraugenpflaster des Dr. Unblutig, für das Putzmittel der Frau Saubermann oder für die intime Hygiene an den kritischen Tagen verwandt, nur waren sie wesentlich gefährlicher und »gesundheitsschädlicher« ...

In seinen Proklamationen war Goebbels schamlos, gelegentlich klug, aber immer ohne Esprit, gänzlich humorlos und ohne Selbstironie. Ein Intellektueller der groben Worte ohne Feinkorn und der geschliffenen Sätze, ein glänzender Stylist ohne Eleganz: Im Ernst war er verbiestert, im Spaß ohne Freude, in der Heiterkeit ohne Licht. Der blendende Redner war ein verhemmter, introvertierter Schweiger. Er glorifizierte die sittenstolze germanische Maid und Mutter, und machte sich über »die Gewitterziegen« und »dummen Milchkühe« lustig. Dabei hatte er nun mal den Hang nicht gerade zum Küchenpersonal, aber zum zweitklassigen Bühnenpersonal, zu den Kleindarstellerinnen des Films. Er spielte sich zum Galan der großen Stars auf, bewunderte sie heimlich wie ein Primaner, obwohl er stets versuchte, sie herabzuwürdigen, auch wenn es ihm gelang, sie zu charmieren. Und wenn er eine namhafte Vedette aufs Kreuz legte, so »dachte er besonders schlecht von ihr« – wie jeder Spießer, der einer Frau zum Vorwurf macht, daß sie sich ihm ergeben hat. Sie war dann eben eine Hure ...

Bei unbestritten hoher Intelligenz blieb er in Sachen Kunst stets ein rechthabenwollender, besserwisserischer Banause. Es findet sich in allen seinen Schriften und Reden kein Zeugnis echten Kunstverständnisses. Auch nicht die geringsten Ansätze fundierter, analytisch argumentierender Kritik. Er war kein prinzipienreitender

Dogmatiker wie Robespierre, kein Chefideologe, sondern ein wortgewandter Warenvertreter. Und doch wäre man nie bereit gewesen, ihm einen Gebrauchtwagen abzukaufen. Die Volksgemeinschaft konnte ihm fasziniert zuhören, Vertrauen konnte er sich nie erwerben. Man konnte ihm applaudieren wie dem hohen C eines Belcantosängers, aber der virtuose Ton erwärmte niemandes Herz. Er erweckte keine Emphase. Auch der nicht besser informierte Zuhörer fühlte die gerissene Unwahrhaftigkeit und die dreiste Faktenverdrehung. Seine Eloquenz brachte das Auditorium nicht zur gänzlichen Hingabe. Seine an sich transparente Rhetorik war weniger überzeugend und effektvoll als seine Slogans, die sich mehr für Transparente eigneten. Dies gilt sogar für seinen spektakulärsten Redner-Erfolg bei dem Aufruf zum »totalen Krieg« im Berliner Sportpalast. Gleich seinem letztendlichen Abgott Hitler – den er so lange verleugnet, ja bekämpft hatte und dem er sich erst nach einer etwas rätselhaften Epiphanie bedingungslos ergab –, koitierte Goebbels mit der Masse der Gläubigen oder zu Bekehrenden durch das phallische Symbol des Mikrophons, erlebte dank ihm seine Orgasmen und sexuellen Ekstasen.

Man hat Goebbels oft einen Mephisto genannt – der Pferdefuß erleichterte die irreführende Assoziation. Er verneinte nicht wie jener alles, was entstand, er bejahte es vielmehr, er setzte nichts von dem in Frage, zumindest solange er es behauptete und für sich in Anspruch nahm. Seine Unlauterkeit, seine arglistige Heimtücke hatten keine Dämonie, seine Intrigen nicht einmal die Obsession eines Jago. Seine Bosheit war kleinkariert, seine Gefährlichkeit die eines Gangsterbosses der Bootlegger-Zeit. Als Informationshändler war er allerdings ein Verkaufsgenie. Er gehörte zu den Handlungsreisenden, die Eskimos Eisschränke verkaufen konnten und Schwarzafrikanern Heizsonnen.

Nationalsozialist zu sein war für ihn ein Beruf, ein Metier, in dem er zu Macht und hohen Provisionen zu kommen suchte und Rache nehmen durfte dafür, daß ihm jüdische Theaterdirektoren und Presse-Zaren die künstlerische und literarische Karriere verweigert hatten. Tief verbittert von der kühlen Abweisung seiner Germanistikprofessoren, ja seines Doktorvaters, von der »jüdischen Igno-

PAPPI mit Viktor de Kowa und Petra Unkel

Während Goebbels seine Pannen mit dem parteiideologischen Spielfilm erlebte, ging die Low-bugded-Filmproduktion kleiner Privatfirmen unbeeinträchtigt weiter. Unterschied sich ein altes Thema – hier zum Beispiel *PAPPI:* Junggeselle mit Kind – durch eine originellere Sehweise realistischer komischer Humaniora vom Klischee, erhielt der Film bereits außerordentliche Kritiken und hatte Erfolg.

WAS BIN ICH OHNE DICH mit Betty Bird und Paul Westermeier (rechts), Wolfgang Liebeneiner und Betty Bird (unten)

Obwohl es nahezu aussichtslos war, mit den großen Filmfirmen und ihren Ausstattungsspektakeln zu konkurrieren, wurden Bemühungen um einen deutschen Kammermusical-Film durchaus anerkannt.

Viktor de Kowa, Waldemar Müller

Nicht dem Frust der »Großen Zeit« dagegen entsprachen verspielte Romantik, Ironie und tiefere Bedeutung wie z. B. *EIN KIND, EIN HUND, EIN VAGABUND*.

Viktor de Kowa, Waldemar Müller

Viktor de Kowa

Waldemar Müller,
Albert Florath

Willi Schaeffers,
Annemarie Sörensen

Schwer hatten es da vor allem die Problemfilme. Da Hitlers Jugend keine Pubertäts- und Sexprobleme zu haben hatte, wurde aus den *SIEBZEHNJÄHRIGEN* des Naturalisten Max Dreyer der Sonderfall einer Frühpubertären: *EINE SIEBZEHNJÄHRIGE*.

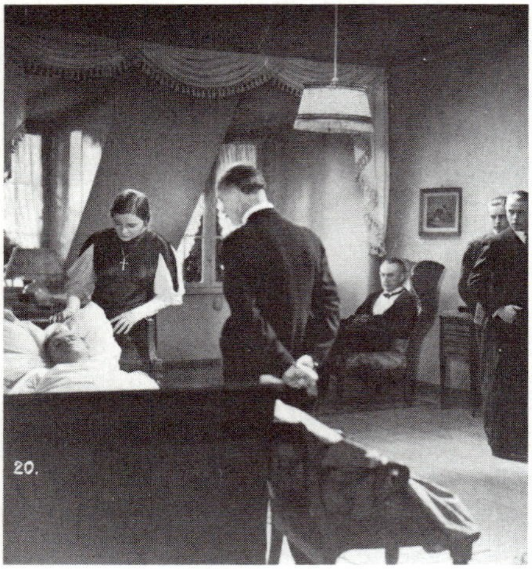

EINE SIEBZEHNJÄHRIGE mit
Alfred Abel und Reva Holsey (oben),
Albert Lieven, Franziska Kinz, Alfred Abel (Mitte), Albert Lieven und Reva Holsey (unten)

ranz« der Zeitungsverleger wie Mosse und Ullstein und Theaterdirektoren wie Barnowsky und Saltenburg, wurde der jüdische Geist zu seinem »ceterum censeo Carthaginem esse delendam!« Die Hypothese erübrigt sich, was geschehen wäre, wenn er am *Berliner Tageblatt* eine gut bezahlte Redakteurstelle bekommen hätte. Ebenso wie es müßig ist, Überlegungen anzustellen, wie die Weltgeschichte ausgesehen hätte, wenn die Wiener Juroren den Gelegenheitsmaler Hitler in die Kunstakademie aufgenommen hätten . . .

Ein Rätsel des Phänomens Goebbels bleibt, von welchem Zeitpunkt an der Lügner, der wider besseres Wissen und gegen seine eigene Meinung Behauptungen und Überzeugungen plakatierte, selbst das zu glauben begann, wovon er seine Zuhörer und Leser überzeugen wollte – wann er wirklich Nationalsozialist, Judenfeind, Kommunistenfresser und Militärfreund wurde und diese Haltung nicht nur als Mittel zum Zweck betrachtete. Denn ein bemerkenswerter Fall von Pseudologistik trat tatsächlich irgendwann einmal ein. Oder anders gefragt: Ab wann glaubte er das, was er demagogisch-demonstrativ andere glauben machen wollte.

Es war sicher ein unverhältnismäßig später Zeitpunkt in der langen Dauer des kurzen Dritten Reiches und in einem Augenblick, als schon der eifrigste Parteigenosse Zweifel hegte, daß der Krieg gewendet und das Großdeutsche Reich erhalten werden konnte. War es eine Art von Autosuggestion nach dem System Coués, daß bei ihm aus der bewußten Lüge vom sicheren Siegfrieden und dem überlegenen Finale dank der Wunderwaffe Wahn wurde? War er das letzte Opfer seiner eigenen Propaganda? Erstaunlicherweise geschah dies erst zu einer Zeit, als sein scharfer Verstand und sein pragmatisches Hirn allen Grund hatte, die Aussichtslosigkeit der Lage zu erkennen. Zweifellos ein Fall für den Psychoanalytiker. Dabei war er selbst dann noch fähig zu Augenblicken ironischer Klarsicht, bei denen sein eingeborener Zynismus ungeheuerliche Blüten trieb, wie man es aus seinen Kriegstagebüchern herauslesen kann. Selbst wenn man annehmen muß, daß sie im Hinblick auf seine Reputation für die Nachwelt geschrieben waren, in der

Erkenntnis, daß es für ihn keine Zukunft gab und seine Chance nur in der geschichtlichen Vergangenheit lag.

Goebbels wurde nicht, was er erstrebte: Ein Saulus, der zum Paulus geworden, den Rang eines Evangelisten einer neuen Weltreligion einnahm. Sein mittelständischer Satanismus machte ihn zum zwar gefährlichen, aber letztlich armen Teufel. Zum betrogenen Betrüger. Selbst sein jämmerliches Ende entbehrte jeder Größe. Hitler hätte einem Shakespeare Stoff für eine erbärmliche Königsdramenfigur gegeben. Goebbels wäre bei ihm immer nur eine perfide Nebenrolle gewesen.

Der lange Zeit wankelmütige Parteifunktionär Paul Joseph Goebbels blieb ein – treudeutscher – Angestellter seiner Firma, als diese längst bankrott war. Er war kein Gneisenau und fand kein Tauroggen. Es reichte noch nicht einmal zu einem großen Verräter aus politischer Einsicht. Er wählte eine fragwürdige »Nibelungentreue«. Der Berufsnazi – dank einem Damaskus zum Überzeugungsnazi geworden – begnügte sich in letzter Sekunde mit einer Beförderung zum Generaldirektor einer Firma, die de facto illiquid und keinen Pfennig mehr wert war. Sein Angestelltenposten war nicht nur vakant geworden, er sollte überhaupt nicht mehr besetzt werden. Goebbels wählte den Tod des entlassenen Kanzlisten in der Chefetage, die zum Führerbunker abqualifiziert war.

Goebbels war ein Mann mit vielen Eigenschaften ohne große Leidenschaften, außer dem Willen zum Einfluß, dem unbändigen Wunsch zur Akzeptanz. Er wollte »dominieren«. Er war ein Mensch ohne Freunde, es sei denn solchen, die ihn fürchteten. Ein einsamer Wolf. Selbst Hitler schätzte seinen Evangelisten, aber er mochte ihn nicht. Seine Feinde – vor allem in der Partei – verachteten ihn und fanden ihn weniger gefährlich als lästig und störend. Man liierte sich mit ihm nur, wenn man glaubte, ihn zu brauchen. Er wurde selbst von den Chargen seiner zahlreichen Stäbe gering geschätzt. Den Mitgliedern des Kabinetts galt der »kleine Doktor« bestenfalls als Benjamin, der zwar keine bunteren Kleider trug als sie, sich aber mehr dünkte als seine Brüder.

Tatsächlich stellte er im Gegensatz zu seinen Parteigenossen, die Parvenus waren und blieben, den selteneren Typ eines Snobs dar, in des Begriffes doppelter Bedeutung! Nämlich einen Menschen *sine nobilitas*, aber mit dem Drang, sich von allen anderen deutlichst abzuheben. Er zog Görings uniformgeiler Gefallsucht ein betont zivilistischeres Auftreten vor. Aber seine vergleichsweise Schlichtheit bei den Operettenfinales der großen vaterländischen Festfeiern und Parteiveranstaltungen oder auch im Rahmen der politischen Versammlungen war Koketterie. Er blieb ohne Charisma, ohne die Magie des friedenlosen bleichen Mannes, ein eifernder Journalist, der Demagoge vom Dienst, der sich ein fanatisches, asketisches Air gab, ohne ein Savonarola zu sein, ein wortbeflissener, nicht wortgewaltiger Propagandist.

Der Mann der großen Ambitionen hatte nur zwei Hobbies: Den Film und die Frauen, die er mit einem Begriff zu verbinden suchte, der den gleichen Anfangsbuchstaben besaß . . .

II
Der Schirmherr

Start mit Pannen

»Wir treten heraus aus der Parteigeschichte und betreten die Weltbühne!« erklärte Hitler am 15. September 1930 seinem Gastgeber und Gauleiter von Berlin, Joseph Goebbels. Genau über dessen Wohnung am Reichskanzlerplatz 2 arbeitete ich damals mit meinen Freunden Ohser, László Vajda (dem Drehbuchautor und Vater des gleichnamigen Regisseurs, der in der italienischen und spanischen Emigration seine europäische Karriere begründete) und Herbert Rappaport (der später vor Hitler nach Moskau floh und dort zum Star-Regisseur wurde) an einem Drehbuch. Wir wollten den Jacques-Offenbach-Operetten-Einakter *Herr und Frau Denis* für die Ufa zu einem Film gestalten. Mit meinem Kinofilmdebüt wurde begreiflicherweise nichts: Nach Hitlers erstem großen Wahlsieg – 107 von 577 Sitzen im Reichstag! – wurde Hugenbergs Ufa noch national-chauvinistischer, noch antijüdischer . . .

Als erste Filmregie eine Bluette des Juden Offenbach vorlegen zu wollen, in der musikalischen Bearbeitung meiner Exschwägerin Gretl Walter, der Tochter Bruno Walters, und in der weiblichen Hauptpartie die anmutige, stimmbegabte Liesl Blech, die blutjunge Tochter des jüdischen Generalmusikdirektors Leo Blech, die spätere Frau des Dirigenten Dobrovén – das war ja direkt eine Provokation.

Zweieinhalb Jahre später konnte Goebbels endlich aus dem Hintergrund treten und das Ziel seiner geheimen Wünsche anstreben: Die Filmbühne. Bei seinem ersten großen Auftritt im Berliner »Kaiserhof« proklamierte Goebbels vor zusammengetrommelter Prominenz der Filmwirtschaft und Künstlerschaft: »Die nationale Revolution wird sich nicht nur auf die Politik begrenzen, sie wird auch auf die Gebiete des Films übergreifen . . .« Damit meinte er natürlich in erster Linie, daß die Stunde des nationalsozialistischen Propagandafilms großen Kalibers gekommen war. Denn obwohl der von

Hitler zum neuen Reichsminister für Volksaufklärung und Propaganda ernannte Goebbels – in Übereinstimmung mit seinem »Herrn« – genau wußte, daß der Unterhaltungsfilm wie bisher die Domäne und wirtschaftliche Melkkuh der Kinoindustrie bleiben mußte und würde, hatte er ja seinen Parteigenossen viele (ideologische) Versprechungen gemacht, die er nun einzuhalten gezwungen war!
Die Ernüchterung folgte schneller als erwartet. Nachdem einige patriotische Filme wie z. B. *Morgenrot*, der U-Boot-Film aus dem deutsch-englischen Waffengang des Ersten Weltkriegs, für den noch die prä-faschistische Ufa allein verantwortlich zeichnete, oder z. B. der Luis-Trenker-Streifen *Der Rebell*, den die (nicht-arische) amerikanische Universal-Film in Auftrag gegeben hatte, immerhin beachtliche Zuschauerzahlen verzeichnen konnten, trat Goebbels mit *Hitlerjunge Quex*, bei dem die Feindbilder Kommunist und Jude in einer Personalunion zu sehen waren, den ersten »Wahrheitsbeweis« an – und erlitt kapitalen Schiffbruch!
Ein Blick auf die Statistik der damaligen Berliner Uraufführungstage genügt, um das Ausmaß dieses Flops zu erkennen. Brachte es beispielsweise der unbestrittene Boxoffice-Spitzenreiter des Jahres 1933, der Sängerfilm *Ein Lied für dich* mit Star-Tenor Jan Kiepura, an dem Nicht-Arier wie Joe May (Regie), Bronislaw Kaper, Walter Jurmann (Musik) oder Leonard Steckel (Darstellung) entscheidend beteiligt waren, auf 64 (!) Spieltage im Berliner Uraufführungstheater, erreichte der Verkleidungs-Klassiker *Viktor und Viktoria* mit Renate Müller ansehnliche 37 Spieltage, so mußte sich *Hitlerjunge Quex*, trotz großangelegter Propagandakampagne und trotz der Mitwirkung des schwergewichtigen Stars Heinrich George, der seine kommunistische Vergangenheit hier abbüßen durfte, mit enttäuschenden 15 Spieltagen zufriedengeben.
Noch bescheidener schnitt *SA-Mann Brand* ab, dem nur 14 Spieltage eingeräumt wurden. Dabei erging es diesem Goebbels'schen Tendenz-»Erstgeborenen« außerhalb der Reichshauptstadt noch miserabler. Überliefert ist das »Schicksal« von *SA-Mann Brand* bei seiner Erstaufführung in Frankfurt am Main. Auch dort gab's das umsichtig organisierte »Potpourri« begleitender Publicity-Maßnah-

men: Eine Standarten-Kapelle spielte (den Ritterchor aus Richard Wagners *Lohengrin*) auf, ein Partei-Bonze hielt die Festansprache. Doch zum Horst-Wessel-Lied, das das begeisterte Publikum wie gewohnt und nach Vorstellungsende stehend singen sollte, kam es nicht mehr: Nach den zwei klaglos abgespulten Nachmittagsvorstellungen (ohne festliches Klimbim) endete die Abendvorstellung mit einem riesigen Eklat: Zu spät hatte sich herausgestellt, daß der stadtbekannte Künstler Markowitsch – jüdischer Abstammung – die prächtig-naturalistische Reklame-Außenfront des Premierenkinos zum besonderen Anlaß gemalt hatte! Die »Empörung« der lokalen NSDAP-Funktionäre war nicht zu bremsen, das Licht im Gloria-Palast ging nach nur einigen Minuten »SA-Nostalgie« an und nicht wieder aus ... In den Frankfurter Parteiorganen stand in den folgenden Tagen viel über diesen Vorfall zu lesen, und daß erst dann wieder NS-Filme im Gloria-Palast zu Aufführungsehren kämen, wenn die Besitzverhältnisse geklärt wären ...

Auch die Kinosaison 1934 stand für Goebbels, jedenfalls was die reinen Propagandafilme betraf, unter keinem günstigen Stern. Prestigefilme wie des Altnazis Hans Zöberleins »staatspolitisch wertvoller« Kriegsfilm *Stoßtrupp 1917*, der vom Gesinnungsgenossen Arzen von Cserépy produzierte Jugend-Ertüchtigungsstreifen *Nur nicht weich werden, Susanne* oder Zöberleins Freikorps-Glorifizierung *Um das Menschenrecht* wurden in Berlin nach nur 10 respektive 7 Spieltagen abgesetzt! Hingegen standen die Kinogeher 71 Tage lang Schlange, als Willi Forsts Paula-Wessely-Streifen *Maskerade* anlief (Forsts jüdischer Co-Autor Walter Reisch wurde im Reich natürlich schamhaft verschwiegen), und selbst das bavarische Weiß-Ferdl-Klamauk-Lustspiel *Die beiden Seehunde* gab mit 54 Erstaufführungen im preußischen Berlin den »Staatsfilmen« das Nachsehen. Und über die Vielfach-Katastrophe des *Horst-Wessel*-Films wurde schon »zeit-genössisch« viel gesprochen und noch mehr geschwiegen: Unmittelbar vor der Premiere verboten, mehrfach umgearbeitet und dann mühsam camoufliert und pseudonym als *Hans Westmar* (1934) gestartet, ging auch dieser von der »Volksdeutschen Film GmbH« produzierte »Legenden-Film« baden: 9 erste Spieltage in Goebbels' Reichshauptstadt Berlin ...

Viel erfolgreicher und konsequenter gelang Goebbels die Legalisierung seiner filmischen Machtbefugnisse. Preußisch-pedantisch ließ er seine teilweise aus der »System-Zeit« übernommenen Beamten die bestehenden Gesetze durchforsten, ehe er eine Reihe neuer Erlässe wirksam werden ließ. Beim Neuen Lichtspielgesetz vom 16. 2. 1934, das auch die Filmzensur im Sinne der neuen Machthaber regelte, brauchte er jenes der Weimarer Republik – es stammte aus dem Jahre 1920 – nicht sehr zu ändern.

Hingegen zielten die Gesetze vom 17. 6. 1933 (Errichtung der vorläufigen Filmkammer) und vom 22. 7. 1933 (Reichskulturkammergesetz, wobei die neue Reichsfilmkammer der Reichskulturkammer als Einzelkammer eingegliedert wurde) hauptsächlich auf die »Arisierung« des »deutschen Filmwesens«. Daß diese, vor allem im wirtschaftlichen Bereich, teilweise nur schrittweise vor sich ging, geschah nicht ohne Absicht. Jedenfalls kann ich aus eigener Erfahrung berichten, daß bis etwa 1936 »nicht-arische« Firmen weiterhin Filme produzierten. Man denke z. B. an die großen Produktionen eines Gregori Rabinowitsch, an sein *Mein Herz ruft nach dir* (1934, Buch: Ernst Marischka, Musik: Robert Stolz, mit Marta Eggerth und Jan Kiepura), die in den gleichgeschalteten Kinos noch lange nach der Machtübernahme liefen.

Andrerseits waren die deutschen Auslandsproduktionen in Prag, Paris und Rom alles andere als »entjudet«, genauso wie die italienischen, französischen und tschechischen Versionen, die im Reich als deutsche Filme von deutschen Verleihern herausgebracht wurden. Als »schwarzes Schaf« entpuppte sich da Hitlers Heimat Österreich – vor dem Anschluß: Oft war man in Wien – aus kommerziellen Gründen – überängstlich bestrebt, mit Hinweis auf die Kontingentbestimmungen natürlich, der Reichsfilmdramaturgie besonders »genehm« zu sein und keine prominenten jüdischen Künstler einzusetzen, die die Auswertung des jeweiligen Unterhaltungsfilms im Dritten Reich gefährden könnten. Wie weit solche Rücksichtnahmen gingen, belegen z. B. die Nachaufnahmen zum Josef-Haydn-Film *Der Musikant von Eisenstadt* (Drehbeginn 1932, UA: 1934). Als der österreichische Rokoko-Komponist zum – posthumen – Schöpfer der »Deutschland-Hymne« avancierte, bereicherte man

das »Lebensbild« des Künstlers schnell um »Genre-Bilder« von der Entstehung des zu neuer politischen Bedeutung gelangten Liedes.
Aber auch andere paradoxe faits divers dokumentierten diese Zeit des »Übergangs«: Selbst der wegen seiner »dekadenten« Richard-Oswald-Vergangenheit von den Nazis so geschmähte und lange vor Hitlers Machtergreifung emigrierte Filmstar Conrad Veidt fühlte sich noch 1933 bemüßigt, durch seinen Rechtsanwalt in der deutschen Fachpresse mitteilen zu lassen, daß er nicht beabsichtige, die Titelrolle in der englischen Verfilmung von Lion Feuchtwangers Roman *Jud Süß* zu übernehmen (1934 wurde das Projekt dann doch, mit Conny als *Jew Suss* in England realisiert).
Nahm Goebbels also in punkto »Arisierung« auf wirtschaftliche Gegebenheiten Rücksicht und in den ersten Jahren auch auf das Auslandsimage des deutschen Films, so wollte und konnte er ideologisch in der »Judenfrage« keine Kompromisse eingehen: Um die Juden zu verteufeln, brauchte man den Juden (die Juden als Rassenbegriff waren nicht propagandawirksam, man kannte zu viele, die anders waren als das Schmähbild, das man einem weismachen wollte. Man muß am einzelnen Archetypus exemplifizieren). Und es ist nicht uninteressant, daß ein spielwütiger Mime – allerdings einer von genialer Begabung – an der Seite der zum Archetyp gemachten Hauptrolle alle jüdischen Nebenrollen allein als diverse prototypische Chargenfiguren darstellen wollte: Werner Krauß (*Jud Süß*, 1940). Es ist – bei aller Peinlichkeit – ebenso komisch wie die Tatsache, daß im deutschen antisemitischen Propagandafilm die Juden von deutschen »arischen« Schauspielern, im amerikanischen antifaschistischen Film jedoch die Nazis von jüdischen deutschen und österreichischen Emigranten gespielt wurden.
Hollywood beraubte sich durch die darstellerische Karikatur des lebenden Feindbildes Hitler, Goebbels u. a. ihres Ernstes und ihrer Wirkung. Auch der russische Propagandafilm – von der Oktoberrevolution an bis in den »Vaterländischen Krieg« gegen die deutschen Aggressoren – verzichtete nicht auf die filmische Darstellung Lenins und Stalins zu deren Lebzeiten durch Doubles, also durch physiognomisch ähnliche Doppelgänger aus dem Schauspieler- oder Laienbereich. Zumindest tauchten sie als Silhouetten oder

Schatten geheimnisvoll auf, oder man behalf sich als pars pro toto mit Naheinstellungen auf Stiefel, Reitpeitsche und ähnlich sinnbildliche Accessoires. Wenn man nicht gar Ausschnitte aus Wochenschauen oder Dokumentarfilmen in das Spielfilmgeschehen einmontierte – ein problematisches Unterfangen.
Goebbels war klüger und massenpsychologisch geschickter. Hitler, auf den der Minister zuletzt seine gebündelte Propagandakraft konzentrierte, trat nie als dramatis persona im Spielfilm auf. Höchstens erschien sein Foto an der Wand eines Amtsraumes, der Wohnstube eines Parteigenossen, jedoch nie als affektgeladenes Wahlplakat! Er war sakrosankt und tabu, so sehr er sich sonst im Alltagsleben als Trivialdevotionalie verbrauchen ließ. Der Führer hatte kein Filmheld zu sein. Wenigstens nicht im Spielfilm.
Goebbels wußte einen Ausweg. Führer und Führertum wurden zu einem Begriff gemacht und in historische Figuren hineinprojiziert. Hier zeigte sich das Reklamegenie Goebbels'. Nicht Hitler zeigte sich als Prophet und Seher, als Widerstandskämpfer und Endsieger, als zukunftsgewisser Staatsmann, der gegen alle Gegenkräfte und Reaktionäre, gegen alle Feindwelten erfolgreich bleibt, sondern eine Ersatzfigur, die Parabelcharakter hatte und mit ihm identifiziert werden konnte. Um einen solchen Substituten glaubhaft zu machen, schaltete Goebbels die vergleichbare Gegenwart aus und nebelte sie ein. Sie konnte Skepsis erwecken. Er verlegte alles in die geschichtliche Vergangenheit, die man sicherer kontrollieren konnte, und in der die positiven Folgen und Ergebnisse nachweisbar waren – auch wenn man zu diesem Behufe oft Geschichtsklitterung betreiben mußte. Der Allwissende, fehlerlos Unbeirrte, der das Führerprinzip als alleingültige letzte Weisheit verkörperte, konnte Arzt, Erfinder, Volkstribun, Entdecker, Dichter, Bildhauer, Bandenführer, Politiker sein, er mußte nur von einer Idee besessen werden und sie konzessionslos allen Gewalten zum Trotz sich erhalten. Denn Größe war immer maniakalisch. Und sie mußte tatsächlich existiert und segenreiche Wirkung in ihrem Beruf und ihrer Berufung gehabt haben. Sie hatte gelebte Leit- und Sinnbilder ihrer – vergangenen – Zeit zu sein.
Demgemäß trugen viele »offene« oder verkappte Propagandafilme

– auch nach dem Fehlstart mit dem *Hitlerjungen Quex, SA-Mann Brand* und *Hans Westmar* (die »Filmtrilogie« der gehässig-aggressiven antisemitischen Hetzfilme, mit *Jud Süß, Die Rothschilds* und dem »Dokumentarfilm« *Der ewige Jude* kam erst 1940) – berühmte Namen als Titel:
Condottiere (1937), *Carl Peters* (1941), *Ohm Krüger* (1941), *Bismarck* (1940), ebenso die Serie von Filmen über Friedrich II.:
Der alte und der junge König (1935), *Fridericus* (1936), *Der große König* (1942) etc.
Jedenfalls spielte der Propagandafilm – zu welchem Zweck und mit welcher Zielsetzung auch immer – nur ganz selten in der damaligen Gegenwart.
Doch zurück zu den praktisch-ökonomischen Problemen, die 1933/34 der neue Schirmherr des deutschen Films zu verkraften hatte. Die im künstlerischen Bereich (Darsteller, Techniker) sofort einsetzende und, wie bereits erwähnt, gesetzlich verankerte Liquidierung der jüdischen Filmschaffenden bzw. ihre freiwillige oder erzwungene Emigration ins Ausland führte zu einem großen Mangel an Fachkräften, durch den die deutsche Filmindustrie in eine Krise schlitterte. Der Export deutscher Filme ins Ausland ging rapide zurück, ebenso der Import ausländischer Produktionen, die aus politischen, rassischen oder anderen Gründen »unerwünscht« waren. Viele amerikanische und ausländische Filmgesellschaften, die seit Beginn der Tonfilmzeit mit Deutschland Co-Produktionen realisierten oder hier auch eigene Produktionen hergestellt hatten, beendeten ihre Tätigkeit.
Aber auch Goebbels' wirtschaftliches As im Ärmel, die Schaffung der Filmkreditbank (Am 1.6. 1933), die die deutsche Produktion finanzieren helfen sollte, erwies sich als Schlag ins Wasser. Ursprünglich sollte die »Kreditbank« 70 Prozent der Herstellungskosten eines Films tragen, während der Produzent selbst 30% der erforderlichen Herstellungssumme nachweisen mußte. Doch die Filmkreditbank verwies ihre Kundschaft mit Vorliebe auf andere Bankverbindungen, obwohl sie sich ihren Einfluß auf die Herstellung, geschäftliche und künstlerische Gebarung und insbesondere auf Besetzungsfragen wohl zu sichern verstand. Für

diese Kontrolle mußte eine Separatverzinsung von 4% bezahlt werden.

Und so wurde immer deutlicher, daß Goebbels' Promi (= Propagandaministerium) diese Krisenerscheinungen, die 1937 ihren Höhepunkt erreichten (trotz steigender Kinobesucherzahl machten die Filmgesellschaften große Defizite), nicht ungelegen kamen. Im Gegenteil, sie wurden sogar »gefördert«, um im Verein mit prinzipiellen Steuerbelastungen den kleinen Firmen das Genick zu brechen. Immerhin betrugen 1935 die Herstellungskosten für einen Mittelfilm an die 300000 bis 400000 Reichsmark. Als noch wirksameres Mittel, die Privatkonkurrenz der viel besser kontrollierbaren majors – ohne unpopulär erscheinende Maßnahmen – auszuschalten, erwiesen sich politisch oder anderswie motivierte Filmverbote . . .

Gleichschaltung und Ausschaltung

Wie sich die Zahl kleinerer und größerer »Stolpersteine«, die Goebbels und Co. den kleinen Filmfirmen in den Weg legte, von Tag zu Tag mehrte, konnte ich hautnah während meiner Regietätigkeit für den »Produktions-Zwerg« Lloyd-Film erleben. Goebbels' Filmpolitik »mit Zuckerbrot und Peitsche« merkte man an Bagatellen ebenso wie an wesentlichen Dingen.

Zum Beispiel mußte meine Verfilmung von Max Dreyers Jugend-Psychodrama *Die Siebzehnjährigen* in *Eine Siebzehnjährige* umbenannt werden, um nicht die deutsche Jugend schlechthin zu »verunglimpfen«. Andrerseits forderte Goebbels, nachdem er erkannt hatte, daß er mit linientreuen Filmen (zunächst) nur negative Parteipropaganda erzielen konnte und er vorerst den propagandistischen Film auf die Wochenschau und die dokumentierende Reportage beschränken mußte, gerade die kleinen Firmen auf, sich auf historische Filme zu verlegen. Ein Entschluß, der ihm erleichtert worden war, als er feststellen mußte, daß auch auf den Theatern – nach Ausschaltung der »kulturbolschewistischen, entarteten, jüdisch-intellektuellen Zivilisations- und Asphalt-Dramatik« ein »zeitnahes« völkisches Theater nicht zu erstellen war. Zur gleichen Zeit waren übrigens auch die Bemühungen des Partei-Chefideologen Rosenberg um die von ihm geforderten Thing-Plätze als Spielstätte weihevoller nationaler Erbauungsdramatik mangels Publikum und geeigneter Festspielstücke schmählich zusammengebrochen!

Also begann man in den Filmdramaturgien der vielen noch nicht verstaatlichten Privatfirmen nach genehmen patriotischen Stoffen zu suchen, in die Goebbels Ideologie verpackt sehen wollte. Aber die Ergebnisse waren anfänglich nicht befriedigend. Zumal die neueingerichtete Reichsfilmdramaturgie jener Frühzeit sich nicht eben mit professionellen Lorbeeren bedeckte. Dazu wieder eine

Berliner Ausgabe

Berlin, Sonntag/Montag, 2./3. Dezember 1934

BACHTER

hlands

Schriftleitung: Berlin SW 68, Zimmerstr. 88 :: Sammelruf: A 1 Jäger 0022, Sprechst.: 12—13 Uhr :: Drahtanschrift: „Beobachter Berlin" :: Münchner Schriftleitung: München 13, Schellingstr. 39 :: Sammelruf: 208 01 :: Sprechst.: 11—12 Uhr :: Der „Völkische Beobachter" erscheint wöchentl. 6mal. Bezugspreis RM. 2.60 monatl., RM. 0.65 wöchentl. bei Zustellung d. Boten (nur in Berlin); bei Zustellung d. die Post RM. 2.90 zuzüglich 36 Pf. Bestellgeld.

Treue um Treue

Obergruppenführer v. Jagow:

„Ich erwarte von jedem S.A.-Mann, daß er die Zeitungen der Partei liest"

Der Reichsminister für Volksaufklärung und Propaganda verbot in diesen Tagen zwei sogenannte Spielfilme, weil sie dem Kunstempfinden der neuen Zeit in keiner Weise entsprachen.

Die nationalsozialistische Presse hatte bereits vor diesem Verbot ganz eindeutig scharf gegen diese Machwerke ihre Stimme erhoben, während das Gros der „bürgerlichen Presse" instinktlos wie immer, oder vielmehr irgendwelchen Interessen dienend, sich nicht scheute, diese Erzeugnisse einer überwundenen Zeit bis über den grünen Klee zu loben.

Ein Beispiel aus unendlich vielen und gleichen herausgewählt! In der Politik versuchen zwar diese Blätter, sich gleichschaltend, das Gesicht der N.S.-Presse nachzubilden, doch immer wieder schaut irgendwo der Pferdefuß heraus.

Diese Instinktlosigkeit wird jene „bürgerliche Presse" nie verlassen. Doch der deutsche Mann, die deutsche Frau, braucht in dieser Zeit eine instinktsichere Presse, eine Zeitung, die ihnen ein absolut verläßlicher Kamerad und Ratgeber ist.
Der deutsche Mann will gerade heute die Gesinnungspresse.

Gesinnungspresse aber, und da ist die Geschichte unserer Zeit der Beweis, ist die Presse Adolf Hitlers, die Zeitung der nationalsozialistischen Bewegung.

Obergruppenführer von Jagow appelliert in einem Aufruf in der vorliegenden Ausgabe des „V. B." an die S.A.-Männer der Gruppe Berlin-Brandenburg, dem „Angriff" und dem „Völkischen Beobachter", den Kampfkameraden in schwerer Zeit, die selbstverständliche Treue zu halten.

Die Partei erwartet weit über diesen Rahmen hinaus, daß der Sieg der Bewegung auch ein Sieg der nationalsozialistischen Presse sein wird.

Die zustimmenden Kritiker wurden gemaßregelt. Das Verbot des Spielfilms gab den Parteiorganen die Gelegenheit zu einem Angriff auf die bürgerliche Presse und zur Werbung für NS-Druckerzeugnisse.

(Ausriß aus dem »VÖLKISCHEN BEOBACHTER« *vom 2./3. Dezember 1934)*

kleine Geschichte, die in meine Lloyd-Zeit fiel: 1934 wollte die Firma den alten Bühnenschinken von Paul Heyse, *Kolberg* (1868), zur Verfilmung vorschlagen. Man ließ von dem namhaften Drehbuchschreiber Karl Peter Gillmann ein Treatment anfertigen und reichte es ein. Es begann etwa so:
»Es war im Jahre 1807. In dem Städtchen Kolberg in Ostpommern bewachte ein Stadtsoldat die alte ehrwürdige Kanone auf der Stadtmauer« etc. etc.
Das Sujet wurde gutgeheißen, das Treatment als zu langweilig verworfen. Was tun? Ich entlieh mir eine Sekretärin von der Firma und diktierte ihr wortwörtlich dasselbe Treatment von vorne bis hinten herunter. Nur ersetzte ich die Vergangenheitsform der Inhaltserzählung, das epische Perfekt, durch das Präsens:
»Es ist das Jahr 1807. In dem Städtchen Kolberg in Ostpommern bewacht ein Stadtsoldat die altehrwürdige Kanone auf der Stadtmauer« etc. etc.
Dieses, nur in der grammatikalischen Zeitform veränderte Treatment hatte den erhofften Erfolg. Ja, das war ja ganz etwas anderes! Das Filmvorhaben scheiterte damals an den finanziellen Ansprüchen dieses Historienfilms, denen die kleine Herstellerfirma nicht gewachsen war. Keine Kosten und Mühen sollten zehn Jahre später gescheut werden, als Nettelbecks Bürgerbataillon zum letzten Kampf für Veit Harlans Durchhalte-Epos *Kolberg* im Dienst der Ufa antrat ...
Lloyd-»Geschichte« Nr. 3, die zum (Vor-)Fall eskalierte, betrifft meine Regiearbeit, für dieselbe Produktionsgesellschaft, die Filmkomödie *Ein Kind, ein Hund, ein Vagabund*. Ein Eklat, der nicht nur für meine berufliche Situation höchst interessante, weitreichende Folgen zeitigen sollte, sondern gleichzeitig signalisierte, daß Goebbels die neuen Weichen für die Politik gegenüber den »Kleinen« gesetzt hatte ...
Der Minister, die oberste Instanz des NS-Filmwesens, hatte einen harmlosen Unterhaltungsfilm freigegeben, den die Filmprüfstelle ohne Ausschnitte und Auflagen genehmigte. Der Reichsfilmdramaturgie war Exposé und Drehbuch vorgelegt worden. Sie hatte

keine Einwände gemacht. Der Film war anstandslos durch die Zensur gegangen. Er hatte gerade nach anfänglicher Befremdung einen stürmischen Erfolg in zwei Berliner Uraufführungstheatern gehabt, und die Presse feierte ein Ereignis, registrierte ihn als ein gelungenes oder unobligates, unerwartetes Experiment:
»Diese romantische Komödie ist ein freches Märchen und wurde auch so von Arthur Maria Rabenalt, der noch immer bestrebt ist, einen neuen und modernen Filmstil zu entdecken, in Szene gesetzt. Das liederliche und ungleichmäßige Kleeblatt, das aus einem rührenden Jungen (Anmerkung: Waldemar Müller), einem gravitätischen Bernhardiner und einem verkappten Landstraßenstrolch (Viktor de Kowa) besteht, spaziert durch das Leben . . . und in der leichten Art, wie die harmlose Geschichte präsentiert wird, offenbart sich gerade ein verspieltes Talent, das sonst auf deutschem Filmboden so selten ist . . .« (Ekr. in der *Nachtausgabe*, Berlin, vom 29. 11. 1934)
Und das *Berliner Tageblatt* vom selben Tag schloß seine Kritik mit der Aufforderung: »Der ungewöhnliche Erfolg dieses Films sollte unsere Produzenten nachdenklich stimmen: nur in der Überwindung der Schablone liegt die Rettung des Unterhaltungsfilmes. Der Film *Ein Kind, ein Hund und ein Vagabund* ist ein Unterhaltungsfilm, wie er sein soll . . .«
Besagter Film lief gerade mit starkem Publikumszustrom den zweiten Tag, als ihn Hitler verspätet sah und zu toben begann. Der Regisseur hatte bereits seinerzeit bei der Wiederaufnahme der Oper *Neues vom Tage* von Paul Hindemith in der Krolloper Hitlers Mißfallen erregt, die Inszenierung von Offenbachs *Großherzogin von Gerolstein* in der Berliner Volksbühne schien ihm mit ihrer antimilitaristischen Tendenz empörend, und das Auftreten des korrupten Provinzpolitikers auf derselben Bühne am Bülowplatz in Bruno Franks Komödie *Sturm im Wasserglas* in seiner Maske schien gleichfalls nicht dazu angetan, ihn zu entzücken. Und nun diese angebliche romantische Komödie, reiner zersetzender, dekadenter Kulturbolschewismus! Er verbot den erfolgreichen, gut rezensierten Unterhaltungsfilm kurzerhand und mit viel Aplomb – und desavouierte seinen Minister.

Ein für die Zeit ungewöhnlicher Unterhaltungsfilm hatte überraschend Erfolg. Er war von Goebbels zugelassen worden und wurde von Hitler verboten.

Prüf=Nr.
37901

Zulassungskarten für Filme sind öffentliche Urkunden im Sinne des § 267 Reichsstrafgesetzbuchs. Ohne amtl. Stempel sind sie ungültig. Änderungen dürfen nur von der Film=Prüfstelle vorgenommen werden.

Antragsteller: / Hersteller: **Lloyd-Film G. m. b. H., Berlin W 8**
Mauerstraße 43

Haupttitel: **Ein Kind, ein Hund, ein Vagabund.**

N. D. L. S. zeigt den Lloyd-Film:
Ein Kind, ein Hund, ein Vagabund.
Eine romantische Komödie
mit: Viktor de Kowa, Annemarie Sörensen, Fita Benkhoff, Günther Lüders, Willi Schäffers, Albert Florath, Tine Schneider, Waldemar Müller, der Hund Rinaldo.
Drehbuch: Karl Peter Gillmann.
Regie: Arthur Maria Rabenalt.
Produktion: Frank Clifford.
Musik: Harald Böhmelt.

Länge:	Akt I:	300 m
	II:	299 m
	III:	341 m
	IV:	331 m
	V:	278 m
	VI:	266 m
	VII:	289 m
	VIII:	276 m
	Gesamtlänge:	2380 m

Der Film wird zur öffentlichen Vorführung im Deutschen Reiche zugelassen, darf jedoch vor Jugendlichen **nicht** vorgeführt werden.

Berlin, den 20. November 1934

Film=Prüfstelle

Goebbels war in der Klemme und mußte wiederum sich und seine Institutionen desavouieren, die kritische Presse, die das Filmchen gut und außergewöhnlich gefunden hatte, seine Behörden, die ihn zugelassen hatten, das Publikum, das ihn bejubelt hatte, die unbelehrbare Filmindustrie, die ihn hergestellt hatte etc. Er tat dies mit der ihm eigenen Chuzpe. Er verbot gleichzeitig einen anderen, völlig belanglosen Film (Georg Zochs *Die Liebe siegt,* mit Trude Marlen), um dem einmaligen Fall eine breitere Basis zu geben und ein ganzes Prinzip anzuprangern.

Im Ausland zog man aus diesem »doppelten Streich« Goebbels' die richtigen Schlüsse. So schrieb die Baseler *National-Zeitung* (14. 12. 1934) unter anderem: » . . . Auf Verfügung des Propagandaministers wurde vorletzte Woche ein Verbot gegen einen Film erlassen, der die ohnedies geduckten Produzenten noch um einige Grade kleinlauter werden ließ. Der Film ›Ein Kind, ein Hund, ein Vagabund‹ wurde, nicht etwa als politisch ›untragbar‹, sondern rein nur als Verstoß gegen den guten Geschmack sofort abgesetzt. Die Presse zollte dem Befehl des gestrengen Unfehlbaren die übliche Reverenz. Herr Dr. Goebbels habe wahrlich genug Geduld gezeigt, und da die Filmproduzenten die steten Warnungen ihres Herrn und Meisters in den Wind geschlagen hätten, sei die Strafe, die sie jetzt treffe, nur gerecht . . . trotz Beifall der Presse, des Publikums und, wie gesagt, der Zensur, fiel von höchster Kulturwarte aus das Urteil, dagegen nicht appelliert werden kann: Dr. Goebbels verbot den Bildstreifen, und die Produzenten hatten mit ihren 400000 Mark Kosten das Nachsehen. Aber warum denn eigentlich Verbot? In Kreisen der hiesigen Filmproduktion herrscht die Meinung vor: Es galt, einen unbequemen Konkurrenten zur Strecke zu bringen. Das Propagandaministerium war selbst unter die Produzenten gegangen. Am Tage nach dem Verbot ›startete‹ in ganz Deutschland, allein in Berlin in 20 Theatern, mit gewaltigem Reklameklimbim der Arbeitslager-Zweckfilm ›Ich für dich – du für mich‹ . . .«

Daß die fatale Wirkung des Verbotes meines Filmes im Ausland dem Propagandaministerium peinlich war, geht aus einer Aktennotiz »über die Verhandlungen anläßlich der Bestätigung des Verbotes des Filmes ›Ein Kind . . .‹, Berlin den 6. 2. 1935«, hervor, in der es heißt:

»Nach längeren Ausführungen begründete Herr Ministerialrat Seeger mündlich das Urteil.

Das Verbot bleibt aufrechterhalten für beide Filme ›Die Liebe siegt‹ und ›Ein Kind, ein Hund, ein Vagabund‹.

Für den Film ›Die Liebe siegt‹ ist jede Hoffnung, den Film durch Abänderungen oder Ergänzungen wieder zulassungsfähig zu machen, ausgeschlossen.

Anders bei ›Kind/Hund‹, weil ein künstlerisches Thema und das Drehbuch Ernst und künstlerische Gestaltung erkennen lassen, wenn auch Regie und Einzelheiten der Darstellung zu schweren Bedenken Anlaß geben. Ratschläge und Abänderung zu erteilen ist nicht Sache der Prüfstelle, sondern des Reichsfilmdramaturgen. In abgeänderter Form erscheint eine Weiterzulassung nicht ausgeschlossen. gez. VI/Sp.«

Ich hatte Glück. Der Produktion wurde nahegelegt, Thea von Harbou zur Beratung hinzuziehen. Die Ex-Frau von Fritz Lang, Roman- und Drehbuchautorin, auch Regisseuse, hatte das Drehbuch für meinen zweiten Spielfilm, das Filmmusical *Was bin ich ohne dich* (1934), verfaßt. Ich hegte große Bewunderung für ihre Professionalität. Auch ihre Einstellung zu mir und zum vorliegenden Film war überaus positiv. Sie liebte an ihm den Scherz, die Satire und die tiefere Bedeutung, das Jean Paul'sche und Eichendorff'sche, die romantische, ja surrealistische Komödie, kurz das, was der dürre nationalsozialistische Realismus Hitlers so gefährlich fand.

Die Harbou schlug Schnitte, Umstellungen vor, sie half, etwas von dem Geist und Wesen dieses Films zu erhalten. Sie verteidigte den Film entschiedener als ich, dem das böse Spiel allmählich leid wurde. Daß der Film, unter dem (wiederum ironisch empfundenen) neuen Titel *Vielleicht war's nur ein Traum* nochmals in die Kinos gelangte (Start: 12. Juli 1935) war nicht zuletzt ihr zu verdanken, die dem Film wirklich Freund und Helfer und keine schulmeisterliche Polizistin war.

Dennoch konnte auch Thea von Harbou nicht verhindern, daß u. a.

folgende »Ärgernisse« der Schere zum Opfer fielen (insgesamt wurden 15 Minuten eliminiert):

1. ein marktschreierischer Bärenführer, der hinkte (glaubte sich Goebbels verhöhnt?),
2. ein feister Schloßherr, der als Hobby mit Zinnsoldaten spielt (vermutete man einen Hinweis auf Göring?),
3. ein schnurrbärtiger Zirkusdompteur, der bramarbasierend Frauen charmiert (fühlte sich Hitler dadurch personifiziert?).

Weiterhin nahm man Anstoß an dem blonden, blauäugigen Schloßfräulein Annemarie Sörensen – nicht weil sie das Idealbild einer germanischen Maid verkörperte, sondern jüdischer Abstammung war, und sich zudem noch herausgestellt hatte, daß sie sich die Spielerlaubnis, die sogenannte Sondergenehmigung, nicht persönlich beim Reichsminister, sondern bei einem untergeordneten Referenten des Promi erschlafen hatte . . .

Die alberne Kumpanei zwischen Viktor de Kowa und dem etwas tütrigen Günther Lüders – auch privat mit de Kowa befreundet und neu im deutschen Film – galt als weiteres Ärgernis. Man war gerade zu dieser Zeit höchst mißtrauisch gegenüber jeder Art von Homophilie. Die Röhm-Affäre lag ja noch nicht lange zurück und zum gleichen Zeitpunkt waren die Zeitungen voll von den »Verfehlungen« der katholischen Priester, bei denen auch die Homosexualität eine wesentliche Diffamierungsrolle spielte. Da de Kowa mit dem Produkionschef der Tobis, Generaldirektor Dr. Henkel, eng befreundet war und dieser mit dem Produktionsleiter der Lloyd-Film GmbH, Frank Clifford, sprach man im Propagandaministerium von der »schwulen Clique«, um so mehr als Dr. Henkel mit seinen internationalen Beziehungen zum Küchenmeister-Konzern (Holland) und zur französischen Tobis (Société des Films Sonores Tobis) auch marktpolitisch ins Schußfeld gekommen war. Und tatsächlich gingen die späteren, langwierigen Verstaatlichungsbestrebungen, auf die ich noch zurückkommen werde, auf diese Zeit zurück.

Wie zu erwarten, fand die Wiederaufführung meines Films ein strikt geteiltes Presseurteil. Wer sich an die seinerzeitige Verbotssensation erinnerte, verriß natürlich den Film obrigkeitsgetreu in

Grund und Boden, wer sich an den nicht gänzlich entfernbaren »Details« stieß, ebenso. Doch fehlten nicht Stimmen, die an dem Film selbst in seiner kastrierten Form viele Qualitäten fanden.
Ein Jahr später wären weder Verriß noch Apologie möglich gewesen: In seiner Rede vom 26. 11. 1936 sah sich Goebbels »veranlaßt, in einem Erlaß vom heutigen Tage die Kritik überhaupt zu verbieten und sie durch die Kunstbetrachtung oder die Kunstbeschreibung ersetzen zu lassen«! Goebbels kommentierte diesen Presse-Knebel wie folgt:
»Es kann doch heute in der Tat im künstlerischen Leben in Deutschland von einer planmäßigen, systematischen und zielbewußten Führung geredet werden. Wer soll denn da noch das Recht zur Kritik besitzen? Das Recht zur Kritik kann bei mir unter vier Augen ausgeübt werden . . .«
Der Haß des Intellektuellen Goebbels gegen die »selbstgefällige Klugscheißerei« des »Journaille-Intellektualismus« hatte den »Kritikaster« aus dem Verkehr gezogen. Der Rezensent hatte jetzt, statt zu verreißen, die vornehme Pflicht, die Kunst, d. h. den Film, emotionslos zu betrachten. Dies sollte ein Geschenk sein für die von der Presse ungeliebten Publikumslieblinge, die sich seiner Gunst erfreuten. Den Publizisten sollte das Handwerk gelegt werden, weil sie sich noch nicht abgewöhnt hatten, wie in der verderbten »Systemzeit« Filmkritik mit Blausäure, statt mit blauer Tinte zu schreiben.
Und damit die Schreiberlinge wußten, wie sie Kunst zu betrachten hatten, gab er ihnen als Schreibhilfe die sogenannten »Sprachregelungen« vor. Es waren die offiziellen Hinweise, wie die Filmschirmschaft den jeweiligen geprüften und zugelassenen Film verstanden wissen wollte. Sie sollte die böswillige Häme aus der kritischen Rezeption, die »Miesmacherei« und den subjektiven Negativismus aus dem Presse-Echo eliminieren. Goebbels, der inzwischen per Gesetz ermächtigt war, auch ohne Zuziehung der Filmprüfstelle jeden Film zu verbieten, »wenn er das aus dringenden Gründen des öffentlichen Wohls für erforderlich« hielt (Gesetz vom 28. 6. 1935), verbot damit alles das, was er selbst als Journalist betrieb: Demagogie, arglistige Animosität, objektive Boshaftigkeit, spöttische Ironie, den Verriß um der Pointe wegen etc. Er brauchte in seiner

Publizistik keine Intellektualität – intellektuell war er selber. Er vergaß keinen Tort, den man ihm angetan hatte, als er noch selbst zur Kritik stand und arge Verrisse einstecken mußte. Aber er hatte auch nicht vergessen, wie ihn eine Presse z. B. mit sehr positiven Kritiken anläßlich der peinlichen Verbotspanne im Fall *Ein Kind, ein Hund, ein Vagabund* in Verlegenheit gebracht hatte.

Doch war der ganze Paukenschlag – wie alles bei ihm – Schaumschlägerei und Augenwischerei. Er erledigte die Kritik nicht. Sie existierte weiter. Die Jungkritiker und Redaktionsvolontäre schrieben nun zwar nicht mehr bei ihren bedeutenderen Kollegen, sondern kupferten die offizielle Sprachregelung ab – wie gehabt. Aber der kluge Kritiker konnte weiter kritisch rezensieren. Wenn er »zwischen den Zeilen« schrieb, konnte er der Sprachregelung manches Schnippchen schlagen. Er mußte es nur geschickt anfangen. Die Filmbesprechung wurde zwar einerseits noch grobschlächtiger und plumper, andererseits aber auch feiner und raffinierter, wenn ein ambitionierter Cineast am Werk und sich seiner Verantwortung bewußt war. Denn er befand sich in der Gefahr, aus der Berufsliste gestrichen zu werden, und eine solche Maßregelung konnte existenzgefährdend sein, wie man es erlebt hatte. War man anderer Ansicht als der offiziellen, durfte man sich nicht erwischen lassen. Aber der kritische, einschränkende Einwand, die persönliche Meinung, blieb gewahrt.

Ein Unfug jedoch blieb: Die Inhaltsangaben der Film-PR-Angaben oder die Sprachregelung als Kritik in der Redaktion abzuliefern, ohne den Film gesehen zu haben, und die Pressekarte vor der Kasse zu verkaufen, um das magere Salär aufzubessern, denn eine Kinokarte war ja eine begehrte Mangelware. Diese Unsitte – zu einem heftigen Verriß umgestaltet – sorgte auch nach dem Kriege in den Elendsjahren dafür, daß die deutsche Filmkritik einen so schlechten Ruf bekam. Was das Zwischen-den-Zeilen-Schreiben betraf, so hatte der Mensch im Dritten Reich gelernt, zwischen den Zeilen zu lesen. Er sollte es – nach der Zeit der Blitzkriege – im täglichen Wehrmachtsbericht zur Genüge üben können . . .

Langsam wuchs Gras über die, für die Regierung recht peinliche Angelegenheit der »Verblödungsware«, und wie immer auch die invektiven Bezeichnungen waren, die Goebbels für den von ihm zugelassenen, plötzlich inkriminierten Film erfunden hatte und die die eingeschüchterte und gemaßregelte »bürgerliche« Presse ebenso nachleierte, wie diese auch von den historischen Filmjournalistik bis heute unüberprüft übernommen wurden. Jetzt kehrte Goebbels wieder zu seinem unpolitischen Spielfilm zurück und favorisierte ihn auch weiterhin. So daß sein Feind, Alfred Rosenberg, am 11. Dezember 1939 – also über ein viertel Jahr nach Ausbruch des Krieges – in sein Tagebuch eintrug:

> »Nichts von der Thematik der nationalsozialistischen Revolution ist im deutschen Film zu verspüren, man merkt gar nicht, daß sie überhaupt stattgefunden hat, einige allgemein partiotischen Filme gibt es vielleicht, aber keine NS-Filme . . .«

Monate später bemängelte der Partei-Ideologe pro-englische Streifen, wie den Leander-Film *Das Lied der Wüste,* und Lustspiele im Pariser Milieu, wie *Nanette.* Aber Goebbels ließ sich bis zuletzt nicht davon abbringen, den – unpolitischen – Unterhaltungsfilm für wichtiger zu halten als diesen oder jenen Propagandafilm, dessen offizielle und manifestive Zielsetzung plakativ war.

Goebbels produziert im Ausland

Knapp drei Jahre, 1939–41, dauerte Hitlers »Friedensoffensive«, dann waren neben Österreich, Böhmen und Mähren auch Polen, Holland, Belgien, Frankreich, Griechenland, Jugoslawien »befriedet« und seiner imperialistischen Politik zum Opfer gefallen.
Goebbels, dessen »Spielwiese Film« zeitweilig zur »Kampfarena« wurde, ließ sich auf keine »Blitzkriege« ein. Obwohl er lange vor Hitlers Machtantritt im Namen der NSDAP den »Großdeutschen Film« postuliert und proklamiert hatte und als Filmminister immer wieder die Filmschaffenden des »neuen Deutschlands« mal mit Zuckerbrot, mal mit der Peitsche zu motivieren suchte, wußte er die Situation realistisch einzuschätzen:
Diese hatte sich nach 1933 vor allem wirtschaftlich verschlechtert. Zum Beispiel hatte die fanatisch durchgezogene Vertreibung der Juden aus allen Filmsparten – sie erreichte noch lange vor der berüchtigten Reichskristallnacht des 9. November 1938 ihren Höhepunkt – zur Folge, daß die beiden Produktionsgiganten Ufa und Tobis einen heißen Kampf hinter den Kulissen um die verbliebenen »arischen« Stars ausfochten: Mit Hollywood angepaßten Gagen und Langzeitverträgen versuchte man sie zu binden. Fazit: Die Gagen kletterten bis auf 35 000 RM, selbst für Künstler der niedrigeren Kategorie lagen sie 1935 bei 10 000 RM, so daß allein 10% vom gesamten Produktionsbudget für deutsche Film dazu verwendet werden mußten, um – anno 1935! – 20 Superstars zu entlohnen!
Daß nicht nur deswegen die Herstellungskosten – 1935: ca. 45 000 RM pro Film – stiegen, beunruhigte Goebbels aber ebensowenig wie die Erkenntnis, daß seine »zeitnahen Aushängeschilder« wie *Hitlerjunge Quex, Hans Westmar* und Co. im Ausland kaum oder keine Abnehmer fanden. Das auch sonst flaue Auslandsgeschäft trug nicht dazu bei, das Gesamtdefizit der Kino- und Filmin-

dustrie, das z. B. 1936, 12 Millionen RM betrug, abzubauen. Der Besucheranstieg im Inland machte das Kraut auch nicht fett. Aber alle diese Krisenerscheinungen paßten Goebbels ins Konzept, dessen Endpunkt ja die Entmachtung der privaten Filmindustrie sein sollte. Doch wie gesagt: Goebbels ließ die Zeit für sich arbeiten. Außerdem wollte er – auch im Hinblick auf die »Optik« im Ausland – zu keinen Gewaltmaßnahmen greifen.

Apropos Ausland: In dieser Übergangsperiode entstanden viele deutsche Auslandsproduktionen – mit Zustimmung oder Duldung des Promi, und zwar nicht nur, wie ich schon erwähnte, im Wien der Voranschlußzeit, sondern auch im Prag vor dem Einmarsch, im mussolinischen Rom, mit dem Berlin eine eigenartige Haßfreundschaft verband, selbst im Paris vor dem 3. September 1939, wo die Tobis Sonores, die Tochterfirma der deutschen Tobis, die ihrerseits in holländischem Besitz stand, eine maßgebliche Rolle spielte. Paradoxerweise hielten sie sich zwar mehr oder weniger offen an die Maßgaben der deutschen Film- und Rassengesetze, wurden aber zum Teil von Firmen realisiert, die »jüdisch« waren (Horus bzw. Sascha in Wien, Astra in Rom usw.) Diese Produktionsgesellschaften unterwarfen sich einer Art »freiwilligen Selbstkontrolle«, indem keine (bekannten) jüdischen Künstler beschäftigt bzw. keine Themen behandelt wurden, die auf dem deutschen Markt nicht »tragbar« waren. In Österreich überwachte die 1935 (!!) gegründete Firma »Otzoup und Gaik« die Einhaltung dieser »Kriterien« . . .

Deutsche Regisseure, die in Ungnade gefallen waren, durften jedoch im Ausland arbeiten. Beispielsweise ein Werner Hochbaum, der 1935 mit *Vorstadtvarieté* einen der intensivsten österreichischen Vorkriegsfilme überhaupt schuf. Nach der Causa *Ein Kind, ein Hund, ein Vagabund* (1934) stand auch ich auf der »schwarzen Liste«. Zuerst war ich bei und für Jacques Feyder tätig, bei dem ich als deutscher Dialogregisseur (*Die klugen Frauen / La kermesse héroique,* 1936) fungierte, dann bot man mir in Rom die Regie eines deutschen Films an, dessen zum Teil komischen Background ich ausführlicher erzählen möchte, da er für jene Übergangsjahre im Goebbels'schen Filmimperium symptomatisch ist:

Für die italienische Version dieser Co-Produktion war ursprünglich

Geofreddo Alessandrini als Regisseur vorgesehen, ein junger Mann italo-ägyptischer Herkunft aus reichem Hause, der mit einer wesentlich älteren, faszinierend häßlichen Schauspielerin namens Anna Magnani verheiratet war. Doch nach einigen Drehtagen schied er aus dem Film aus, und ich inszenierte beide Versionen allein. Die römische Astra-Film wurde mehr oder weniger nur pro forma aktiv; tatsächlich war es die Wiener Horus-Film, die den Film herstellte und die vom Standpunkt Berlins als total »verjudet« galt. Sie produzierte nach den Vorschriften der deutschen Filmgesetzgebung für den deutschen Bavaria-Verleih. Die im Grunde österreichisch-italienisch-deutsche Produktion hieß im Original *La donna tra due mondi* und erhielt die scheußlichen Verleihtitel *Die weiße Frau des Maharadscha* (in Österreich) und *Die Liebe des Maharadscha* (in Deutschland).

Die deutsche – Gustav Diessl, Attila Hörbiger, Isa Miranda in der Titelrolle – wie die italienische Besetzung war hochkarätig. Der Film wurde während des Abessinienkrieges gedreht, und es gab Engpässe, z. B. war Benzin äußerst knapp. Wie in frühen Stummfilmzeiten wurden die Schauspieler mit Pferdewagen und Eselsgefährt abgeholt und zu den Farnesina-Studios gebracht. Die ganze Produktion war ein bißchen irrwitzig, wenn man die Distanz aufbrachte, die Dinge objektiv zu sehen.

Obwohl die italienische Filmindustrie damals noch nicht von einem deutschen »Fräuleinwunder« beeindruckt war und die Via Veneto noch nicht den Charakter von einem Jahrmarkt aller Eitelkeiten filmischen Ehrgeizes besaß und den suspekten Ruf als Umschlagplatz nordischer Blondinen, Cover- und Partygirls, gab es in der Komparserie ein überraschendes Kontingent deutscher Aristokratie, das aus vielfältigen und unübersichtlichen Gründen an den Tiber gekommen sein mochte und in der Figuration der Filmindustrie ihre Figur und ihre adeligen Manieren gegen Tagesgage den Kameras anbot. Unter den vielen Gräfinnen, Baronessen, Freifräulein usw. fiel mir eine deutsche Baronin auf, die jenen kecken Witz, die spöttische Ironie und die ungenierte, freimütige und emanzipierte Überlegenheit hatte, die die reverse Seite preußischer Aristokratie auszeichnete. Mit dieser reizvoll-lasterhaften, frivolen

Vertreterin preußischen Junkertums verstand ich mich von Anfang an gut. Sie war geistreich, etwas blaustrümpfig und strikt gegen den Nationalsozialismus. Auch für den Fascismo hatte sie nur spöttische Apercus.

Wir erhielten bei unseren Atelieraufnahmen oft hohen Besuch, Graf Ciano war mehrmals unser Gast. Ihn interessierte diese Doppelproduktion angeblich so sehr, daß er die Gelegenheit zwischen seinen Fliegereinsätzen in Äthiopien dazu benützte, in unserem Studio aufzukreuzen. Er ließ sich gerne mit dem gesamten Stab fotografieren, wobei er alle Sorge darauf verwandte, die linke Hand mit der rechten zu verdecken. Niemand sollte sehen, daß er nicht – wie Millionen italienischer Frauen und Männer – den Ehering, den man im Süden links trägt, auf dem Altar des Vaterlandes geopfert hatte. Aus irgendeinem Grunde mochte er mich gern. Die deutsche Baronin hatte von mir geschwärmt und offensichtlich verdankte ich ihr die freundschaftliche Sympathie des Außenministers.

Am letzten Drehtag kam er abermals ins Studio. Es war ein Samstag, und man kannte damals noch nicht das sabbato inglese, das arbeitsfreie Weekend. Er bestellte für den Sonntag vormittag um 11 Uhr in sein Ministerium, weil er mit mir etwas zu besprechen hätte. Zur bestimmten Zeit suchte ich ihn in seinem recht spartanisch eingerichteten Arbeitszimmer auf, in das ich ohne große Zeremonien und Sicherheitsvorkehrungen gelangte. Da er in seinem Büro nicht bleiben wollte, gingen wir zu Fuß zu Rossati auf der Via Veneto zu einem sonntäglichen Aperitif. Rossati war damals der Treffpunkt der hohen faschistischen Funktionäre. An einem kleinen Caféhaustisch eröffnete er mir, warum er mit mir sprechen wollte. Er unterrichtete mich, daß ich von Agenten der Gestapo und des SD sowohl in den Büros der Astra-Film, im Hotel Quirinal, unserer Unterkunft, wie innerhalb des Ateliers, wo sich die Beamten als Komparsen verdingt hatten, laufend beobachtet und überwacht worden war. Man wollte feststellen, wie eng und freundschaftlich der Regisseur mit den jüdischen Mitarbeitern der österreichischen Equipe verbunden war. Auf meine besorgte Frage, ob ich unter diesen Umständen nach Deutschland zurückkehren könne, beruhigte er mich. Seine »Gegenspionage« hätte den

Bericht eingesehen, und er sei über die außerordentlich positive Beurteilung erstaunt und überrascht. Bei irgendwelchen Schwierigkeiten in Berlin sollte meine Frau umgehend den italienischen Botschafter in Berlin, Alfieri, verständigen. Dieser würde entsprechend intervenieren.

Bis heute bin ich nicht sicher, ob diese kesse Baronin nur die Geliebte des Grafen Ciano oder eine Agentin der Gestapo war – zumindest habe ich ihr dankbar zu sein, denn diese merkwürdige Episode hatte noch eine Fortsetzung:

Nach Abschluß der Dreharbeiten kam ich – trotz des Abessinienkrieges gab es in Italien Dinge, die in Nazi-Deutschland dank der Devise »Kanonen statt Butter« bereits rar geworden waren – mit vollgefüllten, überschweren, neuen Lederkoffern an die Grenze am Brenner. Alle Koffer mußten geöffnet werden. Unter dem Deckel des ersten und schwersten Gepäckstückes fiel dem Zöllner die Vergrößerung eines Fotos ins Auge, das mich mit dem Grafen Ciano zeigte. Ein eigenhändiges »cordialmente« bekräftigte seinen dokumentarischen Wert. Von weiterer Durchsuchung der Koffer wurde daraufhin abgesehen. Aber kaum zwei Tage nach meiner Ankunft in Berlin bekam ich eine Vorladung der Gestapo in die berüchtigte Prinz-Albrecht-Straße. Meine Frau war unterrichtet. Sollte ich bis zum Mittagessen noch nicht zurück sein, war der Anruf in der italienischen Botschaft fällig.

Als ich mich am Eingang bei einem schwerbewaffneten SS-Posten mit meiner Vorladung einfand und fragte, ob es »hier rein ging«, gab er schnarrend die trostreiche Auskunft: »Rein kommen Sie hier, aber ob Sie wieder raus kommen?« Dies war der Auftakt einer bekannten Einschüchterungstaktik. Im bezeichneten Dienstzimmer ließ mich ein grimmiger Scherge erst einmal eine halbe Stunde stehen, ohne sich um mich zu kümmern. Dann forderte er mich auf, mich auf einem wackeligen Stuhl zu setzen, blätterte kopfschüttelnd und gefährlich vor sich hinmurmelnd in einem Akt. Schließlich bequemte er sich dazu, Worte und Lautfetzen zu artikulieren: »Sauerei, klarer Fall – gegen die Nürnberger Gesetze« usw. und meinte zuletzt, indem er sich drohend an mich wandte: »Na, Sie haben es in Italien da unten ja toll getrieben.« Ich antwortete mit der arrogantesten Miene, zu der ich in dieser Situation fähig war: »Ach, Sie meinen den Bericht über mich, den Ihre Beamten während der Drehzeit in Rom gemacht haben, in der Firma, im Hotel, im Atelier? Ja, den kenne ich, den hat mir Graf Ciano zur Kenntnis gebracht, seine Agenten haben ihn abgeschrieben, und er sagte mir, wenn es irgendwelchen Ärger mit Ihnen geben sollte, bräuchte ich nur die italienische Botschaft zu benachrichtigen. Und das geschieht –«, ich blickte auf meine Uhr, –»spätestens in zwölf Minuten!«

Das martialische Gesicht dieses SS-Bullen fiel augenblicklich zusammen. Seine Schweinsäuglein trübten sich, und nach einem Moment desperater Unsicherheit schlug er die Aktendeckel zu. Er erhob sich, stand stramm und meinte, es sei gut, daß es noch so einwandfreie Filmschaffende gäbe, und mit einem zackigen »Heil Hitler« war ich entlassen. Ich kam aus der Prinz-Albrecht-Straße heraus – zum Erstaunen des Wachtpostens, dem ich noch weitere gute Verrichtung entbot . . . Goebbels' »langer Arm« – er war gewiß nicht »unschuldig« an meiner Überwachung – hatte mich noch einmal, dank Graf Ciano, verschont.

Nun aber zurück zu den gravierenden Problemen des Filmministers: Sein »strenges Regime« – Kinoeintrittspreise und Filmleihmieten wurden durch die Reichsfilmkammer, das Filmangebot durch die Zensur und durch Kontingentierung reguliert – genügte nicht, um der Kunst- und Kommerz-Krise im deutschen Film Herr zu werden. Zumal die Vorstellung, daß sich die Privatwirtschaft von selbst eliminieren würde, nicht oder nur zu langsam aufging. Also ließ Goebbels nicht nur die Zeit für sich arbeiten, sondern auch einen Mann namens Max Winkler:

Dieser promovierte Jurist, Ex-Bürgermeister eines kleinen Ortes, und lange Zeit unscheinbarer Abgeordneter der Demokratischen Partei im Preußischen Landtag zur Zeit der Weimarer Republik, war zwar kein eingefleischter Nazi, aber ein passionierter Wirtschaftsfachmann. Als Geschäftsführer einer Mini-Firma, nämlich der Cautio-Treuhandgesellschaft, kaufte er deutschsprachige Publikationen und Verlage im Ausland auf – stets im Auftrag anderer Institutionen und Regierungen, und machte sich als »Wirtschaftssanierer« maroder Unternehmungen einen guten Namen. Da er nicht nur erfolgreich, sondern vor allem diskret war, schien diese »graue Eminenz« der deutschen Wirtschaft auch Goebbels der ideale Mann, genauer: Strohmann, zu sein, um den Staat zum alleinigen Filmproduzenten zu machen.

Und Dr. Winkler kaufte, ohne daß die Öffentlichkeit davon erfuhr, nicht nur die kleinen – noch verbliebenen – deutschen Filmfirmen auf. Auch die bekannten Großkonzerne wie Ufa, deren Aktienmehrheit bekanntlich Hugenberg besaß, die diversen Tobis-Ableger (deren Aktienmehrheit eine holländische Bank besaß), die bankrotte Bavaria-Filmkunst führte der »Ex-Totengräber der deutschen Presse mit der goldenen Schippe« – so sein respektvoller Branchenname – mittels komplizierter Finanztricks heim ins Reich des Filmmoguls Joseph Goebbels.

Erst am 15. Februar 1941 gab Goebbels öffentlich zu, daß seit Jahren zuerst getarnt, dann immer mehr offen »maßgebende Institutionen der deutschen Filmindustrie in den Besitz des deutschen Reiches überführt worden waren . . .«

Im selben Jahr betreute das Goebbels treu ergebene »Filmbüro Winkler« neben den in der Ufa-Film GmbH erfaßten Produktionskonzernen Ufa, Tobis, Bavaria, Terra etc. unter anderen auch noch die Prag-Film AG, die Wien-Film GmbH, die Continental Films, Paris, N. V. Internationale Tobiscinema, Amsterdam.

In Goebbels Filmimperium ging die (Jupiter-)Sonne nicht mehr unter bzw. aus. Gleichzeitig »hinderten« nunmehr keine »äußeren« Umstände – auch der Absatzmarkt für den deutschen Film hatte sich zu diesem Zeitpunkt, kriegsbedingt, vervielfacht – Goebbels daran, seine 1935 aufgestellten »sieben Film-Thesen« zu verwirklichen, wo es u. a. unter Film-These 5 geheißen hatte:

»Es muß für jede Regierung ebenso selbstverständlich werden, dem Film durch materielle Opfer seine künstlerische Existenz zu sichern, wenn anders sie nicht überhaupt darauf verzichten will, den Film als Kunst zu werten und einzureihen. Dann aber ist die Klage über Kitsch und Verwilderung des filmkünstlerischen Schaffens nur heuchlerisches Hinwegreden über eigenes Versäumnis . . .«

Studio-Besuch im Farnesina-Filmatelier in Rom:
Graf Ciano (rechts) neben Isa Miranda und mir

Zwischenspiel in Paris:
LA KERMESSE HEROIQUE – DIE KLUGEN FRAUEN.
Werkfoto der Sekt-Taufe des Filmes am ersten Drehtag.
An Jacques Feyder (links) und Françoise Rosay (rechts) gewinne ich zwei Freunde fürs Leben.

Zwischenspiel in Wien:
Die Filmoperette *DAS FRAUENPARADIES*,
Musik von Robert Stolz

Georg Alexander und Hortense Raky

Hortense Raky

Leo Slezak (links unten)

Aino Bergö und das Wiener Staatsopern-
ballett

Zwischenspiel in Rom:
LA DONNA TRA DUE MONDI – DIE WEISSE FRAU DES MAHARADSCHA mit Attila Hörbiger (links) und Isa Miranda (rechts)

Der berühmte Wiener Eislaufverein bei der ersten großen Eisrevue in dem deutschsprachigen Film *MILLIONENERBSCHAFT (BLUFF)*

Filme im Zirkus- und Varieté-Milieu boten einen größeren Freiraum für Action, menschliche Problematik und Konflikte, die im dramatischen Spielfilm nicht mehr erwünscht waren. Die von der Führerschaft zwar hochgeschätzte, aber allzu buntgemischte Artistenwelt hatte ihr eigenes Ghetto und stand außerhalb der staatsbildenden Gesellschaftsordnungen!

Hertha Feiler in *MÄNNER MÜSSEN SO SEIN* (oben links mit Hans Söhnker) ◄

Name der Artistin in dem Film *DIE KÖNIGIN DES TRAPEZ:* Lilian Leitzel; Annelies Reinhold ist der Name der Schauspielerin.

Die Könige der Luftakrobatik: *DIE DREI CODONAS* mit René Deltgen, Lena Normann, Ernst von Klipstein

Außer den obligaten Revuebildern waren aber auch unobligate Szenen zu sehen:

Gruppenakrobatik am Reck oder . . .

. . . Rhönradballett *(MÄNNER MÜSSEN SO SEIN)* und . . .

. . . sogar Damenringkämpfe *(LEICHTE MUSE)*.

Innerhalb harmloser Genre-Szenen aus dem Artistenmilieu konnte man auch den Minister austricksen!!

So sahen sich z. B. die »drei Codonas« selbst als Doubles in dem Film *VARIETÉ* des jüdischen Regisseurs E.A. Dupont mit Emil Jannings (l. o.) ...

... so sang Otto Reutter im Berliner Wintergarten ohne Einspruch des Ministeriums sein vieldeutiges Chanson »In 50 Jahren ist alles vorbei« (r. o.).

Die leichte Muse war die bevorzugte Spielwiese des voyeuristischen und erotomanischen Filmfans Goebbels, der jede Form von Pikanterie in einem Spielfilm durchaus zu schätzen wußte! (Szene aus *LEICHTE MUSE*)

LEICHTE MUSE
Adelheid Seeck

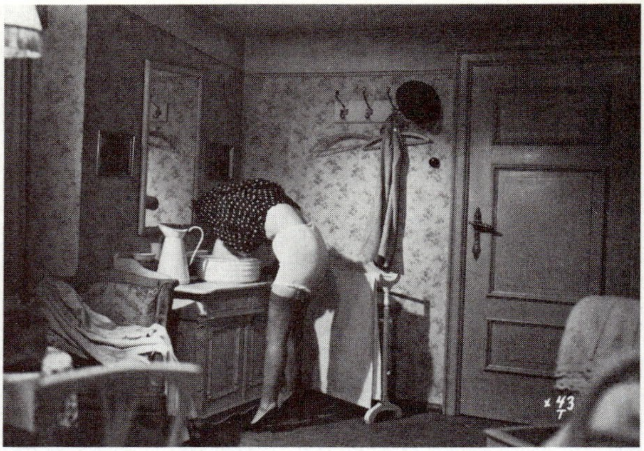

MÄNNER MÜSSEN SO SEIN
Charlott Daudert

MEINE FRAU TERESA
Elfie Mayerhofer

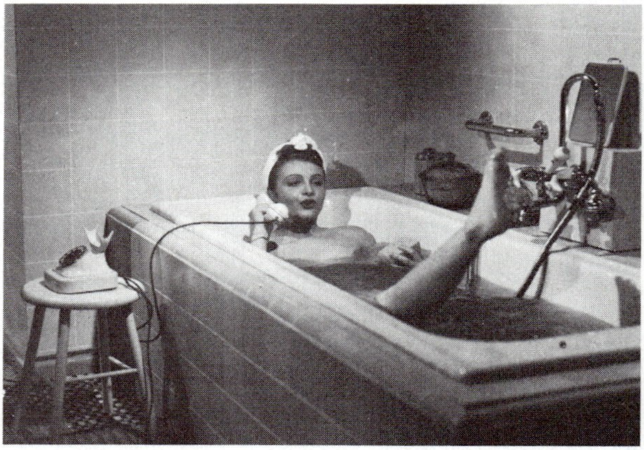

LEICHTE MUSE

FRAUENPARADIES

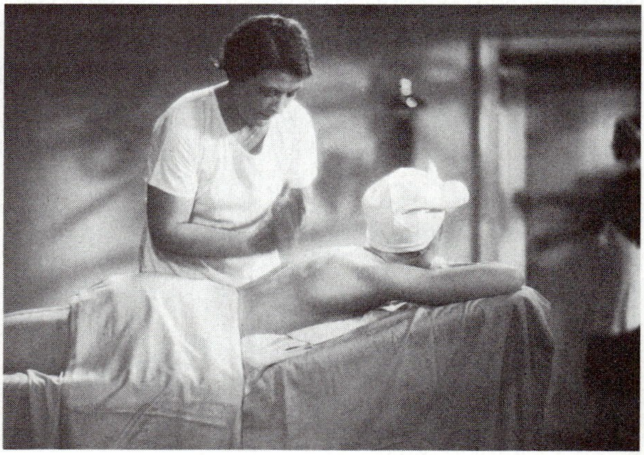

III
Der Medienmogul

Der Konzernchef

Der Ex-Revolverjournalist und Politiker, Reichsminister eines Portefeuilles mit vielen klassischen Ressorts, war trotz seiner mannigfachen Verpflichtungen und Aufgaben, wie dem Verfassen von Leitartikeln, Reden, Anordnungen, Grundsatzerklärungen, dem Vorsitz bei Konferenzen, bei der Leitung von Großveranstaltungen, der notwendigen Präsenz bei Festfeiern in der Öffentlichkeit etc., so nebenbei aus Spaß an der Freud und aus Liebhaberei zum Unternehmer des größten monopolistischen Entertainment-Trustes Europas, wenn nicht der ganzen Welt geworden. Zum Topmanager eines Unterhaltungsmedien-Multis, würde man heute sagen. Sein Imperium stellte alle damaligen Medienkonzerne, alle Firmen-Zusammenlegungen in den Schatten: MGM, Fox, Paramount, RKO, Universal, Columbia, United Artists in Hollywood, Gaumont und Pathé in Frankreich, Rank und die London-Film Alexander Kordas in Großbritannien waren vergleichsweise Zwerge gegenüber dem nationalsozialistischen Staatsfilmkonzern Ufa, Tobis, Berlinfilm usw. in der Reichshauptstadt, Bavaria in Bayern, Pragfilm im okkupierten »Protektorat Böhmen und Mähren« und nicht zuletzt der Continentalfilm im besetzten Paris »unter dem Knobelbecher«.

Was bedeuten die Mister Goldwyn, Hughes, Zanuck, Laemmle, die Brüder Warner und viele andere ausgepichte und erfahrene Pioniere der (amerikanischen) Weltmacht Film und Kino gegenüber dem kleinen verwachsenen »Doktor« – dem Dilettanten, der in der Unterhaltung nur seinen Geschmack kennt – dieser allerdings so medioker wie der des Mittelklasse-Kinopublikums –, der eigene Ansichten nur im engen Sektor seiner politischen Propagandainteressen entwickelt, im übrigen aber Binsenweisheiten deklariert, der kein künstlerisch neues Konzept besitzt und sich in kommerzieller Hinsicht an die vorgegebenen Klischees und ausländischen Vorbilder ausrichtet? Der große Filmtycoon Nazideutschlands hat Spielplätze im Ausmaß vieler Fußballfelder für sein amateurhaftes Hobby zur alleinigen Verfügung und beherrscht außer den Produktionsstätten die entsprechenden Verleihorganisationen, ja den gesamten Kinomarkt des zusammengeraubten Großreiches sowie alle Institutionen innerhalb der weitgezogenen Militärgrenzen und der politischen Einflußgebiete.

Die Möglichkeiten dieses Medienmoguls Joseph Goebbels sind sensationell und einmalig, zumal er auch die gesamte deutschsprachige Presse – dank Dr. Max Winkler auch zum Teil die des Auslandes – als PR-Organisation unter sich hat, der er die Kritiken der Werke seiner Lieblingsmuse diktieren kann.

Wenn dieser Filmfan nur einen Bruchteil hinter dem Komma von dem Profitum gehabt hätte, das den genannten Produzenten Hollywoods eigen war, einen Hauch an Innovationslust, Kreativitätswillen und Experimentierfreude! Aber er war strikt gegen jeden neuen Weg, war entschieden gegen alles Außergewöhnliche – dieser »Germane« war entgegen Tacitus nicht novarum rerum cupidus –, duldete kein Ausbrechen aus der »Gewohnheit trägem Gleise«, neue Stilformen waren ihm verhaßt.

Der »Film-Macker«, der sich als Sklave approbierter Filmkonvention entpuppte, akzeptierte an Neuerungen – die nonsense- und screwball comedy z. B. – nur jene, die vom Ausland an ihn herangetragen wurden und sich zur Nachahmung empfahlen. Er war, wie jeder gesättelte Revolutionär, ein »Reaktionär«.

Natürlich hielt sich Goebbels für einen versierten Filmfachmann. Sein Fernziel war es, eine Filmästhetik zu schreiben, die der Hamburgischen Dramaturgie Lessings für die Entwicklung des Films als Kunst gleichbedeutend sei. Aber er kam damit nicht zu Rande. Er kannte Siegfried Kracauer, Béla Balázs, Urban Gad, Wsewolod Pudowkin und all die anderen internationalen Schriftsteller, die Filmtheoretisches geschrieben hatten. Und über die Bühnendramaturgie nicht viel mehr als Gustav Freytags »Technik des Dramas«. Durch seinen Lehrer Gundolf in Heidelberg wußte er etwas von der Auflösung der strengen Form in der deutschen Romantik, und dessen »Shakespeare und der deutsche Geist«, ein Kultbuch der damaligen Zeit, bewog Goebbels alle modernen Shakespeare-Übersetzungen abzulehnen.

Bei der Beurteilung von Filmen blieb der glänzende Stilist und prägnante Formulierer erstaunlich allgemein, Lob oder Einwand artikulierte er unerwartet banal und klischeehaft. Es waren Urteile eines Kinobesuchers, rein vom persönlichen Geschmack und dem subjektiven Eindruck geprägt. Seine kritischen Anmerkungen zeigten sich wenig fundiert, erschöpften sich in Belanglosigkeiten; oberflächliche Zensuren wie nett oder sehr gut, erbärmlich etc. wurden erteilt, ohne nähere Begründungen zu geben – es sei denn, es handelte sich um sein spezielles Metier: die mögliche propagandistische Gegenwirkung. Analytische Kriterien beachtete er nicht. Gelegentlich begab er sich auch auf Glatteis. So, als er am 7. Februar 1942 anmerkte:

»Ich prüfe dann noch einen italienischen Gigli-Film *Tragödie der Liebe* (Anmerkung: *Tragödie einer Liebe*, 1942 zensuriert, erst 1943 in Deutschland erstaufgeführt; Regie: Guido Brignone), der so jedes normale künstlerische Niveau unterschreitet, daß man ihn eigentlich verbieten möchte. Die Italiener leisten nicht nur auf dem Gebiet der Kriegführung nichts, sondern sie leisten auch kaum noch etwas Nennenswertes auf dem Gebiet der Künste. Man könnte fast sagen, daß der Faschismus auf das schöpferische Leben des italienischen Volkes wie eine Sterilisation gewirkt habe . . .«

Über den französischen Film schreibt Goebbels in sein Kriegstagebuch:

»Abends besichtigen wir zusammen einen neuen Film unserer Continental-Gesellschaft in Paris, *La Symphonie Phantastique* (Anmerkung: Regie: Christian-Jaque), der um das Leben und Wirken von Hector Berlioz (Anmerkung: dargestellt von Jean-Louis Barrault) geschrieben ist. Der Film ist von einer ausgezeichneten Qualität und stellt eine nationale Fanfare erster Klasse dar. Ich werde ihn leider deshalb nicht für die Öffentlichkeit frei geben können!« (15. Mai 1942)

Über den amerikanischen Film äußert er sich knapp zuvor (am 3. Mai 1942):

»Am Nachmittag habe ich wieder viel Besuch aus der Filmwelt. Die ganzen Produktionschefs sind da. Wir sehen am Abend zusammen den amerikanischen Film *Swanee River* (Anmerkung: Regie: Sidney Lanfield, 1939, mit Al Jolson), an den ich eine ganze Menge von Bemerkungen für die Schaffung eines neuen deutschen Volksliedfilmes anknüpfen kann.

Das Kulturgut unserer Vergangenheit kann für die Gegenwart im breitesten Maßstab überhaupt nur wieder fruchtbar gemacht werden, wenn wir es mit modernen Mitteln zum Vortrag oder Darstellung bringen. Das verstehen die Amerikaner meisterhaft, wohl deshalb, weil sie nicht so sehr mit historischem Ballast beladen sind wie wir. Trotzdem muß hier etwas von uns geschehen. Die Amerikaner haben nur ein paar Negersongs, aber sie stellen sie so aktuell dar, daß sie damit große Teile der modernen Welt erobern, die sich natürlich auf eine solche Weise sehr angesprochen fühlt. Wir verfügen über viel umfangreichere Kulturgüter, aber wir besitzen nicht die Kunst und die Kraft, sie zu modernisieren. Da muß jetzt Wandel geschaffen werden.«

Das ist nichts anderes als laienhaftes Bla-bla-bla ohne innovatorische Ideen, oberflächliche Forderungen ohne initiatorische Genauigkeit!

Für Goebbels' »Methodik der Kritik« noch ein persönliches Beispiel: Die von mir 1942 inszenierte Ehekomödie *Meine Frau Teresa* entzückte ihn über alle Maßen, und er bestellte sich noch ein paar Ausführungen dieses Modells. Doch als er 1939 *Weißer Flieder*, den ersten Unterhaltungsfilm nach Ausbruch des Krieges, besichtigt hatte, war die Vorführung dauernd durch Meldungen von der polnischen Front unterbrochen worden: Der Film lief während kurzer Absenzen des Ministers ausnahmsweise weiter. Er fand den Streifen danach katastrophal, fragte empört den Produktionschef der »Terra« Alf Teichs, was an diesem Lustspiel lustig, an dieser Komödie komisch sei. Es schien wieder einmal so weit zu sein. Er beabsichtigte, Hersteller und Regisseur zu maßregeln – und vergaß es wieder. Denn nur wenig später war der Film im renommierten Gloriapalast Berlins ein demonstrativ applaudierter Publikumserfolg.

Und was noch die »Auslandshörigkeit« Goebbels' in filmischen

Belangen betrifft: Helmut Käutners *Romanze in Moll* (1943) ging durch, weil Marcel Carnés und Jacques Préverts poetischer Realismus in der Welt Erfolg gehabt hatte. Und meine, schon erwähnte *Frau Teresa* hätte er nicht geschätzt, wenn ihm nicht Gregory La Cavas *My man Godfrey* (1936) bekannt gewesen wäre. Auch den Musikfilm *Wir tanzen um die Welt* (1939) lobte er, weil er in ihm eine gelungene Nachahmung amerikanischer Revuestreifen sah.

De facto folgten diese und andere Beispiele des Genres der vorfaschistischen Musikfilmtradition der Ufa sowie den Strukturen der typischen Berliner Bühnenrevue der zwanziger Jahre. Ebenso wie der Modernismus der Tanzszenen in meinem Ausstattungsfilm *Liebespremiere* (1943) auf meine eigenen avantgardistischen Opern- und Operetteninszenierungen in den zwanziger Jahren zurückgeht. »Beispiellos« hingegen ist, daß im selben Film ein uneheliches Kind als Frauen w u n s c h propagiert wird, in einer Zeit, in der man aus Gründen der Soldatenmoral an den Fronten Wert auf die Institution der Ehe legte und Ehe- und Treuebruch aus politischen Gründen tabu waren . . .

Doch das war auf dem »Rangierbahnhof« des Filmministers, der mit dem Unterhaltungsfilm tatsächlich wie ein Knabe mit der Eisenbahn spielte, Weichen stellte, Züge fahren und stoppen ließ, um sie wieder in Gang zu setzen – ohne dabei zu vergessen, die Filmpuppen ausgiebig tanzen zu lassen, wie noch zu sehen sein wird –, eine der gar nicht so seltenen »Entgleisungen« . . .

Theater, Theater

So unbeschränkt Goebbels Macht auf den Filmsektor ausübte, so sehr hielt sich der Einflußbereich des erstmalig geschaffenen Ministerportefeuilles auf die anderen Medien in Grenzen. Letzteres umfaßte – neben dem Film – Presse, Theater, Konzert, Oper, Operette und vor allem den Rundfunk, das neue Massenmedium, und jede Öffentlichkeitsarbeit. Nur: bei der Kabinettsbildung hatte Goebbels seine Verdienste schnöde abgespeist gefunden. Er hatte wohl überall etwas zu sagen, doch nur beim Film überschnitten sich die Kompetenzen nicht! Er war kein Kultusminister, kein Unterrichtsminister, kein Minister des Innern, über alles mußte er sich mit dem jeweiligen Fachminister auseinandersetzen. Er fühlte sich als Mädchen für alles, statt der Kapitän auf der Kommandobrücke zu sein. In Sachen der Kultur – und was war nicht alles Kultur, das auch ihn interessierte – hatte er sich mit dem Chefideologen der Partei, Alfred Rosenberg, heftig auseinanderzusetzen. Beim Theater hatte ihm Göring den nahrhaftesten Bissen, die preußischen Staatstheater, weggeschnappt und ließ sie sich nicht aus der Hand nehmen. Göring machte *seine* Theaterpolitik. Er führte oder ließ sie führen, stellte sich mit seiner eigenen Personalpolitik vor Gustaf Gründgens, dem Kandidaten seiner theaterspielenden »Hohen Frau« Emmy Sonnemann, gebärdete sich als gönnerhafter Kunstfreund und mäzenatischer Theatersachverständiger und sicherte seinen künstlerischen Hofstaat gegen Goebbels ab. In der auch von Hitler hochgeschätzten Operette richtete sich Goebbels nach dem Geschmack seines Führers, und Dr. Robert Ley, der »Arbeits(dienst)minister«, redete ihm mit seiner KdF-Organisation (»Kraft durch Freude«) in die Massenunterhaltung drein. Mit der Wehrmacht und dem Reichskriegsministerium lebte Goebbels in dauerndem Kriegszustand, und mit dem Spionageabwehrressort des Admiral Canaris befand er sich in einem ständigen Meinungsstreit.

Der Medienmogul war in heftigen Auseinandersetzungen mit seinen Kollegen der »klassischen« Ministerien verstrickt oder mit den ihnen angeschlossenen oder beigeordneten Parteigliederungen. Es war ein immerwährender Kompetenzkrieg. Und die anderen Mitglieder des Hitler'schen Kabinetts sahen nur allzu gerne verächtlich auf den Parvenu, auf seinen dubiosen Ministerstuhl herab, weil er »nur« Propaganda betrieb, Reklame zu machen und für »Aufklärung« zu sorgen hatte – was immer man darunter verstand. Man nahm ihn nicht ernst, für so gefährlich man ihn auch mit Recht hielt. Er war innerhalb der Parteiführung nicht beliebt, man stellte ihm ein Bein, wo immer man dies tun zu können glaubte. Und er hatte seine eigensinnigen, oft für abstrus gehaltenen Ideen. Goebbels war verbittert. Aber als Pragmatiker wußte er im rechten Moment zurückzustecken, revozierte und wechselte, skrupellos und amoralisch wie er war, seinen Standpunkt, ohne je zu vergessen, was man ihm angetan hatte.

An den preußischen Staatstheatern hatte er – wie gesagt – nichts zu melden, hier hielt Göring seinen Status mit dem Gepränge eines orientalischen Paschas und autoritären Alleinherrschers aufrecht. Unerwünschte oder jüdisch versippte Künstler fanden bei ihm Exil und Asyl und zähneknirschend – mit Schaum vor dem Mund sah sich Goebbels hier wie ein kläffender Hund an der Kette. Ihm verblieben »nur« in der Reichshauptstadt das Schiller-Theater und die Volksbühne unmittelbar, das deutsche Opernhaus, das Theater am Nollendorfplatz, das Metropol-Theater und der Admiralspalast.

Die deutsche Theaterprovinz war dem Großstädter nicht sonderlich interessant. Er kümmerte sich nicht persönlich und ließ sich um sie kümmern durch die örtlichen Parteibosse oder die Reichstheaterkammer, und so verkümmerte sie entsprechend. In Dresden waren Oper und Schauspiel z. B. ganz in der Hand des Gauleiters Martin Mutschmann, München – besonders das Theater am Gärtnerplatz – unter dem Patronat des Gauleiters Adolf Wagner, dessen besonderes Interesse für die weiblichen Vertreterinnen der leichten Muse bekannt war. Für die kleineren Theater sorgte sich hauptsächlich die Reichsschrifttumskammer, also hinsichtlich der dramatischen

Literatur und des Spielplans. Für künstlerische Personalfragen war in erster Linie die Fachschaft Bühne zuständig. Das Theaterwesen nahm bei Goebbels nicht entfernt die Bedeutung ein, wie das Filmressort, das er ganz für sich okkupiert hatte und beanspruchte. Es ist aufschlußreich, daß den frauenhassenden Weiberfreund Goebbels Bühnenschauspielerinnen erst dann interessierten, wenn sie den Bereich des Filmes streiften oder zu streifen begannen. Goebbels setzte bezeichnenderweise als Intendanten des Schiller-Theaters und der Volksbühne Heinrich George und Eugen Klöpfer, zwei ausgezeichnete Schauspieler, ein, die als Filmstars Renommee und Image besaßen. Aus demselben Grunde wurde Harald Paulsen Intendant des Nollendorftheaters. Von Heinz Hilpert, der an das Deutsche Theater berufen wurde, wußte er sicher, daß dieser exquisite Bühnenmann sein Ensemble aus dem vertrauten Filmalmanach rekrutierte.

Wenn man die behördlich zugelassenen oder geforderten Stücke spielte, blieb die Theatersparte ziemlich ungeschoren – von der erzwungenen »Arisierung« abgesehen. Auch Goebbels erteilte Sondergenehmigungen und Arbeitserlaubnisse an nichtarische oder jüdisch versippte Schauspieler. Aber seltener als Göring und nur, wenn es sich eben um filmische Prominenz handelte. Die Frage der besonderen Begabung spielte dabei keine Rolle.

An dem bald ausbrechenden Furtwängler- und Hindemith-Streit nahm Goebbels nur zurückhaltend teil und ergriff nicht eigentlich Partei. An den Erfolgen der nationalsozialistischen »Hausdramatiker« Hanns Johst – dessen »Märtyrer«-Stück *Schlageter* dem Noch-Schauspieler Veit Harlan den berüchtigten Ausspruch in den Mund legte: »Wenn ich Kultur höre, entsichere ich meinen Browning« – und Hans Rehberg knüpfte er keine großen Erwartungen. So blieben die Theater bei ihren üblichen hergebrachten Spielplänen, reduziert um die indizierten »Asphalt- und Zivilisationsdramatiker«. Neuheiten waren selten. Und was die Privattheater betraf – bevor sie verstaatlicht wurden, wußte Goebbels genau, daß sie boten, was auch er als vordringlich betrachtet: Unterhaltung, Gebrauchstheater.

Die Führerschaft, bis herunter zum kleinsten Parteifunktionär, zeigte einen besonderen Hang zur Trivialkunst, und Goebbels schloß sich Hitlers Vorliebe für die »Scala« und den »Wintergarten« an, für diese Berliner Großvarietés, wo man die internationalen Künste der Music-Hall und der Artistik genießen konnte.

Gerade diesem Trend von Goebbels zur »leichten Muse« verdankte ich, der nach der Affäre um den Film *Ein Kind, ein Hund, ein Vagabund* in Deutschland keine deutschen Filme mehr machen durfte, die Möglichkeit, deutsche Filme in Österreich, Italien und Frankreich, und nach meiner Rückkehr aus Wien, Rom und Paris am Theater am Kurfürstendamm oder im Theater am Schiffbauerdamm ungehindert die üblichen Komödien, Lust- und Singspiele wie *Kleines Fräulein unbekannt*, *Rätsel um Beate*, *Leonie*, *Spiel an Bord*, *Mädel ahoi!* u. ä. inszenieren zu können. Des einstigen Kulturbolschewisten des Musiktheaters glaubte man sicher sein zu können . . .

Goebbels wetterte gegen »die naiven Harmlosigkeiten« und kultivierte trotzdem ein Provinztheater-Niveau im Spielplan, in dem das deftige ländliche Volkstheaterstück z. B. Georg Queris *Matheis bricht's Eis*, Ludwig Ganghofers *Der Ochsenkrieg*, die Stücke Alois Johannes Lippls oder das als Freilichtfestspiel für Thingstätten geeignete *Frankfurter Würfelspiel* sowie Landserschwänke z. B. Karl Bunjes *Der Etappenhase* oder fade, jeder Gesellschaftskritik bare Salonstücke ihre Erfolgsserien feierten.

Es fehlte Goebbels eben einfach ein Erfolgsdramatiker von Qualität und Talent, ein Mann wie Carl Zuckmayer. Goebbels hätte ein *Fröhlicher Weinberg* wohl behagt, eine *Katharina Knie*. Über einen »neuen« *Hauptmann von Köpenick* wäre der eingeschworene Feind aller Militärs vermutlich begeistert gewesen – natürlich auf national-sozial getrimmt – und der grandiosen Szene des Fliegergenerals Harras mit seinem Offizier Hartmann in *Des Teufels General* (1. Akt), über die Rassenmischung am Rhein, »der großen Völkermühle«, hätte Goebbels ebensowenig seine Zustimmung versagt, wäre es ihm möglich gewesen, wenigstens vor sich selbst ehrlich zu sein. Man ist versucht, Goebbels, der sich »ein Dutzend Juden herbeiwünschte, die ihm schon die Sache mit der richtigen Nuance hinlegen würden«, jene Antwort zu geben, die der geistvolle Fritz

Kortner seiner Frau Johanna Hofer gab, als diese ihn aufforderte, eine schöne Landschaft zu bewundern: »Du hättest Zuckmayer heiraten sollen!«
Tatsächlich schätzte Goebbels Erich Kästners politische sarkastische Gedichte und zitierte gerne dessen *Wenn wir den Krieg gewonnen hätten*, ein Unterfangen, das jeden Volksgenossen den Kopf gekostet hätte. Übrigens: Nicht grundlos tolerierte der Minister, daß der mit Schreibverbot belegte Autor, unter dem Pseudonym Berthold Bürger das Drehbuch zum Prestige- und Monumentalfilm der Ufa, *Münchhausen*, 1943, schreiben durfte.
Für das deutsche Theaterwesen jedoch blieb er ein Egmont, der von sich sagen konnte – nach einem alten Theaterspaß –, daß ihm die Provinzen anhingen . . .
Besonders schwer tat er sich mit den Klassikern, vornehmlich mit Schiller. *Die Räuber* waren ihm zu anarchisch, ihr »In tyrannos« störte ihn – wie im *Wilhelm Tell* – der allgemeine Freiheitswille der Schweizer, und der Mord an dem »Gauleiter« Geßler, dessen Machtsymbol, dem Hut, man ersatzweise Reverenz erweisen mußte. Im *Don Carlos* war es natürlich das vom Publikum sehnsüchtig erwartete »Sire, gebt Gedankenfreiheit«, das stets einen Sonderapplaus hervorrief, so daß man seine Aufführung schließlich verbot. *Die Verschwörung des Fiesco* demonstrierte ein politisches Attentat gegen die Machtüberschreitung und trug den Widerstand bereits im Titel. In diesem Zusammenhang erstaunt, daß Goebbels es riskierte, daß ausgerechnet Horst Caspar, heißgeliebtes Idol der Jugend, die Rolle des rebellischen Dichters mit all dem ihm zur Verfügung stehenden Pathos spielen durfte (*Friedrich Schiller*, 1940, Regie: Herbert Maisch) und, wie zu erwarten, das Kinopublikum zu gefährlichen »Freiheit«-Assoziationen und letztere begleitende Ovationen provozierte.
Daß Lessings *Nathan der Weise* nicht in Frage kam, leuchtet ebenso ein wie der Boykott von *Emilia Galotti*; und schon Kleists *Der zerbrochene Krug* konnte unliebsame Hintergedanken in Hinblick auf – nationalsozialistische – Ämterkorruption erwecken. *Der Prinz von Homburg* ging trotz seiner verträumten Schlappheit gerade noch durch. Nur *Amphitryon* konnte nichts verderben – es

war zu schwer verständlich für eine Jugend, die im Zustand literarischer Unbildung mit den Pimpfen heranwuchs. Von Franz Grillparzer war *Die Jüdin von Toledo* ebenso wenig opportun wie die *Medea*, eine Inszenierung von *Weh dem, der lügt* geriet allzu leicht zur Germanen-Parodie, und nur *Ein Bruderzwist in Habsburg* mochte aus sehr durchsichtigen Gründen angehen; *König Ottokars Glück und Ende* hingegen konnte bedenkliche österreichische Gefühle wiedererwecken. So reduzierte sich Grillparzer auf *Des Meeres und der Liebe Wellen* und in Gottes Namen auf *Sappho* . . .

Fisch im Wasser

Stand Goebbels beim Film trotz seiner innigen Beziehung zu diesem Medium immer etwas außerhalb desselben, ein Zuschauer, der sich dessen Genuß hingab wie ein anderer Mensch zu Erholung und Entspannung in die Kneipe geht oder sich seinem speziellen Hobby hingibt, so war er im anderen Massenmedium dieser Zeit der dritten technischen Revolution, beim Rundfunk, der die akustische Rezeption des gesprochenen Wortes weltweit möglich machte, wie der Fisch im Wasser.

Das Radio war seine eigentliche Domäne, bei der seine Redekunst durch keinen optischen Eindruck gemindert wurde. Die Sprache hatte er zu beherrschen gelernt, in Wort und Schrift. Mit dem Rundfunk und der Presse war er erst das geworden, was er war: Der große Anreißer, der Ausrufer, Herold, Prediger, Agitator, Eiferer, Demagoge, Volksverführer. Gegen den Rundfunk war die Presse ein armer Verwandter. Durch das Radio konnte er die Zeitungsinformation endlich wiederholen, potenzieren, ihren Wirkungsbereich grenzenlos erweitern. Das neue Massenmedium besaß die Magie, die jedem neuen Informationsmittel anhaftet: maßgerecht für eine Volksbewegung, die unter dem Gesetz der Irrationalität stand.

Zudem war es ein Ausdrucks- und Beeinflussungsmittel per se. Es meldete sich geheimnisvoll aus dem Nichts, das geschriebene oder gedruckte Wort bekam seine unheimlich akustische Raumdimension im eigenen Heim. Es kam ins Haus, ohne erfaßbar zu sein. Im Augenblick und ohne Verzögerung der Vermittlung. Gegen das Radio war der Film technisch problematisch. Dieser gehorchte nicht dem Knopfdruck, er kam nicht ins Haus und war auf der Straße – also auf der politischen Rostra nicht oder nur schlecht zu gebrauchen. Seine Bildgewalt war zwar enorm, aber nur durch die entsprechende Inszenierung von Massenszenen zu erzielen. Sie konnte ihren Eindruck gewiß steigern, aber sie mußten zuvor erst ins Leben gerufen und arrangiert werden.

Der Rundfunk war hingegen Goebbels' und seines Führers ureigenstes Mittel: Die Proklamation erreichte jeden. Wie schwer hatte es dagegen noch die bolschewistische Revolution, als sie sich bemühte, sich drahtlos »an alle« zu wenden.

Goebbels hatte wie Hitler eine libidinöse Zuneigung zum Radio, das sich sexuell ambivalent präsentierte: Das Mikrophon ist einerseits ein Phallussymbol, der Rundfunkapparat versinnbildlicht andererseits weibliche Empfangsbereitschaft. Übrigens: Nicht umsonst wurden während des Dritten Reiches Prostituierte »Volksempfänger« genannt, wie auch das staatlich geförderte Instrument des Großdeutschen Rundfunks offiziell hieß. Hitlers und Goebbels' Reden waren Geschlechtsakte. Der Führer und sein »Lautsprecher« Goebbels koitierten förmlich mit ihrem Auditorium und brachten es und sich zu immer neuen Erregungen und stürmischen Orgasmen.

Goebbels, der im Filmbereich ewiger Amateur blieb, handhabte das Medium Rundfunk wie ein perfekter Profi.

Vorsicht Musik, Achtung Schlager!

Zwischen Presse, Rundfunk und Tonfilm gab es nur die Berührungspunkte gegenseitiger Information und ihre Rezeption. Im Tonfilm wie im Radio breitete sich jedoch ein Gebrauchs- und Verbrauchsartikel aus, der, so arglos er auch auftrat, den mißtrauischen Minister der Kulturpolizei auf den Plan rief: die Musik. So banal sie sein mochte, von so unheimlicher Gefährlichkeit war sie. Ein Humusboden für die Bakterienkulturen des Widerstandes, endemisch und epidemisch auftretend. Schwer zu kontrollieren und kaum zu bekämpfen, weil sie sich – im Gegensatz zum politischen Flüsterwitz – eines irrationalen Vehikels bediente.
Solange, wie Musik noch hehr und heroisch erklang oder ihr Takt und Rhythmus die Menschen zur Gemeinsamkeit zusammenschloß, war sie als kollektive Verständigung hochwillkommen. Als ein wichtiger Bestandteil deutscher kultureller Repräsentation hatte man sie zu schützen und zu schirmen vor Mißbrauch und Entwürdigung. So z. B., wenn in einem Film die Protagonistin, eine offensichtlich gefährdete pubertierende Minderjährige sich erdreistete, das klassische Liebeslied »Willst du dein Herz mir schenken, so fang es heimlich an«, zu singen. Das war doch Bach oder Händel – genau wußten es die Herrn im Prüfungsausschuß nicht –, aber egal, es hatte vor unwürdigen Stimmen geschützt zu werden, und diese für die NS-Jugend so atypischen Siebzehnjährigen durften nur einen weiblichen Sonderfall darstellen: So verwandelten sich des Dramatikers Max Dreyer *Die Siebzehnjährigen* – auch aus musikalischen Gründen – in (meinen Film) *Eine Siebzehnjährige* (1934)...
Goebbels war sich der Musik als propagandistisches Mittel und Vehikel durchaus bewußt. Er hatte ein etwas gebrochenes, ja schizophrenes Verhältnis zur Musik, obwohl er selbst nicht unmusikalisch war und gerne am Klavier Beethoven-Sonaten stümperte – die Mondscheinsonate bildete z. B. einen ständigen Programm-

In Österreich blieb der Originaltitel erhalten.

punkt bei seinen Frauenverführungsversuchen. Aber persönlich mochte er die vom Führer so heißgeliebte Marschmusik nicht besonders, vielleicht deswegen, weil er infolge seiner Fußbehinderung nicht mitmarschieren und Schritt halten konnte. Er zog sinfonische Motive, besonders als Erkennungsmusik, für fällige Sondermeldungen dem Badenweiler Marsch vor. Auch das Horst-Wessel-Lied war nicht gerade sein Geschmack, obgleich er es meisterhaft verstanden hatte, durch die Verbindung von trivialem Liedertext (»Die Fahne hoch / die Reihen fest geschlossen«) mit alter Marschmusik die dubiose Mordaffäre um den verbummelten Zuhälterstudenten heroisch zu mythisieren.

Selbstverständlich erkannte Goebbels die verbindende und mitreißende Kraft des Marschrhythmus, seine wortlose plakative Sprache, die überzeugende Eloquenz, Verführung und Veranlassung »zum gleichen Schritt und Tritt«. Daher räumte er – widerstrebend – der Marschmusik im Rundfunk den überreichlichen Raum ein. Sein immer wieder durchbrechender romantischer Sinn neigte aber eher zur heroischen Konzertmusik Beethovens, zu Franz Liszt, ja zu Tschaikowskys Schlachtmusik »Ouvertüre 1812« oder zu dessen »Pathétique«. Mit Hitler teilte er, wie schon erwähnt, die Vorliebe für Operettenmusik. Er zog ebenfalls Franz Lehárs *Lustige Witwe* und den *Zarewitsch* – trotz jüdischer Texter und Librettisten – dem kulinarischen Operngenuß vor. Es genügte, die nichtarischen Autoren auf dem Programmzettel zu unterschlagen, oder man ließ das leichte Genre neu bearbeiten.

Daß der geliebte Johann Strauß nicht rein arisch war, gereichte zum großen Partei-Kummer. Die Tatsache wurde »top secret« behandelt, so sehr fürchtete man die Blamage. Die Seite aus dem Wiener Geburtsregister verschwand dank Gestapo und SD auf geheimnisvolle Weise.

Auch Leon Jessels *Schwarzwaldmädel* durfte noch aufgeführt werden, ebenso seine *Parade der Zinnsoldaten*, obwohl der Komponist 1942, nach Mißhandlungen im Jüdischen Krankenhaus von Berlin, ganz elend zu Tode kam.

Schnulzenlieder und Gassenhauer, die volkstümlich waren oder zu werden versprachen, waren Goebbels gleichfalls willkommen. Sie fielen ins Ressort »Unterhaltung«. Er räumte ihnen viel Bedeutung ein, da sie von der Politik, dem garstigen Lied – ablenkten. Auch hier war der typische Antagonismus, dem der gerissene Agitator frönte, deutlich zu erkennen. Und war auch bei der Unterhaltungssendung, wie beim Unterhaltungsfilm alles in Butter, wenn in beiden das Dritte Reich nicht stattfand, so gab es doch bei dem Kapitel »Schlager« gewisse gravierende Bedenklichkeiten. Dem geforderten und genehmigten musikalischen Frohsinn des Film- und Rundfunkschlagers oder des Evergreens konnte man nicht trauen. Sie waren politisch unzuverlässig und nicht ungefährlich. Hier war höchste Vorsicht geboten, die Goebbels selbst vermissen ließ, wenn auch in einem anderen – musikalischen – Zusammenhang:

Der Propagandaminister hatte den von ihm umbuhlten Antizionisten, den Großmufti von Jerusalem, zum Besuch der Filmateliers in Neubabelsberg eingeladen und glaubte, ihm mit dem großartig getanzten Cancan-Szenen im historischen »Palais de Dance« – der übrigens später, nachdem durch Bomben zerstört, für meinen Film *Leichte Muse* minutiös nachgebaut wurde – besonders erfreuen zu können. Das stellte sich jedoch als krasse Fehldisposition im Protokoll heraus. Denn man hätte um die Abneigung moslemischer Araber gegen den »verderbten« Pariser Cancan wissen müssen, so erstaunlich diese auch anmutet, weil ja der Tanz aus Nordafrika stammt; doch als Bordellvergnügen, und er ist – anders als der argentinische Tango oder der ägyptische Bauchtanz, trotz dessen Kontraktionen der weiblichen Bauchmuskulatur, die eine noch viel eindeutigere sexuelle Aufforderung darstellen – nicht in die Gesellschaft aufgestiegen.

Der brüskierte Großmufti hatte aber noch einen weiteren Grund zur Verstimmung. Man zeigte ihm den antibritischen Streifen *Aufruhr in Damaskus* (1939), in dem Joachim Gottschalk und Brigitte Horney bei der Flucht vor den Engländern in einer Moschee ein Versteck und Zeit für ein Liebesidyll finden. Der Regisseur Gustav Ucicky hatte seinen Komponisten Willy Schmidt-Gentner diese Sequenz mit einer folkloristischen arabischen Musik unterlegen lassen, die im übrigen Film keine Verwendung mehr gefunden hatte, ihm aber für diese Szene in dem Raum religiöser Andacht gut zu passen schien. Der Großmufti verließ die Vorführung empört und in seinen heiligsten Gefühlen tief verletzt.

Die der Szene unterlegte Musik war eine spezifische Bordellmusik, bei der der Sänger in höchsten Tönen und mit niedrigsten Worten die Vorzüge der primären und sekundären Geschlechtsmerkmale einer sich darbietenden Insassin pries – die humorvolle »Biggi« meinte später, sie habe gar nicht gewußt, welche körperlichen Vorzüge sie habe! Aber der Großmufti war nicht zu beruhigen. Mit dem peinlichen Regiefehler ging beinahe die damalige deutsch-arabische Freundschaft zu Bruch.

Spätestens als der ambitionierte Literat von schlechten Theaterstücken auf treffende Slogans umstieg, die ob ihrer Transparenz auf Transparenten mit Stielen einhergetragen werden konnten, wußte Goebbels ganz genau: Die Schlagerzeile hat mit dem Schlagwort viel gemeinsam. Beide haben – wenn ihnen Erfolg beschieden ist – ihren Platz im Saal und auf der Straße. Sie sind Gassenhauer, werden Allgemeingut, gebräuchliche Redefloskel. Aber das Schlagwort hat infolge seiner Prägnanz und seiner Sinnfälligkeit die infame Eigenschaft zurückschlagen zu können. Es kann wie ein Bumerang wirken, das den Schützen trifft. Abgewandelt, trefflich parodiert und sinnverkehrt, wendet es sich gegen den Adressaten. Als spöttische, hämische, ja mörderische Entgegnung. Als Goebbels die Berliner Häuserruinen durch Malerkolonnen mit dem Spruch »Nationalsozialismus oder bolschewistisches Chaos« zieren ließ, schrieb der aufmüpfige Berliner Mutterwitz lapidar darunter: »Kartoffel oder Erdäpfel!«

Das Showbusiness behauptet weise und mit Recht, daß nur ein Lied zum großen Hit werden kann, wenn es seine Parodie förmlich herausfordert oder bereits in sich trägt, – was auch Goebbels wußte. So drastische Beispiele wie »Ich hab mein Herz in Heidelberg verloren in einer lauen Sommernacht« – »Ich hab meinen Arsch in Heidelberg erfroren in einer kalten Winternacht ... Ich zog den Mantel über beide Ohren, jedoch ans Arschloch hab ich nicht gedacht« oder wie »Der Wind hat mir ein Lied erzählt« – »Ein Wind hat mich heut nacht gequält ...« waren ihm nicht unbekannt. Doch er benötigte für seine Parteiinstitutionen, nach Ausbruch des Krieges besonders für seine diversen Militärformationen jede Menge Kampf- und Marschlieder sowie Durchhaltesongs und mußte das Risiko eingehen, daß diese Propagandamittel durch Textveränderungen, Verballhornungen doppeldeutig oder vieldeutig wurden. Und daß aus Trostliedern Trotzmanifestationen wurden, die sich noch rascher als böse politische Witze verbreiteten und hielten:

Konnte Goebbels mit den »Bomben auf Engeland« noch zufrieden sein, so machte ihn die pazifistisch und defätistisch wirkende »Lili Marleen«, die geeignet war, die Fronten sentimentalisch aufzuweichen, soviel Kummer, daß er das Lied wegen seines negativen Effektes kurzfristig verbot. Doch er mußte vor dem Welterfolg des Liedes, das über die Militärgrenzen und Kampflinien hinweg die Heere aller Nationen verbrüderte und Friedenssehnsucht einstimmte, kapitulieren. Und so sang dann der Berliner Volksmund:

Unter der Laterne
Vor der Reichskanzlei
Hängen alle Sterne
Und Spitzen der Partei

Und alle Leute bleiben steh'n
Und wollen Ihren Führer seh'n
Wie einst Lili Marleen . . .

Aber da gab es in den Unterhaltungsfilmen noch andere Schlager, die ihn erbosten, z. B.: »Ich weiß, es wird einmal ein Wunder geschehen und dann werden tausend Märchen wahr . . .« konnte gröblich mißverstanden werden.

Zu größeren Auseinandersetzungen kam es über den Schlager: »Es geht alles vorüber / Es geht alles vorbei« Man sang anstatt »Auf jeden November / folgt wieder ein Mai« hämisch: »Im nächsten November gibt's wieder ein Ei . . .« Später hieß es bösartiger: »Zuerst geht der Führer, und denn die Partei . . .«

Das Lied »Glocken der Heimat« in meinem Film *Fronttheater*

(1942) wurde beanstandet, weil zu dieser Zeit in der Öffentlichkeit Klage darüber laut wurde, daß die meisten Glocken der Heimat bereits eingeschmolzen worden seien ...

Daß der mit scharfer Intelligenz begabte Minister in seiner scheuklappenhaften Ausgerichtetheit, nicht immer die Ironie des Volkes mitbekam, beweist der Vortrag des Otto-Reutter-Liedes »In fünfzig Jahren ist alles vorbei« (*Die drei Codonas*, 1940). Im Berliner »Wintergarten-Varieté« wurde es in seiner Doppeldeutigkeit vom Publikum stürmisch akklamiert ...

Von der Nipkow-Scheibe zur Bildschirm-Röhre

Im Gegensatz zum Medium Film, in dem Goebbels seltsam befangen und daher wenig innovatorisch wirkte, manipulierte er sein ureigenes, gelerntes Handwerk, die Presse, d. h. die demagogische Journalistik und den Rundfunk meisterhaft und einfallsreich. Hier hatte er Ideen und führte Neuerungen ein, die andere Diktaturen und Regimes zum Vorbild nahmen und nehmen.

Doch wie viele progressive Aggressoren dürfte er dem kommenden Medium TV instinktlos und skeptisch gegenüber gestanden sein, wie etwa Napoleon der Energie aus der Dampfmaschine oder Hitler der Strahlen-, Atom- und Elektronik-Technik. Jedenfalls gibt es kaum Belege dafür, daß sich Goebbels besonders für die Entwicklung des TV eingesetzt hätte. Er hielt wohl nicht viel von der beschränkten Breitenwirkung des embryonalen TVs – trotz oder gerade wegen der Versuche bei der Berliner Olympiade – und kümmerte sich nicht sehr um die ungeheure technologische Neuheit.

Aus diesem Grunde gibt es nur wenig Beziehung Goebbels' zu den Entwicklungen des frühen deutschen Fernsehens von Paul Nipkows Scheibe zur Braunschen Röhre. Zu berichten ist mehr Anekdotisches. Alles, was Goebbels über das TV äußerte, waren (leere) Worte, nicht Taten. Wie stets war auch hier am Anfang das Wort, nicht die Tat. Die kam, wenn überhaupt, von anderen, zeitversetzt, zu spät oder gar nicht.

Durch Zufall kam ich mit den ersten Fernsehversuchen in Berührung und durch einen gefährlichen politischen Witz auch mit der Familie Goebbels in Beziehung. Es ist eine Geschichte aus der Urzeit der Television.

Am 25. April 1942 war im Fachblatt *Filmkurier* zu lesen:

> *Fronttheater* im Fernsehsender
> Bevor er sich zur Ferne wendet,
> ward es noch einmal ferngesendet . . .

Trefflicher hätte Dame Thalia die rekordschlagende Tüchtigkeit ihres jüngsten Kindes – ›Fronttheater‹ – wohl kaum unter Beweis stellen können, als auf dieser Nachmittagsveranstaltung des Fernsehsenders im Kuppelsaal des Reichssportfeldes vor Verwundeten aus Berliner Lazaretten. ›Fronttheater‹, ein weitgespannter Begriff an sich, wurde zum Film, und durch den Film nun zu einer Fernsehsendung, die Film und Funk mit allen Ingredienzen eines fröhlichen Fronttheaters zu einem schmackhaften Augen- und Ohrenschmaus verband.
Und da auch die Damen Polyhymnia und Terpsichore, vertreten durch Werner Bochmann und die Geschwister Höpfner, sich ebenfalls liebenswürdigerweise in den Dienst der guten Sache gestellt hatten, so dürfte Arthur Maria Rabenalt, der Spielleiter des Terrafilms ›Fronttheater‹, der in diesen Tagen mit seinen

Darstellern zu den Außenaufnahmen nach Griechenland reist, zweifellos eines glänzenden Empfanges auf dem Olymp sicher sein.

Aus der Fülle der Darbietungen nur ein paar Namen, die für sich selbst sprechen und aus der Darstellerliste des Terrafilms ›Fronttheater‹ schon bekannt sind: Willy Rose und Gerhard Dammann, die neben Annemarie Korff zugleich die Ansage besorgten, Bruni Löbel, Hedi und Margot Höpfner, Armin Münch, Adolf Fischer und Ernst René, die in Sketchen, Einzelszenen, Tanz- und Gesangsvorträgen Hervorragendes leisteten. Dazu die Kapelle Ully Epp unter der Leitung des Komponisten Werner Bochmann, der mit seinen schönsten Tonfilmschlagern aufwartete, ferner das Stabsmusikkorps der Kriegsmarine Berlin unter der Stabführung von Obermusikmeister Rathmann, und als »Sondernummer« die beiden ausgezeichneten Exzentriker F. und W. Lind vom Berliner Wintergarten.

Kurzum, 150 Minuten Witz, Humor und Fröhlichkeit, die nur bedauern lassen, daß das Papierkontingent nicht hinreicht, um jeden Darsteller mit einem Sonderlob zu bedenken . . .«

In der wohl größten Darbeitung vor den damaligen ersten Fernsehkameras im Kuppelsaal des Reichssportfeldes produzierte sich das Team meines Filmes *Fronttheater*, der erst fünf Monate später seine Uraufführung erlebte. Eigentlich sahen die Fernsehsendungen aus dem Kuppelsaal nur noch die Kriegsverwundeten in Berliner Lazaretten über Drahtfunk; im November 1943 war's auch damit vorbei, nachdem die Fernsehstudios im Deutschlandhaus und der Fernsehsender im Amerikahaus mit allen ihren Einrichtungen ausgebombt worden waren.

Da das Thema des Filmes, die Truppenbetreuung, nicht nur die Problematik von Mitgliedern des Frontbühnenensembles und die Organisation des Unternehmens umfaßte, sondern selbstverständlich auch künstlerisch-artistische Darbietungen bot, die im Film innerhalb der damaligen Militärgrenzen vollzogen wurden – von Berlin bis Biarritz, von Athen bis Aldasnes, von der Kanalküste bis Kreta –, war die vor Kriegsverwundeten im Saal und solchen vor den Bildschirmen in den verschiedenen Krankenhäusern ausgestrahlte Fernsehsendung wohl die Krönung des ganzen Filmgedankens. Walter Bruch, der Vater des deutschen Farbfernseh-Systems PAL, schreibt in seiner *Kleinen Geschichte des Deutschen Fernsehens* dazu:

»... die Krankenhäuser von Berlin waren inzwischen mit verwundeten Soldaten belegt worden, die unterhalten und beruhigt werden sollten. Dazu sollte auch das Fernsehen dienen. In den Lazaretten wurden Fernsehempfänger aufgestellt. Es stellten sich neue Aufgaben im Dienste der Verwundetenbetreuung. Diesen Männern konnte man nicht mehr mit billiger Propaganda imponieren. Das ließ der Charakter der ungewöhnlich wenig politisch pointierten Programme erkennen ... Der Clou war die einmal in der Woche stattfindende Übertragung aus dem Kuppelsaal des Reichssportfeldes. In einem bunten Programm traten hier ... prominente Künstler für die Verwundeten auf ...«

Damals mußte ich mich auch als »Moderator« versuchen, zumindest mit einer Einleitungsrede, deren Skript ich noch besitze:

»Der Film, dessen Darbietungen Sie auf dieser Bühne sehen werden und in den nächsten Wochen in den Kinos sehen können, handelt von theatralischen Vorgängen, die ferne von der Reichshauptstadt Berlin im Bereich von Front und Etappe aufgenommen wurden und dank dem Wesen des Lichtspieles in einem gewissen Zeitraum auch überall dort vorgeführt werden können. Zum Teil wirken sie durch das Medium des Rundfunks bereits in den Äther hinaus. Wenn wir uns heute vor dem Fernsehen produzieren, so ist damit unserer szenischen Bemühung eine neue optische Dimension erschlossen, und wir Künstler werden stolz sein, später zu sagen: ›Und wir sind dabei gewesen!‹ Sie sehen unsere Darbietungen, aber gleichzeitig sehen sie viele andere an vielen anderen Orten, ohne das Hilfsmittel einer mechanischen Reproduktion oder Vervielfältigung und ohne ein anderes Transportvehikel als drahtlose Wellen. Und bald werden es Millionen von Zusehern sein können. Mit dieser utopisch klingenden praktischen Möglichkeit hat zweifellos eine neue Epoche der szenischen Künste begonnen, die in tiefen mythischen Bezirken des menschlichen Spieltriebes wurzelnd, dank dem technischen Fortschritt, in immer weiteren Räumen des menschlichen Daseins zur Wirkung gelangen ...«

Zur selben Zeit wurde eine Gruppe von ›Filmschaffenden‹, vorwiegend Regisseure, eingeladen, das Studio des »Fernsehsenders Paul Nipkow« und seine Einrichtungen am Reichskanzlerplatz (damals Adolf-Hitler-Platz) zu besichtigen. Als wir – hauptsächlich wegen der enormen Hitze in den zimmergroßen Studios – auf den Balkon des Deutschlandhauses traten, wurde ich auf hohe Betonsockel, die rings um den Platz an der Einmündung der Via Triumphalis, der damaligen Heerstraße, errichtet waren, aufmerksam und fragte den Leiter des Studios, Hans-Jürgen Nierentz, nach deren Zweck. »Das sind die Sockel, auf denen die Ikonoskopkameras stehen werden, wenn unsere Truppen siegreich in die Reichshauptstadt einziehen werden«, sagte er. Ich antwortete: »Das nenne ich tatsächlich Fernsehen!« Allgemeines Gelächter. Nur der Schwager von Goebbels, der Filmregisseur Max Kimmich, Spezialist für antibritische Tendenzstreifen (*Der Fuchs von Glenarvon*, 1940; *Mein Leben für Irland*, 1941), empörte sich über diese »zynische, defätistische Äußerung« derart, daß er sie sofort der Gestapo und dem Promi zur Kenntnis bringen wollte. Seine Frau Maria, geborene Goebbels, geriet daraufhin in heftigen Streit mit ihrem Mann und erklärte, sich scheiden zu lassen, wenn er auf seinem unsinnigen Vorhaben bestünde ...

IV
Der Entertainer

Die Kontinuität des Unterhaltungsfilms

Die Grenzen von Goebbels' »Spielwiese« waren abgesteckt. Ihre Dimension übertraf in der Tat alles Bisherige – jedenfalls im deutschen Film. Dennoch mußte der »Schirmherr«, vor allem wenn man seine großsprecherischen »Filmthesen« zum Maßstab nimmt, nicht nur in ideologischen und künstlerischen Belangen beträchtlich »zurückstecken«! Und läßt man die spärlichen (NS-)Polit-, Problem- und Prestigefilme außer acht, die Goebbels in Auftrag gab oder förderte, so fällt das Gros der unter ihm hergestellten »soft ware« unter einem Genre-Begriff, der vorher – in der Weimarer Republik – und später – in der Adenauer-Ära – quantitativ genauso dominierte: den Unterhaltungsfilm.

Ihre überaus stabile Kontinuität bezeugte diese Filmkategorie in drei höchst differenzierten Regimen. Und sie hatte jeweils genau dieselbe Tendenz, dieselbe Aufgabe, dasselbe Bestreben, nämlich: Optimismus zu verbreiten, zu zerstreuen, abzulenken, Hoffnung zu machen, die Zukunft positiv zu sehen, von den Malaisen und Belastungen der jeweiligen Zeit, des jeweiligen Tages – wenigstens für Stunden – zu befreien.

Der Unterhaltungsfilm als Gattung hat sich, seitdem er zu dem Bild eine Tonspur mit Sprache und Musik erhielt, seine Kontinuität ohne jeglichen Bruch erhalten, also von 1930 bis 1960 und darüber hinaus, wenn auch mit geringeren Ambitionen. Es änderten sich Moden, Darsteller, Filmtechnik, die Massenmedien, das Sittengefüge und die Verhaltensweisen in diesen dreißig Jahren grundlegend, aber nicht das Wesen und die inneren Absichten dieser Mischkunst, die in vielem der Oper gleicht. Genauso wenig hatte sich übrigens die opera buffa durch die französische Revolution verändert.

An dieser Stelle erscheint es mir opportun, auf den in Deutschland so abqualifizierten Unterhaltungsfilm näher einzugehen. »Unterhaltungsfilm« ist ein Schwammwort, ein Sammelbegriff für Zerstreuung durch Spannung und Entspannung durch Zerstreuung. Man versammelt sich, um sich zerstreuen zu lassen, was ziemlich stark an Demonstrationsbräuche erinnert. Mit denen haben sie ja immer etwas gemein, nämlich den festen Willen für etwas zu agitieren, und sei es auch nur zur Unterhaltung: Das heißt, sich zu unterhalten und unterhalten zu lassen, was in »deutscher Sprack« allerdings wiederum zweideutig und mißverständlich wird.

Der Unterhaltungsfilm umfaßt Posse, Schwank, Komödie ebenso wie das Rührstück, das Melodram sowie Schauspiel und Tragödie unter gewissen Aspekten, aber auch Singspiel und Operette und – vom Varieté und dem Vaudeville herkommend – auch die Große Revue. Seine Kennzeichen und Kriterien sind nicht die filmischen Kategorien, die Genres, aber auch nicht die Frage der künstlerischen Qualität oder kunstästhetischen Wertbegriffe. Dies wäre reine Beckmesserei. Es ist die spezifische Weltanschauung, die ihn der Verachtung des Kunstbürgers aussetzt oder die Begeisterung des Publikums hervorruft.

Der Unterhaltungsfilm kann in einer Gegenwart spielen oder in einer historischen Vergangenheit. Er kann sich realistisch oder märchenhaft geben, in allen sozialen Schichten vor sich gehen, im Armenviertel, in der bürgerlichen Mittelschicht oder in hohen Adelskreisen und gesellschaftlichen Rängen. Er kann seine Verwicklungen und Konflikte aus allen potentiellen Situationen und möglichen, unterstellten oder vorgegebenen Umständen und Handlungskonstruktionen beziehen. Nur eines ist er nicht: aktualitätsbezogen, zeitverbindlich, er ist den brennenden Problemen des Tages nicht verpflichtet, selbst wenn er sie anklingen oder »antönen« läßt. Seine Realitätsebene ist verschoben, seine Perspektiven im besten Sinne des Wortes manieristisch, manipuliert und stilisiert, nicht im Brecht'schen Sinne verfremdet, sondern vielmehr ent-fremdet, entrückt – oft bis zur Ver-rücktheit und Absurdität.

Sein Heute ist nicht das Jetzt, das der Zuschauer vor der Kinotür gelassen hat. Die Gegenwart ist nicht heutig, sein Schauplatz ist ein Schau-Platz, ein illusionärer Abglanz des Lebens und der Welt, eine zubereitete Natur, mit einem Wort: ein Spiel. Er flieht vor der

Es ist ein Irrtum, zu behaupten, der Revuefilm der Zeit hätte dreist Hollywood nachgeahmt. Dieser Bühnenbildentwurf zu Franz von Suppés *DIE SCHÖNE GALATHEE* zeigt seine direkte Abkunft von Musiktheater-Inszenierungen, die 1933 noch als entartete Kunst und kulturbolschewistisches Theater galten.

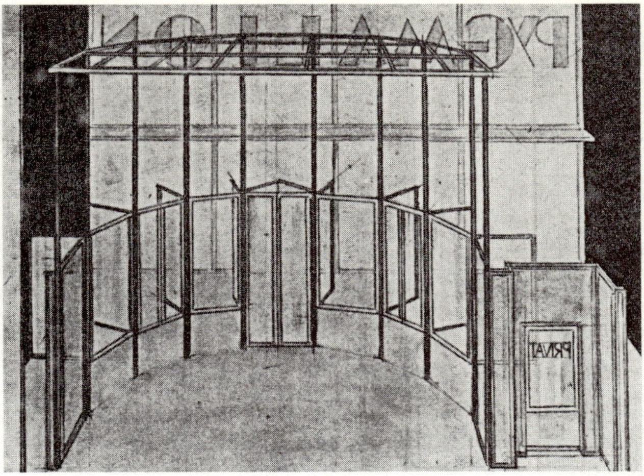

NEUES VOM TAGE von Marcellus Schiffer und Paul Hindemith

Revueszene aus dem Film *LIEBESPREMIERE*

LIEBESPREMIERE
An den Drehtagen in den Barandow-Studios in Prag servierten alle Oberkellner der Nobelhotels das Essen ihren Gästen in Hemdsärmeln: Die Fracks wurden für die große Filmrevue gebraucht.

Hans Söhnker

Rechts oben und unten: Lena Normann (später die Frau des Reichsfilmdramaturgen Ewald v. Demandowsky) bei der Probeaufnahme zu den *DREI CODONAS* – und im Film.

Probeaufnahme mit Angelika Hauff, Kameramann Georg Bruckbauer (links unten)

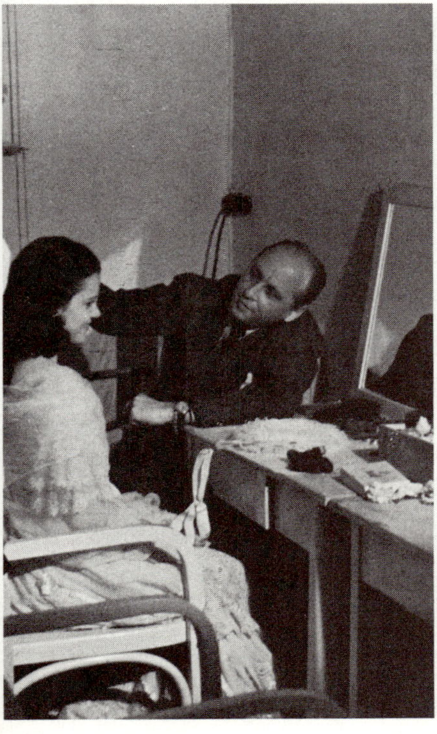

Aino Bergö

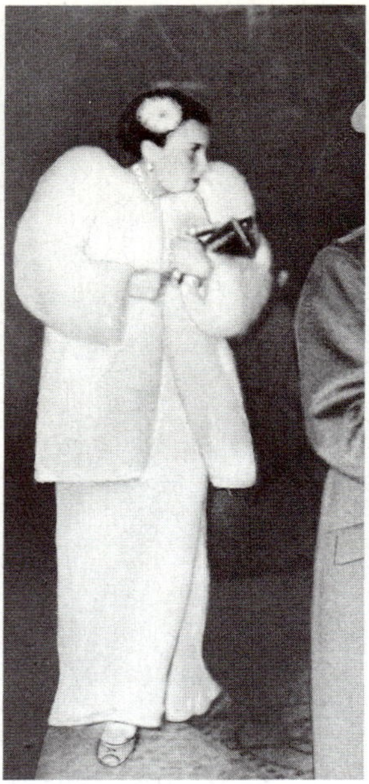

Isa Miranda

Lida Baarová

Der »artfremde« Damenflor des rassistischen Propagandaministers (s. S. 84ff.):

Olga Tschechowa
(Olga Cetkowa)

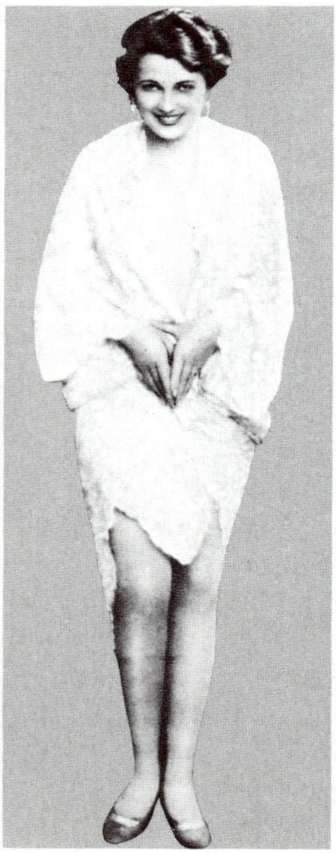

Angelika Hauff
(Alice Suchanek)

Sybille Schmitz

Wirklichkeit wie jemand im Irrgarten einer barocken Gartenanlage oder eines englischen Parks. Es ist ein pasteurisierter Raum, der nicht steril, aber von Bazillen, Bakterien und Viren des real existierenden Alltags gesäubert ist. Der Unterhaltungsfilm kann vordergründig oder auch hintergründig sein, aber bestimmt besitzt er keinen randscharfen Mittelgrund. Die Historie ist bei ihm ein Märchen, die Gegenwart zeigt keine gesellschaft-soziologische oder politische Relevanz, sie gibt sich undidaktisch, will nicht belehren, aufklären, erziehen. Sie ist in jeder Beziehung neutralistisch. Sie ist eine Flucht aus der Wirklichkeit, aber ihr Ziel ist nicht die Utopie, sondern eine reale Scheinwirklichkeit – soweit man eine solche nicht als zukunftsweisende Utopie per se betrachten will –, eine illusionäre Realität, die im Irgendwann und Irgendwo handelt. Sie hat keine aktuellen Zeitbezüge, reflektiert sie höchstens in vagen verschwommenen Projektionen.

Man hat das Hollywood-Kino eine Traumfabrik genannt. Aber ihre Träume sollten keine Wahrträume, gelegentlich Wunschträume, vornehmlich aber Tagträume sein. Der Unterhaltungsfilm ist eine Welt des Regenbogen-Magazines ohne Leit-Artikel (nomen est omen!), ohne politischen Kommentar oder gar Schlagzeilen des Neuen vom Tage. Er kennt nur Miszellen, Feuilleton, Gesellschafts- und Lokalteil, mit Witz- und Rätselecke. Und behilft sich ohne den zeitprägenden, weltpolitisch existierenden Hintergrund. Sein Background ist ein geschönter oder schäbiger Theaterprospekt. Und dadurch ist er wie jede Pop-(ular)- und Trivialkunst geistes- und sittengeschichtlich interessanter, zeitaussagender, verräterischer, so wie Boccherinis Menuett mehr ausdrückt über die Barockmusik als das zeitlose Genie Mozart oder J. S. Bach und die Eugenie Marlitt oder die Eufemia von Adlersfeld-Ballestrem mehr über den herrschenden Zeitgeist des 19. Jahrhunderts aussagt als Tolstoi oder Dostojewski, Clauren mehr als Goethe über die romantizistische Sentimentalischkeit der sterbenden Klassik.

Aber der Unterhaltungsfilm hat auch seine großen, genialen Klassiker: Lubitsch einerseits und Hitchcock andererseits. Und Chaplin natürlich. Den *Diktator* und *Sein oder Nichtsein* nehme ich dabei aus, denn die filmische Satire oder polemische Blasphemie sind trotz ihrer Unterhaltungskalorien extreme Zeit-, wenn nicht Propagandafilme. Auch die Groteske und Burleske sind eine spezifische Abart des Unterhaltungsfilms.

Deutschland hatte keine Slapstick- und Knockabout-comedy, weil hierzulande die große angelsächsische Vaudeville- und Music-Hall-Tradition fehlte. Der Gag wurde hier durch die Klamottenkomik des Schwankes und der Posse ersetzt, und Karl Valentin gehört zur kabarettistischen Kleinkunst mit seiner hintersinnigen surrealen Absurdität.

Noch einmal mit anderen Worten und Begriffen, was den Unterhaltungsfilm ausmacht: Ein Film, der nicht weh tut. Der schmunzeln läßt, wissend lächelnd macht, Lachen entzündet, bei dem man sich auf die Schenkel schlägt . . ., aber auch ein Film, der einen berührt, anrührt, bei dem man feuchte Augen bekommt und das Taschentuch zieht, weil man über das Ungemach, das seinen Helden und Heldinnen zustößt, weinen muß und »weil es halt gar a so schön ist« *(Der Rosenkavalier);* ein Film, bei dem man sich frei und locker fühlt und bei dem einem vor dem Schrecken, der andere betrifft, das Herz still steht, und bei dem man an die Querelen des Alltags nicht zu denken vermag, gefesselt und geknebelt, wie man ist.

Nun sage einer, daß das keine ehrenwerte Kunst sei. Denn Unterhalten ist eine Kunst und Unterhaltung im deutschen Sprachgebrauch a u c h eine existenzerhaltende Alimentation, eine Unterstützung, zumindest eine Droge mit lebensnotwendigen Vitaminen, dem Vitamin U. Der Unterhaltungsfilm zieht das Happy-End vor, denn er ist optimistisch. Schon Eric Charell, Magier der Bühnenrevue und des Filmmusicals ließ die Harvey singen: »Das ist zu schön, um wahr zu sein« (*Der Kongreß tanzt*, 1931) und Regisseur Reinhold Schünzel Renate Müller: »An einem Tag im Frühling klopft das Glück an deine Tür« (*Viktor und Viktoria*, 1933).

Muß es aber der letale Ausgang sein, so ist der Tod im Unterhaltungsfilm traurig, aber schön. Denn er befreit von allem irdischen Ungemach des Daseins. Er ist das Finale aller widrigen Schicksalsschläge des Lebens. Die antike Tragödie hatte zum Zwecke des guten Endes den deus ex machina – der Gott kam aus einem imaginären Olymp herab, quasi aus dem Schnürboden –, den es

damals noch gar nicht gab. Auch der Unterhaltungsfilm hat einen Schnürboden, aus dem der Gott oder die Göttin unvermutet in der ausweglosen Handlung erscheint, um die heillos verwickelten Sympathieträger, mit denen man sich identifizieren konnte, aus Armut, Arbeitslosigkeit, unentwirrbaren Tagesnöten und Konflikten zu erlösen. Statt dem Eremiten (*Der Freischütz*) reist eben die Tante Wanda aus Uganda, der reiche Onkel aus Amerika an, der Bote mit der Millionenerbschaft klingelt an der Wohnungstür etc. Zur guten Fee Fortuna aus dem romantischen Wiener Zaubermärchen wird der Zufall, der die dramaturgisch angerichteten Irrtümer und Verwechslungen klärt und auflöst.
Die Kontinuität des Unterhaltungsfilms von 1928 bis 1960 ist so groß, daß man z. B. bei der Fernsehsendung eines Hörbiger/Moser-Films nicht feststellen kann, ob er 1930, 1942 oder 1953 gedreht wurde. Frauen mögen es vielleicht an der Damenmode erkennen, Männer müssen sich im Fernsehprogramm vergewissern.

Die Beine hoch, die Reihen fest geschlossen: Der Revuefilm

Neben den bereits angeführten, allgemein in der Welt üblichen »Unter-Kategorien« des Unterhaltungsfilms – Lustspiel (Schwank, Posse und Farce), die zeitlose Boulevardkomödie, das Gesellschaftsdrama ohne soziale Relevanz, das Melodram usw. – spielte im Dritten Reich der Gangsterfilm und der Krimi eine nur untergeordnete Rolle. Denn mit Ausnahme von Staatsfeinden, Agenten und Spionen des feindlich gesinnten Auslandes gab es ja keine Verbrecher in Deutschland! Höchstens gestattete man eine Detektivhumoreske im unterhaltsamen Genre von Sherlock Holmes und Doktor Watson. *Im Namen des Volkes* (1939) und *Dr. Crippen an Bord* (1942), beide von Erich Engel und mit Rudolf Fernau, waren – publikumsträchtige – Ausnahmen.

Der amerikanische »Schwarze Film« existierte im deutschen Filmschaffen nicht. Diese Hollywood-Erzeugnisse durften noch einige Jahre im deutschen Kino laufen, weil man sich von ihnen irrtümlich eine negative, d. h. anti-amerikanische Propaganda versprach.

Außer den erwähnten Filmgenres dominierte natürlich der Musikfilm im Repertoire der Filmunterhaltung. Auch dies war eine konsequente Fortführung des üblichen Entertainments von der Einführung des Tonfilms am Ende der zwanziger Jahre an. Mit seiner Etablierung gewann das Musikalische ganz allgemein an natürlicher Bedeutung. Es war – wie in der übrigen Welt – nicht der Opernfilm, der das Genre des frühen Musikfilmes prägte. Aber auch nicht, wie es bei der Liebe Hitlers zur leichten Musik zu erwarten war, die Filmadaption von Operetten, obwohl sie natürlich auch eine große Rolle spielten, sondern der Gesangsfilm, der auch ausländischen Sängerstars (Benjamino Gigli, Johannes Heesters u.v.a.) sowie den Belcantisten der Opern- und Konzertszene Gelegenheit gab, ihre Stimmqualitäten in Gesangseinlagen zur Geltung zu bringen. Dazu eignete sich am besten der Revuefilm, in dem auch Virtuosen sich

darbieten konnten, deren Spielbegabung eine größere Handlung nicht zu tragen vermochten.
Die Revue war bereits in den zwanziger Jahren das großstädtische Entertainment. Sie reichte von der Superschau Eric Charells im Großen Schauspielhaus bis zu den etwas fragwürdigen Darbietungen von James Klein in der Komischen Oper an der Weidendammerbrücke, von den Girl-Revuen Herrmann Hallers im »Admiralspalast« oder den Rudolf-Nelson-Revuen am Kurfürstendamm bis zu den Kammerrevuen auf der Kabarettbühne von Mischa Spoliansky, Marcellus Schiffer und Friedrich Hollaender und, und, und . . . Vom amphitheatralischen Zirkusgebäude also bis zur raumbedrängten Kleinkunstbühne. Die Revue gestattete die Auslese aller szenischen Ingredienzien, sie konnte sämtliche musischen wie artistischen Elemente aufnehmen, unterschied sich von der bloßen Nummernfolge des Varietéprogramms durch den roten Faden einer Handlung, so dünn dieser auch sein mochte und sich oft auch nur durch den Titel auswies.
All diese Umstände machten die Revue dem noch jungen Tonfilm verlockend. Die Revuefilmhandlung brauchte keine großen dramaturgischen Konstruktionen, meist ergab sich ein simpler Aufstiegsfilm mit dem Niedergang eines Rivalen, der Durchbruch einer Gesangsbegabung, eines Tanztalentes, eines irgendwie gearteten Virtuosentums, einer artistischen Attraktion.
Auch beim Revuefilm setzte der Nationalsozialismus die Tradition der Ufa fort und verfolgte keinerlei Innovationen. Natürlich blieb er von amerikanischen Vorbildern nicht ganz unbeeinflußt. Goebbels schätzte ihn als Zuschauer wie als Schirmherr außerordentlich ebenso wie Hitler, der Varieté- und Operettenhabitué. Goebbels hielt uns seine Perfektion immer wieder tadelnd vor, brach aber seine Einwände sofort ab, wenn man ihn darauf aufmerksam machte, daß das tänzerische und artistische Potential – meist ein Resultat der Rassenmischung – den Rassegesetzen und der personellen Ausdünnung des Künstler- und Artistenensembles einer Qualitätsverbesserung entgegenstand. Einerseits waren meine »kulturbolschewistischen« Musiktheater-Inszenierungen der zwanziger Jahre noch bis ins Dritte Reich hinein in »schlechter«

Erinnerung, andererseits erregte ihre filmische Transposition – z. B. in *Liebespremiere*, 1943 – beim Schirmherrn keinen Anstoß. Warum, möchte ich an späterer Stelle klarmachen.

Der Revuefilm des Dritten Reiches als Entertainment hatte auch nie die Absicht, durch seine Girltruppe den Aufmärschen der Parteigliederungen oder Militärformationen anläßlich nationaler Festivitäten Konkurrenz zu machen. Eher versuchten die akrobatischen und artistischen Attraktionen der Berliner Polizeidarbietungen den Varietênummern die Schau zu stehlen. Wie das illustrierende Bildmaterial beweist, haben die gesellschaftlichen Festlichkeiten der Führung – z. B. auf der Pfaueninsel in Berlin-Potsdam oder ähnliche Veranstaltungen in München – nicht die Zeremonien und Choreographien der Parteitage und Feiern nachgeahmt, sondern im Gegenteil die Stilistik französischer Vaudeville- und Nachtclubdarbietungen, sozusagen ganz nach Pariser Art. Keinesfalls spiegelte die Filmrevue den machohaften Männerkult des Regimes wider, sondern zeigte Frauenschönheit als Hochziel ästhetischer Körperkultur. Dies gilt auch für die Eröffnungssequenz des Olympiafilms *Fest der Völker* und *Fest der Schönheit* (beide Teile: 1938) von Leni Riefenstahl.

Für die Produktionsmalaisen bei Revueszenen während des Krieges ist ein Vorgang, der auch auf Fotos festgehalten wurde, recht bezeichnend und für den Unterrichteten spaßhaft: An den Drehtagen dieses Revuebildes als »opening« von *Liebespremiere* in den Barandow-Ateliers des »Protektorats« servierten die Oberkellner sämtlicher großen Hotels in Prag Frühstück, Mittag- und Abendessen in Hemdsärmeln – ihre Fracks waren für die Filmaufnahmen »requiriert« worden, da die Zulieferung durch den Kostümfundus aus dem Reich nicht zustande kam.

Nachdem ich bereits 1937 erstmalig in der österreichischen Produktion *Millionenerbschaft* eine große Eisrevue mit dem berühmten Wiener Eislaufverein und mit dem Weltmeister Karl Schäfer sowie der damals noch blutjungen Eva Pawlik, Weltstars der damaligen scating scene, inszeniert hatte, ließ mich nicht nur der Mangel an internationalen Revuestars vom revuehaften Musikfilm auf den Varieté- und Zirkusfilm mit relevanten Handlungen und Konflik-

ten ausweichen. Dieser war weniger auf tänzerische Spitzenleistungen ausgerichtet. Er befriedigte nicht nur meine Liebe zum Artistenmilieu, sondern gab mir zudem die Möglichkeit, in diesem Ambiente anderweitig unerwünschte dramatische Problematik, ja sogar Krimi-Thematik zu behandeln, mehr Action zu zeigen als damals erwünscht war und eine bislang nicht bekannte Abart des Genres zu kreieren: den historischen Varieté- und Zirkusfilm mit zeit- und sittengeschichtlichem Hintergrund (*Männer müssen so sein*, 1939; *Die drei Codonas*, 1940; *Zirkus Renz*, 1943).
Tatsächlich stellen diese Filme in umgekehrter Reihenfolge eine Kulturgeschichte des fahrenden Artistenlebens vom Beginn des 19. Jahrhunderts bis zu seiner Etablierung in den großstädtischen Etablissements dar. Auf *Zirkus Renz* möchte ich aber noch in einem anderen Zusammenhang eingehen – die Probeaufnahmen betreffend.
Diese gehören – nicht erst seit Goebbels und sicher nicht nur für mich – zu den wichtigsten Vorbereitungsarbeiten bei der Realisierung eines Filmprojekts.

Probeaufnahmen, die Probe aufs Exempel

Probeaufnahmen sind notwendig als Tests für Kostüm und Make-up. Jedoch auch, um die maximale fotografische Wirksamkeit eines Filmdarstellers zu ergründen. Bei Neuentdeckungen sind sie zur Prüfung der Fotogenität unerläßlich. Ohne Probeaufnahmen würde wohl kaum ein Neuling mit einer entscheidenden Filmrolle betraut. Das befriedigende Resultat einer Probeaufnahme entscheidet über die Voraussetzung zu einer Karriere. Sie hat somit Schicksalsfunktion, deswegen war von jeher die Verantwortung des Regisseurs und des Kameramannes für ihr Gelingen so immens, sie konnte Leben verändern. Sie mußte mit größter Sorgfalt und Geduld bewerkstelligt werden. Doch wurde mit ihr oft Schindluder getrieben, sie war lästig, man entledigte sich der Verpflichtung höchst schludrig, sie kostete Zeit und vor allem Geld. Zudem diente sie dem unseriösen Schaugewerbe oft als billiger Köder, als Lockspeise, um filmgeile Anfängerinnen sexuell willfährig zu machen. Das Versprechen einer Probeaufnahme war ein Zauberwort wie Simsalabim, ein Sesam-öffne-dich in die flimmernde Filmwelt mit ihrem glamourösen Ruhm. Probeaufnahmen, bei denen gar kein Film in der Kamera, die Testperson aber bereits ohne Kleider war, waren nicht selten.

Ich habe bei den vielen Entdeckungen, die mir gelangen, Probeaufnahmen immer sehr ernst genommen und konnte mit ihnen manche Filmkarriere einleiten. Als Talent-Scout einer Filmepoche, für die Nachwuchsförderung der zweiten und dritten Filmgeneration, habe ich viele Tage in den Studios bei Probeaufnahmen verbracht, oft wochenlang, besonders dann, wenn mein Instinkt sofort ja gesagt hatte. Ich machte diese Tests mit Leidenschaft und Engagement, auch für meine Kollegen bei der »Terra«, die meinem Entdeckungsgespür vertrauten. Ich wechselte Kameraleute aus, wenn das Ergebnis nicht meinen maximalen Erwartungen entsprach, durchstöberte die Karteien der Besetzungsbüros aller Staatsfirmen und unterrichtete mich über die Neuzugänge an Bühnen und Schauspielschulen. Ich gab Gründgens und Barlog Ratschläge, wenn sie junge Kräfte brauchten, und wurde zur Vorführung von Probeaufnahmen anderer Firmen herangezogen. Ich erwähne dies alles, um das Folgende glaubhaft zu machen:

Die Probeaufnahmen im Dritten Reich hatten, wie bereits bemerkt, nicht nur die Aufgabe, Produzent und Regisseur, selten den Verleiher, der nichts zu sagen, sondern lediglich den Vertrieb, der ihm ausgelieferten Ware zu bewerkstelligen hatte, über die filmische Eignung eines Nachwuchsdarstellers zu unterrichten. Sie mußten auch den Minister überzeugen. Insbesondere aber dann, wenn er anderer Meinung als die künstlerischen Vorstände seiner Firmen. Man mußte schon zu außergewöhnlichen Mitteln greifen, um eine Fehlbesetzungen zu verhindern.

Im Fall des Artistenfilms *Zirkus Renz* hatte Goebbels für die weibliche Hauptrolle eine sehr attraktive junge Salondame bestimmt, die sich elegant zu tragen wußte und durchaus sexy wirken konnte. Es sollte ihr erster leading part sein, und sie paßte für diesen überhaupt nicht. Ihre Damenhaftigkeit und gesellschaftlichen Allüren waren das strikte Gegenteil dessen, was die Rolle verlangte: ein Kind aus dem fahrenden Volk, dem Zirkuswagen entsprungen, eine wilde Hummel, das Geschöpf des Artistenproletariats. Goebbels ließ sich von besseren Einsichten nicht überzeugen. Er wollte seinen Kopf durchsetzen, sein autokratisches Denken ließ andere Überlegungen nicht zu. Was war zu machen, um den Film, der den historischen Aufstieg eines armseligen zirzensischen Schaustellerunternehmens zum ersten deutschen Zirkus zum Thema hatte, nicht von der Besetzung her schief werden zu lassen? Wir baten die geforderte Schauspielerin – es handelt sich um den späteren Star Margot Hielscher – zur Probeaufnahme und arbeiteten mit gegebener Sorgfalt. Wir zeigten sie in prächtigen zeitentsprechenden Kostümen und fotografierten ihr interessantes, rassiges Gesicht mit allen Finessen exquisiter Kamerakunst. Aber auch mitleidlos in dem Kostüm, das für ihre Rolle naturgegebene Berufskleidung war: im Ganztrikot. Und demonstrierten damit, daß die

Figur dieser sehr attraktiven jungen Frau zwar die Möglichkeit besaß, große Roben und Toiletten vorteilhaft zu tragen, daß sie aber ohne kostümliche Entourage in ihrer Liniengebung alles andere als perfekt war. Obwohl ihre körperlichen Einzelheiten sehr ansprechend waren, paßte ohne die Emballage der Schneiderkunst alles nicht recht zusammen: Beine, Hüften, Brüste etc. Bei der Vorführung im Propagandaministerium soll Goebbels ärgerlich aufgestanden und weggegangen sein. Er machte seine diktatorische Entscheidung durch den Reichsfilmdramaturgen rückgängig.

Nach achttägigen Probeaufnahmen lieferten wir ihm einen tänzerisch und akrobatisch geeigneten Ersatz mit aller raffinierten Decouvrage, die sein Geschmack war, die neugierig machte, ohne allzuviel preiszugeben, die etwas verriet, ohne Erwartungen einzulösen, deren Frivolität naiv war, einen Werbespot für die Rolle einer Person oder für die Person in einer Rolle. Der Erfolg der Bemühung stellte sich in unerwartet hohem Maße ein. Nach der geforderten Änderung des tschechisch klingenden Namens begann der SD-Apparat unverzüglich zu arbeiten, und als diese Darstellerin am letzten Drehtag von einem tanzenden Bären angefallen und verletzt wurde, waren am nächsten Tag im Militärhospital in Strehlenau bei Breslau fünfzig rote Rosen im Auftrag des Reichsministers abgegeben worden. Die persönliche Einladung an Angelika Hauff folgte prompt nach der Gesundung ...

Um aber nochmals auf den Revuefilm des Dritten Reiches zurückzukommen: Er hatte überhaupt nichts zu tun mit der Propagandaästhetik des partei- und nationalpolitischen Straßen- und Großhallentheaters, das mittels Riesenaufmärschen, Fahnenmeeren, Sprechchören, Emblemzauber, Massendrill, Exerzierparaden und turngymnastischer Schaueffekte eine militärische Brillanz aufwies, die auch auf nicht mit dem Regime sympathisierende Ausländer ihren Eindruck nicht verfehlte. Die Filmrevue war keine politische Ovationsdemo und entbehrte all der ritualen Merkzeichen der Masseneffekte von Totengedenkfeiern, Parteitagen, Erntedankfest und 1. Mai-Feiern, die zu mythologischen, ja pseudoreligiösen Kultveranstaltungen aufgeblasen wurden.

Im übrigen war gerade der permanente festfeierliche Alltag der nationalsozialistischen »Kund-Gebungen«, die stete banal-theatralische Äußerung der politischen repräsentativen Präsenz von morgens bis abends der Hauptgrund, warum Goebbels so großen Wert darauf legte, Theater und Unterhaltungsfilm zu entpolitisieren. »Man muß den Leuten auch mal eine Pause geben«, sagte er selbst, und so herrschten im Theater Stücke wie *Kleines Fräulein unbekannt*, *Vorsicht Brigitte*, *Spiel an Bord* und im Kino der Eskapismus des von jeder Aktualität desinfizierten Filmprogrammes:

Der Revue-, d. h. der Unterhaltungsfilm des Dritten Reiches schlechthin mit seinen unzerbombten Salons und den weißen Telefonen, seiner reinlichen und ehrbaren Armut, seiner gutsituierten Mittelbürgerwelt hatte nicht die Aufgabe, soziale Weltanschauung zu verbreiten und Parteiprogramme zu manifestieren. Er hatte zu tun, was die Aufgabe des Unterhaltungsfilms in der ganzen Welt war: zu unterhalten.

Die Zeit als Beispiel

Wir haben uns mit dem Unterhaltungsfilm, d. h. politisch neutralisierten Spielfilm nicht zuletzt deshalb so ausführlich befaßt, weil er stärker als die nun folgenden Beispiele Goebbels als filmbegeisterten Amateur und Laien zeigt, der nicht nur andere unterhalten, sondern auch selbst unterhalten werden will und sich von seinem Agitationsberuf entspannen möchte. Denn schon beim Zeitfilm wurde er nicht als kritischer Zuschauer, sondern als Propagandist und Demagoge in eigener Sache angesprochen und gefordert. Den Gegenwartsfilm mußte es im Dritten Reich natürlich auch geben, aber er war im Produktionsprogramm alles andere als dominierend. Er stellte nur ein geringes Kontingent dar. Er hatte neben der Alibifunktion die Aufgabe, die Doktrinäre und militanten Chauvinisten unter den führenden Parteigenossen zufriedenzustellen, die Interessen der Funktionäre zu vertreten und zu wahren. Die »Zeit ohne Beispiel« war als Spielfilmsujet zwar notwendig, aber nicht sonderlich erwünscht.

Der Zeitfilm – wie wir ihn nennen wollen – d. h. der Spielfilm, der in der genau determinierten aktuellen Gegenwart, also im und während des NS-Regimes spielt, war hauptsächlich für den Binnenmarkt gedacht. Er fand im Ausland nur Interesse bei politisch interessierten Zielgruppen, die dem Faschismus kritisch oder ablehnend gegenüberstanden. Er war auch im Inland ein höchst problematisches Geschäft trotz aller Reklame, die ihm das Ministerium für Volksaufklärung zuteil werden ließ. Er war leicht zu erkennen, denn er trug uncamoufliert, ja demonstrativ alle Wahrzeichen, Embleme, Symbole der Hitlerdiktatur an sich, die Hakenkreuze, Siegrunen, die Bonzenbilder, Fahnenschmuck und Transparente, die braunen Uniformen der SA und die schwarzen der SS. Alle Dekorationen und Requisiten der Parteifeiern waren aufgeboten und hatten im Spielfilm infolgedessen nur geringe Wirkung. Man hatte das alles in der Wochenschau viel prächtiger gesehen und war es im Hauptprogramm leid. Es gab keinen »Guten Tag«, kein »Grüß Gott« mehr, nur noch das stramme »Heil Hitler«, Hände wurden nicht mehr geschüttelt, sondern drohend gegeneinander gereckt, zum Zeichen, daß man sich unbewehrt, in friedfertiger Absicht dem Gegenüber näherte. Man nahm Haltung an und empfing Order, man trat ab und zeigte sich pfadfinderhaft freundlich gegen Kinder und alte Leute. Man bewies deutsche Sauberkeit und strikte Ordnung, indem man Parkbänke mit dem Judenverbot und Mäntel mit dem Davidstern n i c h t zeigte.

Diese Zeitfilme waren Pflichtübungen des Promis – nur selten eine Kür. Sie bereiteten dem professionellen Agitator und Propagandisten erheblichen Kummer, da sie den Nationalsozialisten Goebbels nur selten selbst zufriedenstellten. Er hatte Ärger im eigenen Haus, in der eigenen Partei.

Wie ein Spielfilm aus dem Bäckerei- (oder jedem anderen) Gewerbe umgehend die betreffende Innung oder Interessenvertretung auf den Platz ruft, die ihren Berufsstand beim geringsten menschlichen Konflikt der Gestalten diffamiert und nicht genügend repräsentiert sieht, so brachte der Zeitfilm aus jeder Ecke her Proteste der Parteiorganisationen ein. Denn es waren ja meistens NS-Institutionen, die Thema und Schauplatz abgaben, die Handlung bestimmten, das Ambiente stellten: Die HJ (*Kopf hoch, Johannes,* 1941), der Arbeitsdienst (*Ich für Dich – Du für mich,* 1934), KDF (Arbeiterwohlfahrt und Freizeitgestaltung), die Journalisten der Reichskulturkammer (*Auf Wiedersehen, Franziska,* 1941). Bei meinem Spionageabwehrfilm *Achtung! Feind hört mit!* (1940) machte Admiral Canaris Goebbels unerwünschte Schwierigkeiten, bei *Fronttheater* Robert Ley, dem die Truppenbetreuung oblag, den Goebbels als Analphabeten und Säufer verachtete, der ihm aber energisch seine alkoholisierte Stirn bot.

Diese parteiinternen Querelen wären ihr eigenes Kapitel wert. Tatsächlich war in den Jahren 1933–1939 die NS-politische Aktualität fast ausgezehrt, und man mußte – und tat es gerne – auf geschichtliche Analogien und Gleichnisse ausweichen.

Wie der deutsche Alltag tatsächlich aussah, konnte nur der Kinogeher erahnen, der zwischen den Bildern zu lesen verstand oder kurz angeschnittene Dialogstellen selbständig erweiterte. Einer der wenigen Versuche, Gegenwartsprobleme und Durchschnittsmenschen auf die Leinwand zu bringen, Rolf Hansens *Das Leben kann so schön sein* (1939), wurde kurz nach seiner Uraufführung in Wien wieder aus dem Verleih gezogen. Die Geschichte eines unterbezahlten Angestellten, der nicht weiß, ob er sich über seine bevorstehende Vaterschaft freuen oder wegen der damit verbundenen materiellen Belastungen aufhängen soll, vertrug sich weder mit der Propagandamär vom sozialbewußten NS-Wohlfahrtsstaat noch mit der lautstark hinausposaunten NS-Frauenschafts-These, daß die Gebärfreudigkeit der deutschen Frau im Ansteigen begriffen sei. Gustaf Gründgens' raffiniert versteckte Angriffe gegen Ernte-Einsatzdienst und Männerbündelei im Reichsarbeitsdienst (*Zwei Welten*, 1940), ironische Auseinandersetzung mit bürokratischen Auswüchsen (*Der Gasmann,* 1941) oder realistische Zeichnung des Arbeitermilieus (*Heiratsschwindler,* 1938; *Ein Mädchen geht an Land,* 1938) blieben Einzelfälle. Sie, und wenige andere Filme auch, passierten Goebbels' Zensur-Räumlichkeiten wahrscheinlich nur deshalb unbeschadet, weil der Minister nach anstrengenden Nachteinsätzen während einer Vorführung zeitweise in Schlummer verfiel – oder, was ebenfalls des öfteren vorkam, sich intensiv mit einer Mitseherin unterhielt.

Der eigentliche NS-Zeitfilm offerierte sich als 60–90 m langes Kurztonspiel. »Tran und Helle« sowie »Kohlenklau«, mickrige und staatsfeindlich gesinnte Volksgenossen, sorgten mit erhobenem Zeigefinger und ausgesprochenen Strafandrohungen für strikte Einhaltung diverser Verordnungen und Anordnungen. In Witz- und Versform behandelten sie aktuelle Themen wie Lebensmittelknappheit, Abhörverbot feindlicher Sender, Hamstertum, Defätismus, Fronteinsatz, Spionageversuche, Energiesparen, Luftschutzdienst u.a.m. aus der Perspektive rachelüsterner Filmpropagandisten. Wer nicht folgt, so lautete die Devise dieser realistischen und im Volkston gehaltenen Erziehungsfilme, muß mit Strafe rechnen. Wie die Strafe aussah, wurde ebenfalls ins Bild gerückt: Verachtung, Entrechtung, Gefängnis und – in Form einer Plakataufschrift – auch der Tod. Trotzdem war speziell die »Tran und Helle«-Serie beim Publikum erfolgreich – Dank des beliebten Komikerduos Ludwig Schmitz (Tran) und Jupp Hussels (Helle) – und blieb so lange auf dem Spielplan, bis man »Tran« wegen Sexualverbrechen aus dem Verkehr ziehen und vor Gericht stellen mußte.

Goebbels war über diese eindeutig primitiven und provokanten »Volksaufklärungsfilmchen« nicht erfreut. Liefen sie doch vor seiner von ihm heißgeliebten und persönlich abgesegneten Deutschen Wochenschau, deren Erfolgsmeldungen und pathetischen Phrasen oftmals vom angegangenen »Kurzlustspiel« unfreiwillig in Frage gestellt wurden.

Dem »pädagogischen Zeitfilm« muß hier noch eine andere Stoffgruppe gegenübergestellt werden. Eine Art Zeitfilm, der eigentlich ein Allzeit-Film war.

»Blut und Boden«, bösartig zu »Blubo« gekürzelt, war von Beginn aller NS-Ideologie an ein beliebter wolkiger Begriff. Arbeiter der Stirn und der Faust schlossen auch den Agronom mit ein, der nicht mehr zum romantischen Landbewohner idyllisiert, sondern zum urigen Edelmenschen heroisiert wurde. Der Nährstand trat gleichwertig neben den Wehrstand, zum Mythos gemacht wurden Scholle, Aussaat, Ackerkrume, Pflug, Sichel und Sense, Einholung der Ernte etc. zu sakralen allegorischen Begriffen. Der Rassenwahn mischte sich mit der Heiligsprechung von Flur und Boden, die Sassen wurden zur Sippe mit ihrem Sippenbewußtsein und ihrer Sippenhaltung, die später zur Sippenhaftung führte, und der Bauer bekam einen Adelsbrief. Er wurde zum Erbhofbauern, er wurde hochstilisiert zur Breker- und Thorakmonumentalität.

Mit wenig anderem NS-Gedankengut wurde soviel weihevolles Schindluder getrieben und Bla-bla-bla getönt wie mit der Landwirtschaft und denen, die ihr oblagen, obwohl diese sich längst des Traktors und der Milchmelkmaschine bedienten. Man ging bis zu den Kinderfibel-Vorstellungen vom strebsamen Landmann zurück und stellte ihn dekorativ in Hodler- und Egger-Lienz-Manier dar. Der Landwirt, der sich wenige Jahre später als der skrupelloseste Schwarzhändler und Lebensmittel-Wucherer erweisen sollte,

bekam idealische Größe, man verehrte die schweißgetränkte, gefurchte Muttererde und transponierte sie in archaische, biblische, urzeitliche Äonen.
Man baute mit der fruchtbaren Natur eine germanisch-nordische, heidnische Ersatzreligion auf. Das »Volksvölkische« – der gräßliche Pleonasmus sei mir verziehen, angesichts der Tautologie heutiger »Volksdemokratien« – machte aus dem Erntedankfest eine folkloristische Superschau, in der Maiden und Reigen die steppende Girltruppe der Rokketts ersetzten, eine Agrar-Revue vom Ausmaß einer Monster-Schau im Radio-City New Yorks. Meistens arrangiert vom Reichsbühnenbildner Benno von Arent, der sich seinen Namen bei Berliner Nacktrevuen gemacht hatte.
Der Film bediente sich des Blut- und Boden-Mythos nicht ungerne. Er war – in gewisser Hinsicht – ebenfalls ein Fluchtfilm aus der Zeit, auch wenn er Gedankengut des Nationalsozialismus spiegelte. Dieses konnte in den Filmen zumindest optisch weitgehend kaschiert werden. Natur und ländliche Idylle, bäuerliches Gemeinwesen, war eo ipso fotogen, zeitlos, Mensch und Brauchtum ließen sich lichtbildnerisch überhöhen, ins allgemeine stilisieren. Hier bot sich ein dankbarer schwarz-weißer graphischer oder holzschnitthafter Bildstil an, der künstlerische Möglichkeiten bot, wie es die skandinavische Stummfilmkunst bewiesen hatte. Und die Union-Film – später Ufa genannt –, eine deutschnationale Gründung Ludendorffs gegen Ende des Ersten Weltkrieges, zur Pflege des Vaterlandsbewußtseins und bis zur Machtübernahme in der Hand des erzkonservativen Presse-Zaren Hugenberg, hatte stets den Trend zur Volkssage, zur Mär und nationalen Epik gehabt – unter vielen anderen *Zur Chronik von Grieshuus* (1925) –, einem Trend gehuldigt, der seinen Höhepunkt in Fritz Langs *Nibelungen* (1924) erreichte, der ein Kultfilm von Goebbels war.
Literarische Vorbilder für dieses Genre gab es genug. Der Blut- und Boden-Terminus hatte einen reichen Stoff- und Autoren-Fundus. Es waren vorwiegend nordische Erzähler und Dramatiker von »bestem Schrot und Korn« wie Fontane, der Preuße, Storm, der Schleswig-Holsteiner, Hamsun, der Norweger, die Schwedin Lagerlöf, der Däne Jensen, um nur einige zu nennen. Aber vor

Der Blut-und-Scholle-Film des Dritten Reiches bezog seine Thematik vorwiegend aus der naturalistischen Dramenliteratur der Jahrhundertwende. Seinen stilistischen Ursprung hatte er in dem stummen skandinavischen Landschaftsfilm, der Hitler außerordentlich beeindruckte. Weltanschaulich war er recht mangelhaft intentioniert und motiviert. Die mythische Überhöhung des »Nährstandes« gab zwar großartige Naturaufnahmen her, schuf jedoch keine politischen Überzeugungen. Nach dem Kriegsbeginn wurde der Blut-und-Boden-Film zum reinen Zeit- und Stadtflucht-Film in eine

»heile Welt«. Seine Bildkraft verstärkte sich um so mehr, je mehr sich die künstlich aufgeblasene Erbbauernhof-Saga leerlief, und, während der Lebensmittelknappheit, aus dem hochstilisierten Reichsnährstand eine besitzgierige Gesinnungsbrüderschaft von Schleichhändlern und Schwarzmarktbelieferern wurde. Was blieb, waren die starken lichtbildnerischen Wirkungen und Aussageeffekte stilisierter Bildkompositionen, die zweifellos künstlerische Wirkungen zu erzielen vermochten. Die ästhetischen Eindrücke verdrängten zur Gänze etwa noch vorhandene weltanschauliche Vorstellungen.

DAS LEBEN RUFT:
Paul Klinger, Gerhild Weber

Gerhild Weber

Elsa Wagner, Paul Klinger

Elsa Wagner,
Paul Henckels,
Paul Klinger

Würzburg im Herbst 1944, wenige Monate vor der Zerstörung: Die friedlichen Bilder trügen. Die Aufnahmen zu *WIR BEIDE LIEBTEN KATHARINA* fanden z. T. unter Tieffliegerbeschuß statt.

René Deltgen, Angelika Hauff

allem die deutschen Naturalisten wie Hauptmann, Sudermann, Dreyer, Halbe etc. Mit diesen Autoren vom »flachen Land« ließen sich schon handlungskräftige Filme machen. Merkwürdig war nur, daß ausgerechnet die naturalistische Literaturgattung sich so gut dazu eignete, einen streng formalen, bildkompositorischen, nicht unbedingt Natur imitierenden Filmstil zu ermöglichen.

Der Blut- und Boden-Film stand also im Zeichen der »Nordlichter«. Der deutsche Süden blieb hingegen trotz seiner imposanteren Gebirgsmotive der hehren Agrarideologie viel schuldig. Die kargen Bergbauernprodukte in der grandiosen Kulisse ließen nur in bezug auf Milch und Käse mythische Größe spüren. Und wie verhielt es sich mit den Autoren? Ludwig Thoma als aufmüpfiger Bayer kam kaum in Frage, Ganghofer wurde mit oder ohne Nazis sowieso verfilmt, Ödön von Horváth und Marieluise Fleißer waren Opfer der Bücherverbrennung. Der Steiermärker Petri Kettenfeier Rosegger, der Wiener Bühnenmime Ludwig Anzengruber oder Marie von Ebner-Eschenbach? An Stifter war nicht zu denken. Hier war wenig Filmdramatisches zu holen. Blieben nur Queri und Lippl. Also mußte man sich an den Klettermaxe Luis Trenker halten, einem Bergfexen und Gipfelnarren – den ewigen Luis.

Da der Blut- und Boden-Film im Gebirgsland rechtens Schrammen- und Schründe-Film hätte heißen müssen, beließ man die Pflege mythischer Agrikultur lieber dem Norden und dem wendisch-sorbisch-prussischen Osten und feierte älplerische Sinne und urige Sinnenlust in der geliebten Wahlheimat des innviertlerischen Führers, der gerne mit kurzer Lederhose, Wadelstutzen und Trachtenjanker seine alpine Herkunft bezeugte. Weißwurst, Brezeln und bayerisches Bier eigneten sich wenig für germanisch-nordische, ideologische Irrealitäten, sosehr sich sonst der autoritäre Nationalsozialismus mit der angeblichen Libertas Bavariae blendend vertrug.

Goebbels schätzte den Mythos Rosenbergs und Konsorten nicht sonderlich. Als Mann des Ruhrpotts war er ein Stadtmensch und städtischer Zivilisation eher zugeneigt als bäuerlicher Überlieferung und Kultur.

Aber wie der Schmock in Gustav Freytags *Journalisten* konnte er links oder nach Bedarf auch rechts schreiben. Goebbels erinnerte sich seiner literarisch-emphatischen Jugendzeit und begleitete die Blut- und Boden-Filme mit rhetorischem Schalmeienklang.

V
Der Liebhaber

Aus dem Tagebuch eines Spätpubertären

15. August 25

Ich habe Sehnsucht nach Elslein. Wann werde ich sie wieder in meinen Armen haben? . . .
Elslein, wann sehe ich dich wieder?
Alma, du liebe leichte Pflanze!
Anke, ich werde dich nie vergessen!
Und doch bin ich jetzt mutterseelenallein!

21. Dezember 25

Über mir und den Frauen hängt ein Fluch. Wehe denen, die dich lieben.
Welch ein qualvoller Gedanke. Da möchte man verzweifeln.

29. Dezember 25

Gestern Abend mit Hess nach Krefeld. Weihnachtsfeier. Ein feines, schönes Mädchen aus Franken. Die würde mir schon passen. Durch Regen und Schnee mit ihr nach Hause. Auf Wiedersehen!
Else hier angekommen.

20. Januar 26

Ich verlange nach den lieben Händen einer gütigen Frau.

31. Januar 26

Gestern morgen Zug verpaßt. Geflucht und gewettert. Reizendes Zimmermädchen aus München.

6. Februar 26

Ich habe Sehnsucht nach einer süßen Frau! O du grausame Pein! Ist das das Leben?

Aus den Tagebüchern des Paul Joseph Goebbels, achtundzwanzigjährig.

Der »Gefühlsmensch« oder Eine preußische Liebesgeschichte

Das einzige Mal, daß Goebbels seine Gefühle an die Öffentlichkeit dringen ließ, offenbarte die angebliche Ohrfeigenaffäre zwischen ihm und dem Filmstar Gustav Fröhlich wegen Lida Baarová. Diese Angelegenheit trieb tropische Blüten. Ich will mich nicht über sie verbreiten. Es gibt zu viele Lesarten von berufener und unberufener Seite. Selbst von der der Betroffenen. Sie mutieren vielfach und reduzieren sich zuletzt auf einen mehr oder weniger lauten Männerstreit, einen Wortwechsel zwischen emotionell motivierten Rivalen. Sie ist hundert- und tausendmal gerüchteweise auf offener Straße hinter der Hand erzählt und nach dem Krieg durch die Zeitungen und Memoirenflut der Regenbogenpresse gezerrt worden, wobei die tatsächlichen Vorgänge weniger interessant sind als der Umstand, daß diese Fabel nie dementiert wurde, weiter schwärte, ihre Verbreitung nie geahndet wurde. Keine Gegenpropaganda, keine Behauptung böswilliger Propaganda, erlogener Rufschädigung wurde erhoben. Jedermann sprach darüber, nur die Beteiligten schwiegen sich aus, taten nichts gegen das böse Gerücht, das den Flüsterwitz zur Folge hatte.

Jeder Berliner hatte die Wunschvorstellung, einmal für einen Tag »fröhlich« sein zu dürfen. Daß das Tagesgespräch kursieren durfte und nichts dagegen unternommen wurde, keine Richtigstellung, keine Anklage erfolgte, keine nennenswerte Repressalie gegen Gustav Fröhlich unternommen wurde, außer einer kurzen militärischen Einberufung, erhärtet den Verdacht, daß Goebbels-feindliche Stellen höheren Ortes, in der SS, im SD, kein sonderliches Interesse bekundeten, dem ungeliebten Minister Beistand zu leisten. Die Schadenfreude war jedenfalls in vielen Parteigliederungen groß. Man gönnte Jupp den Eklat und die Backpfeife. In diesem Fall wurde kein Skandal unterdrückt, nichts geleugnet, kein peinlicher Fall heruntergespielt. Das ist das einzig Interessante an dieser Affäre. Eine Ohrfeige hat es dabei nie gegeben, es sei denn die Baarová mußte sie einstecken. Und eine zweite der damalige Produktionschef der Ufa, Albert Greven, von seiten des Magda-Goebbels-Verteidigers und Liebhabers Karl Hanke, als Greven den verbannten Star wieder für die Ufa nach Berlin zurückholen wollte.

Da es sich um ein für Goebbels ernstes Liebesverhältnis handelte, bei dem er – kurze Zeit – alles riskieren wollte, gehen wir nicht weiter auf die Angelegenheit ein. Ihre Fakten sind bekannt. Eine »preußische Liebesgeschichte«, wie ein Film es uns weismachen wollte? Keinesfalls. Aber die Geschichte einer zweifellos echten Leidenschaft. Hero und Leander an der Spree? Sie konnten zueinander nicht kommen? Nein, ein Filmroman mit allen kitschigen Trivialitäten eines solchen in den realen Verhaltensweisen? Goebbels' Entscheidung nach dem ultimativen Führerbefehl ließen es zum Drama nicht kommen, der Pragmatiker kniff. Es blieb ein wenig anrührendes Melodrama – eine typische Ufa-Schnulze. Ein Dreigroschenroman und eine Ruhrpott-Romanze: Romeo und Julia aus Castrop-Rauxel und Mährisch-Ostrau . . .

Der Voyeur

Der Propagandaminister war nicht prüde.
Er wetterte gegen Mucker- und Spießertum und gegen Moralismus. Seine Parolen für die Familie, die Ehre der Frau, die Ehe, für Mutter und Kind waren reine Reklame-Slogans. Er gab sich freisinnig in Fragen der Sittlichkeit. Nacktheit war kein Tabu. Er selbst war in höchstem Maße voyeuristisch veranlagt, belauschte gerne Intimsituationen.
»Ehebruch ist kein Beinbruch«, sagte er und handelte danach. Die Sorge um die Kriegsmoral der Männer an der Front zwang ihn später, den Ehebruch aus dem Filmgeschehen zu verbannen. Die NS-Frauenschaft mit ihrer priesterlich-zickigen Tenue verabscheute er aus tiefster Seele. Er sprach sich nie gegen Promiskuität aus, sie war bevölkerungspolitisch sogar erwünscht. Illegitime Mutterschaft war keine Schande – die Hitlerjugend HJ sollte mit dem BDM, der männliche Arbeitsdienst mit dem weiblichen ruhig ins Heu springen. Der »Lebensborn« Himmlers, die Cohabitation von strammen SS-Männern mit ledigen, gebärfreudigen, rassisch einwandfreien Mädchen war der Gipfel fehlgeleiteten Rassenwahnes, und die Idee der polygamen Ehe, die der Reichsführer der SS ernstlich vorhatte und für sich in Anspruch nahm, war der Traum des Macho-Spießers.
Die großen Feten in Nymphenburg (»Die Nacht der Amazonen«) oder auf der Pfaueninsel bei Potsdam in der Verkleidung klassischer Mythologien oder falsch verstandenen Germanenkultes standen im Zeichen weitgehender Nacktheit – der Reichsbühnenbildner Benno von Arent hatte nicht umsonst an den Revuebühnen von James Klein und Herrmann Haller gelernt, Nuditäten aufzubereiten. Man kam jedoch bei aller szenischen Bemühung nicht über einen pseudo-pariserischen Vaudeville-Stil hinaus. Der Führer ging ebenso gerne zu »Maxim« wie in die Wälsungenhalle der »Götter-

dämmerung«. Der verhemmte Hitler und der introvertierte Goebbels liebten das lebemännische Flair, und beide neideten im Grunde dem Danilo die Intimheit mit Lolo, Doudou, Joujou, – das Champagnisieren und Cancanisieren war nun mal ihre Sache nicht. Die opernhafte Lebenslust blieb Wunschtraum einer spießerhaften Erblast.

Die Nacht der Amazonen, 1939.

Dieses Foto von einem der Hitlerschen Monumentalfeste zeigt die konditorhafte Nacktheit, die in der gleichen Attitude armselig figuriert und die faschistische Vorstellung eines neuen Renaissancemenschen zur Parodie macht.

Der Erotomane

Joseph Goebbels war ein Erotomane. Das Volk, die Führerschaft und die Filmbranche hatten drastische, hämische und obszöne Bezeichnungen und Spottnamen für seine Besessenheit erfunden, von denen keine liebevoll oder schmeichelhaft war. Sie alle aufzuführen erübrigt sich. Der bestgehaßte Mann der Führerclique galt nach dem Sprichwort »Lügen haben kurze Beine« als »Lügner mit dem kurzen Bein«, und man dachte an das Wort Georg Friedrich Lichtenbergs: »Es macht den Deutschen nicht viel Ehre, daß einen anführen soviel heißt als einen betrügen.«
Goebbels war weibernärrisch, aber weniger aus der Stärke seines Sexualtriebes als aus dem Übermaß seines Selbstbestätigungsdranges. Seinem schwärmerischen »Donjuanismus« fehlte eine frauenverehrende Libido, die noch den Schürzenjäger Casanova auszeichnet, ebenso wie der »Pygmalionismus«, der Trieb nämlich, Frauen zu entdecken, zu formen, zu erziehen, sie nach seinen inneren Vorstellungen zu bilden, ein Trieb, den jeder Regisseur oder Talent-Scout besitzt. Pygmalionismus bedeutet nicht, die Frau selbst, sondern die eigene Schöpfung einer Frau zu lieben, ein Kunstwerk, das man gestaltet und zum Leben erweckt hat.
Dieser Trieb, der einen Film-Tycoon, wie es Goebbels war, wohl angestanden hätte, war beim Schirmherrn des Deutschen Films nie vorhanden. Bei ihm gab es keinen Fall einer oft auch nur narzißtischen kreativen, künstlerischen Sexualbindung wie z. B. zwischen Sternberg und der Dietrich, zwischen Stiller und der Garbo, Harlan und der Söderbaum oder Fassbinder und der Schygulla bestanden haben mag. Frauen hatte man zu gebrauchen, nicht zu gestalten. Sie waren Gebrauchsartikel für die eigene Kosmetik und den Hormonhaushalt.
Goebbels war kein Förderer, der an das filmkünstlerische Talent glaubte, sondern ein Forderer, ein Gläubiger, der den weiblichen

Künstlerdank ungeniert einkassierte, ein Holofernes, der auf das Judithopfer recht nachdrücklich beharrte. Er forderte, was seiner Ansicht nach des Ministers Zehent war, das Recht zwar nicht der ersten, aber einer Nacht. Er vergab Chancen nicht als Wertschätzung vorgegebenen oder erkannten Talentes und erhob seine Prozente an einer künstlerischen Mehrwertsteuer. Er unterschied sich damit in nichts von einem kleinen fiesen Theaterdirektor, der die existenzielle Abhängigkeit seiner weiblichen Bühnenmitglieder für seine privaten Lüste ausnützt. Er behielt sich die Genehmigung der Besetzungsliste, vornehmlich der Frauenrollen, vor und vergab darstellerische Haupt- und Nebenaufgaben in keinem Falle nach Gesichtspunkten der künstlerischen Eignung, sondern einzig und allein nach seinem persönlichen Gefallen und seinem eigenen Geschmack. Wie man sich gegen eklatante Fehlbesetzungen als Produktionschef oder Regisseur wehren konnte, wird noch zu berichten sein.

Der Weiberheld war kein passionierter Waidmann, der auf die Pirsch geht, aber auch sein Revier hegt und pflegt, sondern ein skrupelloser Ladykiller. Sein Jagdtrieb zielte auf wahllose Beute, auf Erlegung des Wildbestandes, auf die glanzvolle »Strecke« einer schonungslosen »Treibjagd«. Sein gesteigerter Sexualtrieb entsprach sowohl seinen Hemmungen wie seiner Hemmungslosigkeit. Die Hemmung war Angst vor der möglichen Versagung, die sein Selbstbewußtsein verletzen konnte, die Hemmungslosigkeit ging zurück auf seinen Frauenhaß, der einen Bestandteil seiner zynischen Menschenverachtung ausmachte.

Da der »Mensch eine Canaille« war, funktionierte die Frau bestenfalls als Prestigeobjekt seines männlichen Dekorums, meist aber nur als Institution der Bedürfnisstillung und der Selbstbespiegelung. Der »Bock von Babelsberg«, wie man ihn u. a. nannte, war wahrlich ein trauriger Don Giovanni, der in der Einschätzung der Frau und als Genießer ein Dilettant, aber kein Liebhaber war. In einer Tagebuchaufzeichnung aus frühen Jahren entlarvt er sein sexuelles Dilemma überaus aufschlußreich:

> »Jedes Weib reizt mich bis aufs Blut. Wie ein hungriger Wolf rase ich umher. Und dabei bin ich schüchtern wie ein Kind. Ich verstehe mich selbst kaum.« [Tagebuch vom 15. 7. 1926]

Spricht aus dieser Eintragung Sexualnot? Keinesfalls. Er hatte schon in jungen Jahen reichlich Gelegenheit und sogar die Möglichkeit der Auswahl. Denn er erzielte durchaus Wirkungen auf Frauen, konnte Faszination ausüben trotz oder gerade wegen seiner körperlichen Behinderung und seines unobligaten Aussehens. Ihm stand ein vorstädtischer Charme zur Verfügung, eine pseudogalante Verführungskunst, zu der später genügend Einfluß und die Bedeutung seiner Stellung kam, die Erfolge und Karriere versprachen. Aber auch eine brutale, unverblümte Direktheit, eine unverschämte Obszönität, die auf eine besimmte Spezies von Frauen stimulierend wirken konnte und Eindruck machte. Er hatte keinerlei Grund zu sexueller Frustration, weder als politischer Funktionär, als junger Gauleiter Berlins noch später als Minister für Volksaufklärung und Propaganda und Schirmherr des Deutschen Filmes.

Sein roblem war nicht die Frage sexueller Potenz, sondern die mangelnder Liebesfähigkeit. Selbst in dem einzigen Ausnahmefall einer erotischen Leidenschaft, in der »Affäre Baarová«, zeigte er sich zwar geneigt, die Konsequenzen zu ziehen und seinem Gefühl nachzugeben, zog sie aber letztlich dann doch nicht. Er entschloß sich zum Liebesverzicht und löste die passionierte Beziehung strikt und radikal und ohne emotionelle Verpflichtung und innerem Gewissenskonflikt. Im gymnasiastenhaft gebliebenen Romantiker siegte abermals der Realist, das Gefühl unterlag dem rationalen Pragmatismus.

Nach diesem bemerkenswerten einmaligen Einschnitt seines Liebeslebens wurde er wieder, was er vorher war und was der akademische Doktrinär aus kleinem Hause als Neigung zu künstlerischem Bohemeleben mißverstand: ein amoralischer Libertin, ein zigeunerhafter Wilderer im wertfreien Frauenrevier. Und die Zwiespältigkeit seines Wesens zeigte sich auch fernerhin auf hohem Posten in Gehemmtheit und Hemmungslosigkeit, die allerdings urbanere, gleichwohl verlogene Formen annahm. Ersteres wurde ersetzt durch ein distanzierendes Ritual und den Drang nach Zeremoniell und Etikette, letzteres, der brutale Zugriff, das vulgäre Zur-Sache-Kommen, durch intellektuelle Zwänge und mentalen Druck. Aber auch dem faszinierenden und irritierenden Charme, zu dem er fähig war, fehlte jegliche Galanterie des Herzens. Er blieb steif und förmlich. Dies führte oft zu geradezu grotesken und absurden Szenen, von denen noch zu sprechen sein wird.

Uns interessieren in diesem Zusammenhang natürlich nicht die zahlreichen Affären mit Sekretärinnen und politischen Mitarbeiterinnen. Die üblichen Einwegliebeleien, Wegwerfbegegnungen, die erotischen Entspannungen nach Büroüberstunden, die sexuelle Abreaktion des Diktatstresses! Auch seine Ehe mit Magda Quandt, letzlich eine reine Vernunftehe, die dem kleinbürgerlichen Emporkömmling einen erstrebten gesellschaftlichen Status verschaffte, entstand aus der freiwilligen politischen Sozialarbeit der Frau und ist für unsere Betrachtung nicht relevant. Sie ist mit wenigen Sätzen zu den historischen Akten zu legen:

Trotz der stattlichen politisch erwünschten Kinderschar war sie keine nationalsozialistische Musterehe, als die sie sich nach außen gab, bis durch den bekannten Skandal ihre Morschheit entlarvt wurde. Sie geriet bezeichnenderweise im verflixten siebenten Ehejahr in die entscheidende Krise und war schon vorher nicht mehr intakt. Man hatte sich gegenseitig einiges vorzuwerfen. Das nationalsozialistische Familienidyll war alles andere als mustergültig. Wir versagen es uns, Paralellen mit wagnerischen Sippenhaltungen, sei es ihm Hause Wahnfried oder Walhall, zu ziehen. Es war vielmehr eine Pariser Ehe wie in der frivolen Grande Monde der Operette: »Sie geht links, er geht rechts.« Man zeigte sich nur in der Öffentlichkeit, repräsentierte bei gesellschaftlichen Veranstaltungen die Modellehe.

Frau Magda war keine nordische Solveig, die auf ihren abenteuernden Peer Gynt am Spinnrad wartete. Sie ging munter mit einem politischen Aufsteiger fremd und hatte Liebhaber, obgleich sie ihren Gebäraufgaben mit politischem Eifer pflichtgemäß nachkam. Nach außen wurde der Anschein gewahrt, soweit dies nach Eklat und Versöhnung möglich war. Die Ehe war ihm weder Sakrament noch Institution, sie war ihm schlicht – gleichgültig. Zum Unterschied von Heinrich Himmler, der danach strebte, die Polygamie zur Staatsreligion zu machen oder die Menschenaufzucht nach elitären genetischen Prinzipien – »Lebensborn« – zu betreiben.

Uns interessieren hier ausschließlich die Beziehungen Goebbels' zu den Schauspielerinnen des Theaters und Films. Und hier sind allerlei Merkwürdigkeiten festzustellen. Während Adolf Hitler mit Eva Braun seinen rassistischen Idealvorstellungen einer deutschen Frau treu blieb, verachtete Goebbels, dieser lautstarke Propagandist des Antisemitismus, des NS-Rassenwahnes den blonden, blauäugigen nordischen Frauen- und Mädchentyp geradezu demonstrativ. Er füllte das durch die Ariergesetze ausgepowerte, ausgehöhlte Schauspielerinnenensemble nicht mit Repräsentantinnen des »Bund Deutscher Mädel« (BDM) oder der »NS-Frauenschaft« auf, die er privat verabscheute, sondern mit einer europäischen Schönheitsgalerie, die seinen Vorstellungen und Vorlieben entsprach und die der deutschtümelnden Parteilinie direkt ins Gesicht schlug.

Er hatte sich einst für eine »richtige« Rassenmischung ausgesprochen und vertrat sie nun in der Tat. Er ästimierte die deutsche Frau nicht, machte sich privat lustig über den Menschentyp, den er eigentlich propagieren sollte und offiziell ja auch propagierte. Blondinen waren bei ihm keinesfalls bevorzugt. Sein Geschmack waren vielmehr, die dunklen, möglichst rassigen, d. h. im Klartext rassefremde Frauen. Der »Bock von Babelsberg« hatte keinen Bock auf die germanische Edelin. Es ist und bleibt erstaunlich, wie bunt gemischt die Frauenpalette des Nazifilms bis zum bitteren Ende war, wenn man ihr gegenüber die allgemeine doktrinäre Ausrichtung und Gleichschalterei des Regimes betrachtet.

Da wurden zu leading Ladies und Stars Ausländerinnen, vorwiegend Slavinnen, gemacht oder mit Sondergenehmigungen zugelassen. Schauspielerinnen, die außerdeutsche Staatszugehörigkeit besaßen und überhaupt nicht der germanisch-nordischen Klischeevorstellung entsprachen. Russinnen (Olga Tschechowa), Polinnen (Goebbels bemühte sich besonders und ausdrücklich um die bereits in Hollywood abgehalfterte Pola Negri, mit richtigem Namen Apollonia Chalupec), Ungarinnen (Clara Tabody, Maria von Tasnady oder Marika Rökk, die ihm allerdings weniger lag. Er fand sie zu

»köchinnenhaft«, aber als Pin-up-Girl für die Kasernenspinde von Hitlers Grenadieren tragbar), die Tschechin Lida Baarová (eigentlich Babkowa), die eine besondere Hauptrolle nicht nur in seinem Film, sondern auch in seinem Leben spielen sollte, oder Adina Madlová, um die er sich außerordentlich bemühte und nur die übliche Namensänderung, d. h. die Annahme eines deutschen Künstlernamens, verlangte; sie zeichnete schließlich nach Protest als Lil Adina. Er mußte sie aber letztlich fallenlassen, weil sie als tschechische Chauvinistin denunziert wurde und man – was weniger ins Gewicht fiel – ihren allzu bedenklichen Geschlechtsverkehr mit Zigeunern ins Spiel brachte.

Sein skandinavischer Import schleuste nach Berlin-Babelsberg keine nordische Wikingerin, sondern die untypische Schwedin Zarah Leander und die rothaarige Norwegerin Kirsten Heiberg sowie die Finnin Aino Bergö, alle drei ausgesprochene Femmes fatales, Salondamen und das Gegenteil von urwüchsigen natur- und bodenverbundenen Landmenschen. Was hingegen Kristina Söderbaum betrifft, die noch am ehesten dem nationalsozialistischen Vorstellungen entsprach, so schätzte sie Goebbels nicht so besonders. Im Gegenteil, er benützte jede Gelegenheit sie in Gesellschaft in Verlegenheit zu bringen und zu blamieren. Doch ist über seine Verhaltensweisen Frauen gegenüber an anderer Stelle zu sprechen, wo auch der angeblich von ihm gewünschte Sprung aus der Gondel in den Canal Grande in Venedig behandelt werden soll.

Der Mann aus dem Ruhrpott und der hohe Parteifunktionär verabscheute im Grund das österreichische Schauspielerpotential, aber die Rassenmischung aus dem habsburgischen Vielvölkerstaat wußte er zu schätzen. Besonders Wienerinnen stammten ja aus dem melt-pot, dem nationalen Völkermixgerät der Donaumonarchie, und hatten naturgemäß hochprozentigen böhmischen, tschechischen, slowakischen und slovenisch-serbokroatischen Blutspiegel. Die Südslavin Hilde Krahl (geboren in Brod an der Save), Heidemarie Hatheyer (Südkärnten), aus der früheren Reichsmetropole Wien, Friedl Czepa, Hortense Raky, Paula Wessely, Betty Bird (Betty Ptak), Angelika Hauff (recte Alice Suchanek) und viele andere bezogen ihre komödiantische Begabung aus ihrer slawisch-ungaro-türkisch-italienischen und levantinischen Rassenmelange.

In vielen Fällen war ein deutsch klingender Künstlername die einzige Bedingung der Arbeitsgenehmigung in nationalsozialistischen Spielfilmen. Die blonde, blauäugige Sängerin Maria Elsner und der Bilderbuchfall einer flachsblonden deutschen Maid, Annemarie Sörensen, waren Vollblutjüdinnen. Nach der schließlich vollzogenen Emigration lebten sie später als angesehene Ladies der englischen Hocharistokratie. Bei Jüdinnen – natürlich nur, wenn sie ihm gefielen – hielt es Goebbels trotz seiner offiziellen Agitation mit dem frivolen Ausspruch Alexander Lernet-Holenias: »A fesche Jüdin is no lang ka Jud!«

Für die vielen deutschen Repräsentantinnen eines fremdrassigen Frauentypes mögen hier Anna Dammann und Sybille Schmitz stehen. Exotisches, extravagantes Aussehen war kein Hindernis, sondern ein Vorteil für die Aufnahme in die Besetzungsliste der damaligen deutschen Filmindustrie. Eher schon, wenn man einen, wie man es nannte, »proletarischen Typ« verkörperte. Lil Dagover und Ilse Werner entstammten dem indonesischen, d. h. dem niederländischen Kolonialreich, Hertha Feiler, die Wienerin, Adelheid Seeck, die rassige Norddeutsche, waren im Sinne der Rassengesetze nicht rein arisch.

Dem französischen Film entlieh Goebbels die hochverehrte Françoise Rosay. Für Danielle Darrieux hegte er eine besondere Zuneigung. Sie war für ihn der Inbegriff gallisch-romanischer Pikanterie und Frivolität.

Der faschistische Film Mussolinis wurde von Goebbels recht geringschätzig betrachtet. Gleichwohl interessierte er sich für Isa Miranda, Laura Solari und Alida Valli.

Hitler und Goebbels bemühten sich außerordentlich um Fritz Lang und hätten bei ihm über einen Ariernachweis hinweggesehen. Ebenso wie bei Reinhold Schünzel. Beide zogen jedoch die Emigration vor. Ingrid Bergman entzog sich einem Vertrag über mehrere Filme bei der Ufa/Terra durch Kontraktbruch.

Die Versuche der nationalsozialistischen Regierung, Greta Garbo für den deutschen Film zurückzugewinnen scheiterten ebenso wie die großzügigen Angebote an Marlene Dietrich, in der Goebbels weniger die stramme Berlinerin oder die preußische Offizierstochter sah als das internationale Sexidol, den männerkillenden Vamp, d. h. das erst von Sternberg geschaffene Image der femme fatale, die so gar nicht der Partei-Ideologie entsprach.

Goebbels' gerammelte Werke

Goebbels' sexueller Verschleiß war bekannt und brachte dem weiblichen Künstleralmanach den sarkastischen Namen ein, der über diesem Abschnitt unserer Untersuchung steht. Sein außereheliches Liebesleben war Stadt- und vor allem Kantinengespräch in allen deutschen Filmzentren sowie später in den Filmstudios der besetzten Länder. Vieles war Tratsch, Übertreibung, böswillige Verleumdung, falsches Gerücht. Aber schon die realen Fakten genügten für seinen fragwürdigen Ruf. Es gab natürlich eine erkleckliche Anzahl von Frauen, die sich mit ihm einließen. Stars wie Starlets. Sie erfuhren von Goebbels eine durchaus differenzierte Behandlung. Aber es gab auch viele, die sich mit seinem Interesse an ihnen brüsteten, die schlicht behaupteten erwählt worden zu sein, ihn erhört oder abblitzen lassen zu haben. Sie machten sich wichtig und gaben einfach nur an. Man fand diese Angeberinnen leicht heraus. Denn Goebbels war vor und nach der Baarová-Affäre überaus vorsichtig und ließ sich überraschend lange Zeit.

Erotische Husarenstreiche waren nicht seine Sache, auch Sturmangriffe liebte er nicht. Dafür war er zu schüchtern. Er wollte immer auf Nummer Sicher gehen. Gelegenheiten zu raschen Improvisationen mußten schon außerordentlich verführerisch sein und die Aufforderung deutlich von der Frau ausgehen. Er fürchtete den Reinfall seiner Person und die politische Blamage in der Öffentlichkeit. Deswegen gingen auch den belangslosesten Liebesepisoden Untersuchungen voraus, die das Abenteuer zum Generalstabsplan machten. SS und SD, die Polizei wurden eingeschaltet, um Stammbäume und Geburtsurkunden, die Ariernachweise, Leumundszeugnisse auszuleuchten, Informationen auszuwerten, Eltern, Geschwister, Verwandte, den Freundeskreis der im ministeriellen Auge befindlichen weiblichen Person wurden mit Penibilität und Akkuratesse durchforstet.

Diese Recherchen galten jedoch nicht der sittlichen Integrität, sondern dem familiären Umfeld des betreffenden potentiellen Sexobjektes: Denn Goebbels vertrat höchst liberale Moralanschauungen, er war expressis verbis gegen »Bettschnüffelei«, »Muckertum« und »moralinsauren Muff«. Auf diese Weise konnte man den Verlauf einer in Gang gesetzten Affäre oft monatelang voraussehen, bis der erste Rosenstrauß bei der Erwählten oder Betroffenen anläßlich irgendeiner Gelegenheit überreicht oder zugesandt wurde und die erste Einladung erfolgte. Die maßgebliche Person hatte Zeit genug, sich zu überlegen, wie sie sich in der auf sie zukommenden Angelegenheit zu verhalten wünschte. Auch Freunde und Ehemänner konnten ihre Stellungen beziehen und ihre Standpunkte einnehmen. Skandale und Eklats waren nicht erwünscht, und der »hungrige Wolf«, wie er sich selbst genannt hatte, fiel erst seine Beute an, nachdem Bühnenarbeiter, Kulissenschieber, Beleuchter und Inspizient die Bühne freigegeben hatten. So streng waren damals die Bräuche.

Recht deutlich zeichnen sich die Kategorien der Frauen ab, die sich mit ihm einließen: Die Couragierten, Neugierigen, die sich für das zweifellose Faszinosum von Mann interessierten, das zudem soviel Macht und Einfluß besaß, aber kein Objekt einer Zuneigung war. Dann die Karrieristinnen, die sich Förderung und Chancen versprachen, und die Ängstlichen, die sich vor ihm fürchteten und tief aufseufzend in den sauren Apfel bissen. Sie waren die willenlosen Mäuschen, die sich – wie hypnotisiert – vor der züngelnden Schlange befanden und zu keiner Abwehr fähig waren.

Diese Feststellung darf aber nicht zu der Annahme verführen, daß sich etwa die gesamte weibliche Filmfachschaft zu Goebbels ins Bett legte oder daß der Nazifilmbetrieb ein einziges Bordell war. Er war dies nicht mehr als wohl jede andere Industrie, bei der Aufstieg, Position und Einkommen in Verbindung mit weiblicher Attraktivität standen und mit ihr zu Markte gingen.

Es gab genügend aktiven und vor allem passiven, hinhaltenden Widerstand. Obwohl Goebbels sehr nachtragend sein konnte und auch Rache für Verweigerung nahm, wie wir noch sehen werden, unterwarf er sich Argumenten, wenn sie ihm so vorgetragen wurden, daß sie sein männliches durchaus machohaftes Selbstwertgefühl nicht verletzten. Er spielte dann in schlechter schauspielerischer Manier den großmütigen Selim Pascha, ohne zu »Martern aller Arten« zu greifen.

Doch muß gesagt werden, daß ihm jede echte Gentilezza fehlte, daß er selten wirklich fair und meist verschlagen war. Aber er war klug und handelte nach Zweckmäßigkeit. Er rächte sich meist mit seiner berühmten ironischen Häme, durch die er Frauen taktlos bloßstellte. Seine Bosheit war sehr primitiv, wenig geistvoll und immer diffamierend und abqualifizierend, wobei er akklamierendes Publikum bevorzugte. Aus diesem Grunde gingen Schauspielerinnen oft äußerst besorgt zu den gesellschaftlichen Veranstaltungen, zu denen sie eingeladen wurden und deren Fernbleiben übel vermerkt wurde. In seinen – nicht seltenen – jähen Ausbrüchen wurde er einfach ordinär, vergaß die akademische Haltung, auf die er sich sonst soviel zugute hielt, und wurde zum kleinbürgerlichen Prolet-Arier.

Am besten war es, klar, sehr herzlich und mit nicht zu großem Gefühlsaufwand mit ihm zu sprechen, leichthin und dabei glaubwürdig zu bedauern, daß es l e i d e r nicht sein könne, wobei man sich bewußt wäre, die eigentlich Benachteiligte zu sein, u. ä.

Natürlich war ein solches Verfahren um so leichter zu praktizieren, je gefestigter der künstlerische Status einer Schauspielerin als anerkannter Star war. Der zynische Menschenverächter, der keine Person respektierte, respektierte jedoch die Wirkung, die jemand erzielte. Als Mensch, der ausschließlich seinem Image lebte, achtete er das Image seines Kontrahenten, das Image des Stars. In dieser Beziehung verhandelte er sozusagen gleich auf gleich. Er respektierte den Erfolg und zog ihn ins Kalkül. Er wußte, was Beifall und Zustimmung bedeutete, registrierte die Phonstärke des Heilrufes wie die des Bravorufes genau und wertete sie entsprechend. Für den geborenen Propagandisten waren sie unerschütterlichen Tatsächlichkeiten, Maßstäbe, denen man Rechnung zu tragen hatte, obwohl er selbst am besten wußte, daß sie manipuliert werden konnten, sei es durch aufgebotene SA-Trupps im politischen oder durch bezahlte Claqueure im künstlerischen Bereich. Der Effekt,

nicht die Leistung zählte. Die Leistung konnte er kritisch abwerten und das dumme Publikum schmähen, das ihr Beifall zollte, den erzielten Effekt mußte er jedoch gelten lassen.
Konnte er nicht gleich auf gleich verhandeln, z. B. bei jungen Filmanwärterinnen, war es durchaus möglich, daß er auf die Probe aufs Exempel verzichtete, wenn man ihm glaubhaft versicherte, daß die Möglichkeit durchaus und jederzeit bestünde, wenn sich eine passende Gelegenheit dazu fände, da man das große Erlebnis auch in würdigem Rahmen erfahren möchte und nicht nach Dienstmädchenart zwischen Tür und Angel, bei der beide ein Risiko zu befürchten hätten, das man zwar nicht scheue, das aber die große Angelegenheit unziemlich herunterqualifiziere. So etwas schmeichelte ihm, und er ließ den Einwand gelten.
Seine Geltungssucht wurde oft durch die überzeugende Zusage einer Gewährung befriedigt, besonders wenn sie verbunden war mit sehr verstohlenen, ja schüchtern vollzogenen Andeutungen verliebter erotischer Manipulationen aus dem Bereich des Flirts oder des Pettings. Diese Praktiken konnten dann bereits den »hungrigen Wolf« satt machen und ihn für den Augenblick oder auf immer von der Fährte abbringen. Die bereitwillig gegebene Zusage vermochte dann sein eitles Selbstgefühl zu saturieren. Ich kenne zwei Fälle, bei dem es ihm sogar sadistischen Spaß machte, die angeblich Willige auf »jene Gelegenheit« warten zu lassen oder ihre Eifersucht durch anderweitigen Flirt anzuheizen.
Es gab zeitweise ein beliebtes Gesellschaftsspiel in den Damengarderoben der Filmstudios, in denen die eine der anderen weismachte oder weiszumachen suchte, durch welche Tricks und raffinierte Täuschungen sie sich den Annäherungsversuchen des »kleinen Doktors« zu entziehen wußte oder entziehen würde. Da wurde viel phantasiert und noch mehr geschwindelt. Da sprach man davon, einer Einladung zu folgen, aber wegen angeblicher schwerer Invalidität mit einer Krankenschwester zu erscheinen oder mit einem Bein in Gips. Übrigens legten sich in der Tat 1945 bei der Einnahme Wiens durch die Sowjetarmee einige Schauspielerinnen mit eingegipsten Extremitäten in die Krankenhäuser theaterfreundlicher Primarärzte, um den erwarteten Vergewaltigungen zu entgehen,

obwohl man kurz vorher anläßlich der Luftangriffe noch leichtfertig behauptet hatte: »Ich hab' lieber einen Russen auf mir als ein vierstöckiges Zinshaus!«
Eine sehr bekannte Schauspielerin wollte sich mit dem Rat behelfen, den ein alter Kameramann der Pionierzeit seiner Stummfilmdiva gegeben hatte, als sie befürchtete, als einzige Frau bei einer Spielfilmexpedition in der Arktis, Beute der gesammten männlichen Film-Crew zu werden. Sein Rat ging dahin, sich einfach nach Abfahrt des Schiffes in Hammerfest nicht mehr waschen zu sollen.
Rotraut Richter z. B. versuchte es mit betont schlampiger Kleidung, ohne Make-up, mit wilder Frisur und Berliner Schnoddrigkeit und erreichte ihr Ziel mit diesem »Goebbelsverhütungsmittel«, aber gleichzeitig auch das Ende ihrer glanzvoll begonnenen Filmkarriere als Berliner Göre! Goebbels fühlte sich durch ihre mangelhafte Aufmachung beleidigt und respektlos behandelt. Er legte stets Wert auf gutes Aussehen seiner weiblichen Gäste. Seine spätere Rache an Rotraut Richter ist einer Erwähnung an anderer Stelle wert.
Der größte Teil dieser Heldentaten einer bedrängten weiblichen Ehre war natürlich Mumpitz und töricht, auch wenn er nur Planung blieb oder von Anfang an nur Angabe war. Goebbels war viel zu klug und von mimosenhafter Sensibilität und Empfindlichkeit, was seine Männlichkeit betraf. Er wußte, wie jeder erfahrene Mann, wie Frauen unter dem Vorwand ihrer Beschwerden in den kritischen Tagen oder mit angeblichen Unterleibsleiden taktisch operieren. Alle zu plumpen oder auch zu raffinierten Weiberlisten verfehlten ihren Zweck und endeten mit bedauerlichen Ergebnissen.
Um noch einmal zum Grundsätzlichen zurückzukommen. Goebbels' Einstellung zu den Schauspielern beiderlei Geschlechts war so zwiespältig wie er selbst. Einerseits sprach er von ihnen als »Künstlerpöbel« und »Filmpack«, andererseits war er stolz auf sein »Zigeunerblut«, das nichts mit den Sintis zu tun hat, sondern nur einen bürgerlich-muffigen Begriff von Bohemehaftigkeit, also von freiem Künstlertum bezeichnete, heute würde man von Gammlertum sprechen. Er suchte den Kontakt mit den Künstlern, betrachtete sich als Ihresgleiches. Schließlich war er einmal Schriftsteller, Dich-

ter, Stückemacher gewesen, Doktor der Philosophie und hatte über ein romantisches Literaturthema seine Dissertation geschrieben. Der Schauspieler – nicht nur der prominente Star, sondern auch die vielfach eingesetzte Charge, die Utilité – verfügte über einen hohen Popularitätsquotienten, den er, nach der selben Qualität strebend, anerkennen mußte.

Irgendwie fühlte dieser Schauspieler der Lüge sich dem Darsteller des Scheines verbunden. Er betrachtete sich als vollwertiges Mitglied der K. D. K., der »Kameradschaft Deutscher Künstler«, einem nationalsozialistischen Künstlerclub, den das frühe Parteimitglied, der Bühnenbildner Benno von Arent gegründet hatte, und bei dem Goebbels gerne zu Gast war. Er gab sich dort betont künstlernah, wie er sich volksnah zu geben versuchte, wenn er mit breiten Bevölkerungsschichten zu tun bekam. Und doch wirkte alles bei ihm, auch die Anbiederung, nicht locker, sondern immer leicht verkrampft. Auch im Club fürchtete er, Distanz zu verlieren und gab den Anspruch des Respektes nie auf. Er wußte, daß er »in rhetorischer Fahrt« hinreißen konnte, aber nie das Charisma hatte, das Adolf Hitler eigen war. Durch berühmte Schauspieler sah er sein Gesellschafts- und Sexualprestige erhöht, mehr als durch eine stramme Parteigenossin in hypnotisierter Demutshaltung und außerdem konnte er sich seiner Position im Parteiklüngel durchaus nicht sicher sein. Zwar war er sich auch einer subkutanen Gegnerschaft bei den Künstlern wohl bewußt, aber dieser Widerstand machte seinen Kampfgeist virulent, und er wußte Hürden zu nehmen. Allzugroße Bereitwilligkeit und gehorsame Gefolgschaft, die er besonders bei jungen Filmaspirantinnen fand, nahm er zwar zur Kenntnis, sie machte ihn aber mißtrauisch, ja schockte ihn sogar. Er zog sich dann sofort zurück.

Mit den Gänsen – es fiel auch gelegentlich das Wort »Pißnelken« – hatte er vor der Baarová-Affäre weniger im Sinn. Er sah sich lieber im Kreis schöner, interessanter und erfolgreicher Frauen als umgeben von karrieresüchtigem Jungvolk. Aber er hatte es gerne, wenn man seinen Rat einholte und mit Bitten ankam. Später wurde es anders. Der Filmnachwuchs sollte in den Kriegsjahren des tausendjährigen Reiches eine besondere Bedeutung gewinnen.

Bezeichnend für das »Promi« als Anlaufstelle für Förderungswünsche ist eine – erfundene – Geschichte, die man sich damals mit Vergnügen erzählte: »Ein junges Starlet irrt durch die Gänge des Propagandaministeriums. Eine Tür öffnet sich, ein Referent in SS-Uniform kommt heraus. ›Heil Hitler, mein Fräulein, Sie wünschen?‹ – ›Ich möchte den Minister sprechen.‹ – ›Da kann ich Ihnen behilflich sein.‹ – Er zieht sie in sein Büro. Sie wehrt mißmutig ab: ›Nein, in der Angelegenheit bin ich jetzt schon dreimal gevögelt worden. Jetzt will ich unbedingt den Minister sprechen!‹«

Der Herr Reichsminister gibt sich die Ehre

Partei und Parteispitzen versuchten mit der Künstlerschaft eine rege Gesellschaftlichkeit zu betreiben. Man buhlte zweifellos um die Lieblinge des breiten Publikums, vor allem um die Prominenz des Kinos, das damals das beliebte Massenmedium war.

Während die festlichen, gelegentlich auch intimen und privaten Veranstaltungen in München bei Gauleiter Wolf Wagner und besonders beim fränkischen Gauleiter Julius Streicher in Nürnberg, dem Hetzpropagandisten des berüchtigten »Stürmers«, in sardanapalische Orgien ausarteten, blieben die geselligen Zusammenkünfte, Empfänge und Routs bei den übrigen Gaufunktionären ausgesprochen provinziell und wurden muffige Angelegenheiten, die über mediokre Betriebsfeste nicht hinausgingen. Die Kommunikationsschwierigkeiten waren unüberbrückbar. Mit Begrüßungsansprachen, Marschmusik und anspruchslosen künstlerischen Darbietungen im Stil von Hausfrauennachmittagen war kein neuer Staat zu repräsentieren.

An dieser Stelle muß gesagt werden, daß zu keiner Zeit auf die Künstler Druck oder Pressionen ausgeübt wurde, um Parteieintritte herbeizuführen oder aktive Parteiarbeit zu übernehmen. Es gab keine ultimativen Aufforderungen, stillschweigend unterstellte man Loyalität oder wohlmeinende Neutralität bei der Neuordnung des Regimes.

Unübersehbar war bei aller bramarbasierenden Euphorie und siegesbewußter Selbstgefälligkeit, daß die neuen Führungsgremien gegenüber den »Künstlern« befangen und eingeschüchtert wirkten, weil sie deren »Dagegen-Sein« oder zumindest deren Vorbehalte fühlten. Die parvenuhaften Gastgeber waren ihren repräsentativen Aufgaben nicht gewachsen. Ungeübt, ungeschickt und überfordert erweckten sie und ihre Damen den Eindruck der Neureichen in Offenbachs *Salon Pitzelberger*.

Die Künstler hingegen, denen das neue politische Milieu zum größten Teil fremd war, sahen sich überrascht umworben, anfängliche Ängstlichkeit wich, als sie fühlten, daß die Revolutionäre des erwachten Deutschland Spießbürger waren, die ihnen die üblichen Narrenfreiheit einschränkungslos einräumten. Wer eine anerkannte Position im Kunstleben besaß und nicht unter die politische und rassistische Reglementierung und Diffamierung fiel, hatte wenig zu befürchten, es sei denn, er war bereits in den Jahren vorher – bei den zahlreichen Partei- und Wahlkämpfen – als politischer und weltanschaulicher Gegner zum Zielobjekt der Parteigenossen, des »Völkischen Beobachter«, des »Angriff« geworden. Auch als sogenannter »Kulturbolschewist« und »Salonkommunist« konnte man bei der »Säuberung« noch gegen fristlose Entlassung aufgrund des Beamtengesetzes gegen Staat und Gemeinde klagen und sein Recht bekommen!
Galt nach der Machtergreifung bei Feierlichkeiten für den »Arbeiter der Stirn und der Faust« Smoking, Cut oder »Kleiner Stresemann« (Schwarzes Sakko mit gestreifter Hose) und Abendkleid nicht nur als dubios, sondern als provokante Opposition, und ließ man höchstens den blauen Zweireiher und das kleine Schwarze gelten, so änderte sich das bald, und bei festlichen Anlässen wurde auf den Einladungen – »Der Gauleiter gibt sich die Ehre ...« – ausdrücklich Abendkleidung gefordert. Bei solchen mühsamen und mißmutigen Veranstaltungen kam Stimmung, Laune und Vergnügen selten auf. Sie waren gequält. Man war nicht mehr unter sich, wurde mißtrauisch und fühlte sich in der neuen Rolle als Gastgeber ebenso unbequem wie als Gast.
Aus offensichtlicher Verlegenheit kam es zu plumpen Anbiederungen, zu einem augenblinzelnden vertraulichen Auf-die-Schulter-Klopfen. Bei einem der frühen nationalen Betriebsfeste des Hessischen Landestheaters schlug der einzige Träger des Parteiabzeichens, der Schlagzeuger des Orchesters – nun hoher Parteifunktionär – mir, dem als entarteten Künstler verfemten Regisseur, derb lachend auf den Rücken und ernannte mich mit den Worten: »Bis gestern waren Sie Kulturbolschewist, ab heute sind Sie deutscher Künstler!« zum Träger der völkischen Kultur! Was übrigens nicht

hinderte, daß ich nach Schluß der Spielzeit doch – als dem deutschen Volke nicht zumutbar – fristlos entlassen wurde! Eine Kündigung, die auf dem Klageweg wieder zurückgenommen werden mußte, da ich nachweisen konnte, daß meine »untragbaren« Inszenierungen zwar ohne meine Namensnennung, aber unverändert im Repertoire weitergespielt wurden . . .

Bei Goebbels' Empfängen im Progagandaministerium in der Hermann-Göring-Straße herrschte eine steife Förmlichkeit. Jede Gelöstheit erstickte in eisigen Formalitäten. Er legte Wert darauf, mit Respekt behandelt zu werden. Scherze und Freundlichkeiten ignorierte er strikt, obwohl auch er offensichtlich um Gunst und Vertrauen der eingeladenen Künstlerprominenz warb und ihm viel an Popularität gelegen war. Seine Begrüßungs- und Unterhaltungsfloskeln waren so stereotyp und unverbindlich wie die eines Serenissimus bei der Audienz. Er hielt Hof, wechselte nur wenige knappe Worte. Er verstand zu reden, aber nicht zu plaudern. Er war nicht witzig und seine Amüsantheit gleich null. Er konnte propagieren, aber nicht kommunizieren. Er wirkte zurückgenommen und timide, wenn er nicht agitieren durfte oder sich an einem prinzipiellen Thema mit kalter Leidenschaft entzündete. Seine Höflichkeiten waren plump und unelegant. Als eine namhafte Schauspielerin bei der Vorstellung sitzen blieb und ihm die Hand emporreichte, ohne sich zu erheben – war sie erledigt und wurde nie mehr eingeladen.

Die Agilität der Kampfzeit hatte sich rasch geändert, aus der Aktivität der Machtergreifung war Machtbesitz und Machtausübung geworden. Die früher recht rüden Gesellschaftsformen wurden von denen eines elitären Großbürgertums übernommen und streng eingehalten. Trotzdem kam es zu Szenen von burlesker Komik und zu faux pas, deren Peinlichkeit von ihm lippenbeißend empfunden wurden. Er war nicht in der Lage eines souveränen Gastgebers, der sie übersah oder mit Humor zu tragen verstand. Der Begriff Leutseligkeit war ihm fremd. Auch strömte er keine Autorität aus, selbst wenn er liebenswürdig sein wollte, wirkte er gefährlich. Unsichtbar trug er das Schild »Vorsicht, bissig!« um den Hals. Ihm fehlte das Charisma, das Adolf Hitler bei den in unregelmäßigem Turnus stattfindenen Empfängen in der lauen Luft ideolo-

gischer Dünnheit und Dümmlichkeit noch auszustrahlen vermochte. Die großen Inszenatoren gewaltiger Massenkundgebungen versagten schmählich als Regisseure gesellschaftlicher Kammerspiele und im intimen Umkreis!
Da weder angeregte Diskussion noch lebhafte Konversation in Gang kam, wartete man als Goebbels' Gast mehr oder weniger befangen oder gelangweilt auf das qualitativ mindere Abendessen, das im Stil eines drittklassigen Gasthauses serviert wurde und auch danach schmeckte. Man war froh, wenn die übliche Filmvorführung begann, die den Einladenden und die Eingeladenen der Verpflichtung einer Unterhaltung enthob.
Goebbels' Dienerschaft inklusive Butler glich zwar der eines vornehmen Bankers der Kaiserzeit in dessen Stadthaus in der Berliner Von-der-Heydt-Straße, aber die Gesellschaftsräume entsprachen dem unspezifischen neuzeitlichen und überzogenen Hitlerstil. Der Herr des Hauses schien sich nie bei sich zu Hause, sondern selbst zu Gast zu fühlen. Unbestreitbar hatte er den schlechtesten Koch Großdeutschlands angeheuert, seine Küche war berüchtigt und gefürchtet. Zu seinen Empfängen wurde man entweder schriftlich eingeladen oder durch einen Telefonanruf seines Sekretariats gebeten. Während der Kriegsjahre wurde man in beiden Fällen aufgefordert, die entsprechenden Lebensmittelmarken mitzubringen: 100 g Fleisch, 200 g Fett, 50 g Brot und den Abschnitt für Nährmittel. Dies wurde mit Recht als selbstgefällige und kokette Geste sozialen Gemeinsinnes empfunden, wenn man die Extrazuteilungen der Regierung für Repräsentationspflichten kannte.
Nach Aufhebung der Tafel pflegte der Minister persönlich mit einem silbernen Tablett auf der einen Seite entlang des Tisches die Lebensmittelmarken einzusammeln, während der Reichsfilmdramaturg dieses Geschäft auf der anderen Seite besorgte. Für die prominenten Filmschaffenden, unter denen sich auch die Vertreter der Filmwirtschaft befanden, war es nun ein beliebter Sport, durch geschickte Platzveränderung sich dieser Verpflichtung zu entziehen, und man genoß mit Genugtuung den Triumph über ein rein symbolisches Ritual: Wenn man im Besitz gefälschter Lebensmittelmarken war, die damals kursierten, machte es besonderes Vergnügen,

diese gerade dem Minister anzudrehen. Untersuchungen in diesem Fall durch die Gestapo unterblieben bezeichnenderweise, da es sich ja sowieso nur um einen typischen Gag Goebbels'scher Propagandaregie handelte.

Nach den Vorführungen inländischer und verbotener ausländischer Filme wurde kurz über das Gesehene gesprochen – aber erst nachdem der Minister seine Meinung geäußert hatte. Da man bei deutschen Produktionen den anwesenden oder nicht anwesenden Kollegen nicht schaden wollte, fielen die Einwände stets recht vorsichtig und milde aus, es sei denn, der Minister tobte, was öfter geschah. Die Äußerungen des Ministers wurden von seinen Adjutanten gelegentlich mißverstanden, wodurch es zu unliebsamen Produktionsstops und Verwirrungen in den Filmdramaturgien kam. Als er anläßlich eines Arztfilmes unwirsch bemerkte, er wolle nun keine Ärztefilme mehr sehen, erging am nächsten Tag für Berlin, Wien, München und Prag die Anordnung, keine ernsten Filme mehr herzustellen und die in Produktion befindlichen abzubrechen. Der Adjutant hatte statt »Ärztefilme« ernste Filme verstanden! Man kann sich die darauf eintretende Desorganisation in der Filmindustrie vorstellen. Dr. Winkler tobte!

Bei dem Mangel an konversationeller Gesprächsthematik nimmt es nicht wunder, wenn Goebbels das kommunikative Vakuum der Geselligkeit durch Filme, aber auch Darbietungen füllen mußte. Da war z. B. Helmut Schreiber, gelernter Aufnahmeleiter, Produktionsleiter und späterer Produktionschef der Staatsfirma Bavaria, ein Amateurzauberer mit professionellem Können, Vorsitzender des »Magischen Zirkels«, der damals seine große Bedeutung als Entertainer der NS-Gesellschaft gewann. Er stand auch bei Hitler in hohem Ansehen, da er auf dem Obersalzberg nach einer gescheiterten Konferenz mit Mussolini, die Pausenpanne zu überbrücken verstand, ohne den Ablauf des Protokolls über den Haufen zu werfen. Mit denselben magischen Tricks gelang es Schreiber wenige Tage vor dem Waffenstillstand 1945 auch den amerikanischen General Patton in seinem bayrischen Hauptquartier zu ver»zaubern« und seine Haut und den

Apparatefundus der Bavaria zu retten. Als Illusionist Kalanag sollte er dann in der Nachkriegszeit als erster deutscher Artist internationale Karriere machen.
Beliebte Pausenfüller waren auch die »Kesslerzwillinge der Hitlerzeit«, die Berliner Geschwister Heidi und Margot Höpfner. Dank dem als Duo getanzten »Kaiserwalzer« von Strauß Sohn Lieblinge des Führers, umschifften Sie allerdings geschickt die Klippe Goebbels und ließen sich lieber vom Staatssekretär Leopold Gutter patronisieren.
Um einen solchen Empfang nicht völlig zum bunten Nachmittag oder Abend umzufunktionieren, griff man auch zu Gesellschafts-, Frage- und Antwortspielen, Charaden, also zum Familienquiz, bei denen Goebbels seine intellektuelle Überlegenheit ins rechte Licht setzen konnte. Seine Neigung zum verbalen Sadismus, zur zynischen Bosheit, zur mesquinen Diffamierung und Bloßstellung ließ häufig die harmlose Unterhaltung aus den Schienen laufen. Dann kam es zu Szenen, in denen sich angemaßte Allüren, verquälte Ungezwungenheit, schmeichelndes Hofieren, Form und Höflichkeit mit wenig geistvoller Frivolität, ja mit der zotenhaften Roheit von SA-Kameradschaftsabenden geschmacklos mischte. Er freute sich diebisch, wenn er den geringen Bildungspegel einer jungen Schauspielerin entlarven und sie vor allen anderen blamieren konnte.

Auf welches Niveau die Geselligkeiten des Dr. Joseph Goebbels sinken konnte und welcher Umgangston herrschte, wie dort guter Geschmack und Takt »vom Winde verweht« wurden, erlebte ich beispielsweise bei der Vorführung des »Beutefilms« gleichen und berühmten Namens: *Gone with the Wind* (USA 1939). Goebbels hatte eine Auswahl von deutschen Filmschaffenden zu einer gesellschaftlichen Veranstaltung im Propagandaministerium zu Lehrzwecken geladen. Auch hier waren die Umstände für die Verhaltensstilistik der Herren des Dritten Reiches in ihrer Ungehobeltheit interessant.
Es begann mit einem Stehkonvent bei blassem Tee und müden Keksen. Die italienische Offensive in Albanien und Griechenland war

gerade steckengeblieben, und ich hörte einige Gesprächsfetzen, in denen sich Goebbels über die italienischen Bundesgenossen lustig machte. Er begrüßte mich, als ich ihm vorgestellt wurde, formell und unpersönlich. Die Gäste waren der »engere Kreis« – Emil Jannings, Heinz Rühmann mit Hertha Feiler, Zarah Leander, Veit Harlan mit Kristina Söderbaum, der Ufa-Gewaltige Ludwig Klitzsch und der Terra-Chef Alf Teichs, Wolfgang Liebeneiner, Ewald von Demandowsky, der Reichsfilmintendant Fritz Hippler und meine Wenigkeit.

Der erste Teil des Films sollte gerade vorgeführt werden, da schränkte Klitzsch ein: »Hören Sie, Herr Reichsminister, meine Frau hat schreckliche Angst bei Bombenangriffen. Wenn's Fliegeralarm gibt, haue ich ab.« Goebbels wurde förmlich und reagierte eisig: »Es ist Vorsorge getroffen worden; die neuesten Luftlagemeldungen werden während der Vorführung durchgegeben!«

Ein Gobelin wurde hochgezogen und eine Kinoleinwand erschien. Auf der gegenüberliegenden Seite des Gesellschaftsraumes wurde ein »alter Meister« herumgeklappt und die Luken für die Projektoren waren frei. Nie werde ich diese Vorführung vergessen. Während der blutigen Schlacht von Atlanta knallten laufend die Saaltüren und zackige Kommandorufe gellten in den amerikanischen Bürgerkriegslärm hinein! »Kein Einflug in das deutsche Reichsgebiet« – oder »britische Geschwader über Frankreich«. Goebbels hatte in der ersten Reihe Platz genommen, links und rechts gesäumt von Zarah Leander und Hertha Feiler. Die übrigen hatten wahllos in dem großen Raum Platz genommen. Ich saß mit Alf Teichs zusammen, Jannings saß bei Klitzsch. Als die Szene kam, in der die jungen weiblichen Partygäste der konföderierten Gesellschaft in ihren battistenen Unterhosen der mittäglichen Ruhe vor dem Ball pflegten, da klang Jannings' sonore Stimme bei einer Aufnahme der Scarlett O'Hara (Vivien Leigh) in Dessous, wohlvernehmlich durch den Raum: »Die muß ja einen prächtigen Brunzbuschen* haben!« Eisige Stille.

Nach dem zweiten Teil des Filmes gab es ein geselliges Zusammen-

---

* Brunzen: oberösterreichisch – urinieren.

sein, bei dem mir Kollege Liebeneiner ungewollt einen üblen Streich spielte. Ich hatte ihm vor Jahren mein Buch *Aktive Opernregie* geschenkt, das er ebenso schätzte wie der junge Regisseur der »Terra«, Boleslaw Barlog, der ja im Grunde immer ein verhinderter, leidenschaftlicher Opernregisseur war. Als Goebbels an unserer Gruppe vorbei kam, rief Liebeneiner: »Kennen Sie eigentlich das Buch über Opernregie, das Rabi geschrieben hat? Das müssen Sie lesen!« Aber schon bei meinem branchenbekannten Kurznamen versteinerte und vereiste Goebbels. »Rabi« assozierte sich zu leicht mit dem Begriff »Rabbi«. Von diesem Augenblick an existierte ich für Goebbels nicht mehr persönlich, und als er den pro-arabischen Mufti von Jerusalem bei einem Besuch im Neubabelsberger Film begleitete und ich mit ihm fotografiert wurde, wandte er bei jeder Aufnahme den Kopf von mir ab.

Um fünf Uhr früh kam ich nach Hause und sank todmüde in mein Bett. Kurz vorher hatte es noch geheißen: »Keine Feindeinflüge ins Reichsgebiet.« Kaum war ich eingeschlafen, gellten die Sirenen – Fliegeralarm! Meine Frau versuchte mich aus dem Schlaf zu reißen, um den Luftschutzraum aufzusuchen. Ich murmelte nur: »Der Goebbels hat gesagt, es gibt keinen Angriff« und schlief weiter. Während ringsum die Luftminen detonierten, die Brände aufflammten und die »Christbäume« im Raum Berlin niedergingen, saß meine Frau mit unseren beiden Skyterriern an meinem Bett. Wenn schon, wollte sie, daß wir zusammen starben . . .

Für Goebbels' mangelnde Souveränität und für seine Rachsucht, die auf jede »Schlappe« folgte, die er bei einer Frau bezog, ist auch seine Begegnung mit Rotraut Richter entlarvend: Von der zauberhaften Zille-Göre des deutschen Films war bereits ganz kurz die Rede. Sie war als Type einmalig und nicht ersetzbar. Ihre Filmkarriere hatte sich blendend angelassen. Als *Veilchen vom Potsdamer Platz* (1936) hatte sie besonderen Erfolg. Goebbels interessierte sich für sie, und wie immer warf so ein Ereignis seine Schatten voraus.

Daß diese »Schatten« von Beständigkeit sein sollten, erzählte sie mir eines nachts in einem Truppenbetreuungshotel in Bordeaux, wo unser Filmteam 1941 auf die Aufnahmegenehmigung im Militär-

Goebbels gestattete, was Hollywoods Sittenkodex damals noch verbot: das Liebes- oder Ehepaar im gleichen Bett.

Rechts:
Elfie Mayerhofer und Hans Söhnker in *MEINE FRAU TERESA*

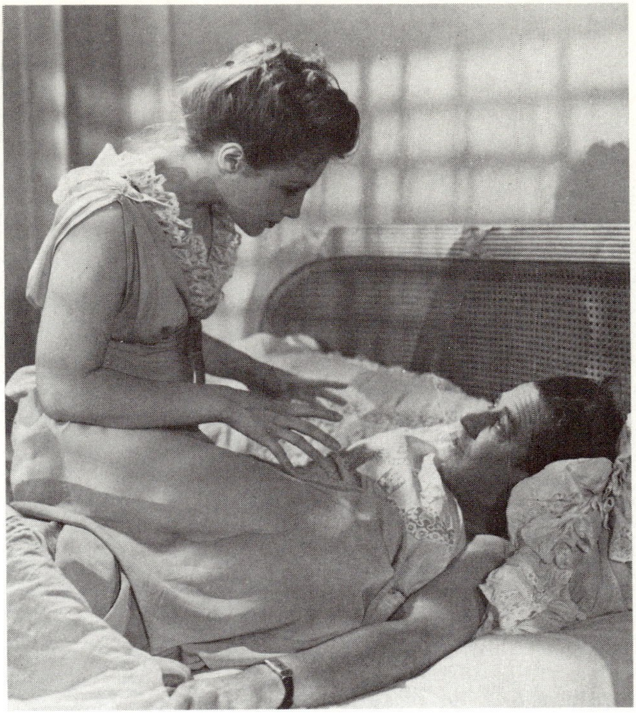

Unten:
Annelies Reinhold und René Deltgen in *DIE DREI CODONAS*

Im Sommer 1943 begann eine Serie des mondänen Unterhaltungsfilms von »internationalem« Schick. Witz, Eleganz und modebildender Geschmack sollten im deutschen Film triumphieren.
Er sollte sich durch Urbanität auszeichnen, die erotischen Verhaltensweisen eine souveräne Liberalität demonstrieren. Großdeutschland sollte in seinen Filmen die bisherige Provinzialität abstreifen.

LIEBESPREMIERE
Oben: Kirsten Heiberg, Rudolf Schündler, Charlott Daudert, Margot Hielscher und Hans Söhnker

Unten: Schöner wohnen in Großstadt-Ruinen (Kirsten Heiberg, Hans Söhnker)

LIEBESPREMIERE
Goebbels hielt zu dieser Zeit den Krieg für gewonnen und war um den globalen Film-Weltmarkt besorgt (Kirsten Heiberg, Hans Söhnker).

Heinz Welzel, Charlott Daudert, Kirsten Heiberg

Gusti Huber und Robert Lindner

Und schließlich erstrahlt die alte neue Pracht des Fin de siècle Franz Joseph I. im Kurhaus von Bad Ischl: *AM ABEND NACH DER OPER*

Gusti Huber und Siegfried Breuer

gebiet von Biarritz für *Fronttheater* wartete und sie anläßlich einer Truppenbetreuungstournee an die Gironde kam. Ich hatte sie lange Zeit nicht mehr gesehen und erfuhr nunmehr, warum ihre Filmkarriere nicht den erwarteten Verlauf genommen hatte und ihre künstlerische Arbeit hauptsächlich aufs Theater beschränkt blieb:
Als sie zum ersten Mal zu Goebbels privat vorgeladen worden war, geschah es zu einer äußerst unattraktiven Zeit – elf Uhr vormittags. Sie hatte sich demonstrativ und wohlüberlegt in einer Weise gekleidet, die wenig stimulierend wirken mußte: Derbe Russenstiefeln und groben Pulli, unfrisiertes Haar und Fehlanzeige eines Makeups. So sollten die sinnlichen Erwartungen des Ministers gedämpft werden, der ja nur in seiner Propaganda die These vertrat, daß sich die deutsche Frau nicht schminke. Diese Camouflage hatte die beabsichtigte Wirkung. Goebbels wurde etwas reserviert. Er beglückwünschte Rotraut zu ihren Erfolgen und erklärte, es sei ihm ein herzliches Bedürfnis, einer Künstlerin von ihren Graden bei ihrer Karriere behilflich zu sein, wozu er alle Möglichkeiten habe, wie er ausdrücklich betonte. Ob und wie er ihr helfen könne – und welche Wünsche sie hege. Rotraut entgegnete in ihrer forschen und respektlosen berlinischen Schnoddrigkeit:
»Nee, wissen Se, Doktor, sehr lieb, aber – danke, ick hab' alles, wat ick brauch': 'n Auto, 'n Freund im Bett, 'n Pferd im Stall, 'n Vertrag mit'm Lichtspielsyndikat – nee, danke!«
»Wirklich . . .? Ja, aber gibt es gar nichts, um Ihnen meine Verehrung zu erweisen?« Goebbels zeigte sich geschockt.
»Nee, sehr liebenswürdig, aber ick brauch' nischt – oder doch. Wissen Se – Doktor, Se könnt'n ma wat Liebes antun: Ick hab' doch da in mei'm letzten Film mit so'm alten Schinder gespielt. Der Gaul hieß ›Gravelotte‹ und war reif fürs Schlachthaus . . . Wissen Se – Doktor, schenken Se ma den Zossen, der kann bei mir im Stall im Jrunewald sein Gnadenbrot fressen!«
Goebbels zuckte zurück, beherrschte sich mühsam, dann sagte er: »Wieviel würde denn das kosten?«
Ich kniff Rotraut kräftig in den Arm. »Das kann doch nicht wahr sein, du lügst!« Rotraut schwor beim Leben ihrer Mutter. »Und dann?« – »Na ja, ick sagte:

›Tja, Doktor – so fünfhundert Märker müssen Se schon spring'n lassen!‹«

»Das hast du gesagt?« – »Ja, das war doch die einzige Möglichkeit, ihm den Appetit auf mich zu verderben!« Schon das »Doktor« hörte er nicht gern als Anrede, obwohl »unser Doktor« ein Ehrenname der alten Kameraden der Kampfzeit war. Aber von den schmucken Damen der Reichsfachschaft Film vernahm er lieber ein respektvolles, verschämt gehauchtes »Herr Reichsminister«.

»Und was geschah dann?«

»Nun, er zog seine Brieftasche, zählte sorgfältig fünf Hundertmarkscheine ab und gab sie mir.«

»Unmöglich«, sagte ich. »Paß auf, so war es: Er klingelte, befahl einer eintretenden Ordonnanz, das besagte Pferd in deinen Reitstall bringen zu lassen ...«

»Nee, et war so, wie ick sage!«

»Und dann?«

»Dann war ick ihn los! – Er stand auf und verabschiedete sich steif. Ick stand da mit meinen fünfhundert Piepen und hab' nie wieda was von ihm jehört, kaum een Film mehr jemacht und tingle mich die Front entlang von Bessararbien bis zur Biscaya!« (Ich sollte Rotraut Richter erst nach dem Kriege 1947 in dem russischen Künstlerlokal »Die Möwe« wiedertreffen. Kurze Zeit später starb sie an den Folgen einer Operation.)

Diese Szene sollte später noch gravierende Folgen haben, für die ich Fritz Hippler als Zeugen benennen darf und die beweist, wie nachtragend – ja bis zur Sippenhaftung – der gekränkte Liebhaber Goebbels sein konnte, und in einer vom heutigen Standpunkt läppischen Bagatellangelegenheit auf ein Exempel statuierendes Militärgerichtsurteil drängte. (Siehe »Der Fall des Oberleutnant Richter«, S. 179ff.)

Eine Szene von der Biennale in Venedig 1942 wird in vielen Publikationen immer wieder erwähnt. Es handelt sich um die nächtliche Gondelfahrt des Ministers mit Veit Harlan und Kristina Söderbaum. Anläßlich dieser soll der Minister mit zynischer Boshaftigkeit die Söderbaum aufgefordert haben, den Mut zu zeigen, nackt in die Lagune zu springen. Angeblich tat sie das – nach kurzem

Zögern –, angefeuert vom Gatten Veit Harlan. Frau Söderbaum dagegen bezeichnete in ihren Memoiren *Nichts bleibt immer so* diese Begebenheit als Journalistentratsch und infamste Verleumdung eines angeblichen Stenografen des Ministers.
Wir haben eigentlich keinen Anlaß, das zu bezweifeln. Hippler allerdings stellt den Fall in seinem Buch im Detail dar, mit wortwörtlicher Dialogangabe und exakter Sitzordnung der Beteiligten. Bei ihm handelt es sich nicht nur um eine Gondel des Ministers, sondern um eine Gondelflotte von Biennalegästen, also nicht um einen intimen Personenkreis. Dem Sprung in die Lagune, der bis auf die Dessous entkleideten Söderbaum folgt darauf eine förmliche allgemeine Wasserorgie, von der sich Goebbels am nächsten Morgen angeekelt von dem unangemessenen Benehmen des »Filmpöbels« distanziert – was übrigens für ihn typisch gewesen wäre. Aber auch wenn die Anekdote nicht wahr sein sollte, sondern nur »buon trovato«, trifft sie doch genau das sittliche und mentale Klima vieler »freisinnigen« Künstlerspäße des Ministers »für Volksaufklärung«, der wohl etwas von den »Swimming-pool-Exzessen« bei den Parties der Filmmogule Hollywoods gehört hatte.

Befehl zum Rapport

Gelegentlich wurde ein ausgewählter größerer Kreis von Filmschaffenden in den »Thronsaal« des Propagandaministeriums am Wilhelmsplatz beordert, um dort vom Schirmherrn persönlich die Leviten gelesen zu bekommen. Meistens handelte es sich darum, das notorisch ideologisch wenig linientreue Filmvolk auszurichten und zusammenzustauchen. Ich erinnere mich an eine solche Veranstaltung, bei der wie immer die Damen die ersten Reihen des Saales besetzten, während die Herren sich bewußt im Hintergrund hielten. Die eleganten Filmdamen boten bei aggressiven Formulierungen des Ministers den besseren Schutzwall.

Diesmal ging es um das Verhalten der deutschen Filmschaffenden bei Dreharbeiten im militärisch besetzten Ausland: Frankreich – Holland – Jugoslawien – Polen – Griechenland. Obwohl die Filmteams in Truppenbetreuungshotels und Heereskasinos zusammengefaßt blieben, war doch passiert, was selbstverständlich streng verboten war, nämlich Fraternisierung mit der Bevölkerung, Verteilung des Kantinenbrotes an hungernde Kinder, aber auch die Verbringung »schwarz« organisierter Mangel- und Bannwaren nach Deutschland. Vorwürfe hagelten auf unsere gesenkten Häupter herab – alles in der gut und scharf formulierten Diktion von »Jupp« Goebbels mit seinem unleugbar rheinischen Idiom, dem etwas von der Klangfarbe des späteren Herrn Tegtmeier beigefügt war:

»Und während Großdeutschland in einem entscheidenden Existenzkrieg dem Siege entgegenkämpft, bringen deutsche Filmschaffende aus den besetzten Ländern, Protektoraten und Militärgouvernements nicht nur Luxusartikel, die sie gegen ihre Lebensmittelrationen eintauschen, sondern auch Kosmetika und Parfümwaren in die Heimat. So hat ein sogenannter Requisiteur sich nicht gescheut, von einer Filmarbeit einen ganzen Eisenbahnwaggon Präservative ins Reichsgebiet zu verschieben!«

Eine Sekunde absolute Stille intensiver Zerknirschung. Dann drehte sich eine Dame der Filmprominenz aus der Gruppe der allzeit liebenswürdigen Olga Tschechowa in der ersten Stuhlreihe um und stieß empört zwischen den Zähnen hervor: »Zum Teufel, wo sind denn die geblieben!« Die Reaktion von Goebbels war dieselbe wie in ähnlichen Situationen: Während im Saal eine mühsam unterdrückte Unruhe herrschte, sah er über den Zwischenfall hinweg, besser gesagt, er nahm ihn nicht zur Kenntnis, denn er hatte keinen Humor, und ein Eklat hätte der Wirkung seiner Vorhaltungen geschadet.

Der Treppenwitz dieser Geschichte aber ist, daß eine recht freimütige seriöse Schauspielerin – wie sie mir selbst erzählte – einige dieser raren, geschmuggelten Verhütungsmittel dem »Jupp« selbst angedient hatte, als er in ihren Armen Entspannung von der anstrengenden Politik suchte. Sie machte politische Gründe dafür geltend, auf diese Gegenstände zurückgreifen zu müssen: Sie stünde vor einem großen und wichtigen Propagandafilm, der sich über Monate erstrecken sollte und dürfe die Beendigung dieses Filmes nicht durch eine Schwangerschaft gefährden, die bei ihrer allzu großen Graviditätsneigung nur besonders leicht eintreten könne . . .

Liebesnester, Zeremonien und Rituale

Strenge Juristen mögen behaupten, daß ich mich mit dem folgenden Abschnitt, ja, mit diesem ganzen Kapitel in bedauerlicher Beweisnot befinde. Ich gebe zu, daß ich meine Ausführungen nur ganz ausnahmsweise dokumentarisch belegen kann und sie lediglich auf Aussagen von Zeuginnen beruhen, von Kron- und Tatzeuginnen zwar, aber auf Beteiligte, die man schwerlich zur Eidesleistung heranziehen kann oder konnte. Und doch berufe ich mich auf diese vielen Zeugenschaften – die das Recht haben, anonym zu bleiben –, weil ich mir nicht vorstellen kann, daß so mannigfaltige weibliche Naturelle genau das gleiche zusammenschwindeln können, und es auch unwahrscheinlich ist, daß es über bestimmte Intimsituationen und ihre Abläufe eine Absprache gegeben hat. Die verschiedensten weiblichen Charaktere haben zu verschiedener Zeit an verschiedenem Ort unter verschiedenen Gegebenheiten ausgesagt, anläßlich freundschaftlicher Befragung, ungezwungener Anhörung, bei herzlicher und kameradschaftlicher Bitte um Auskunft und – ich gestehe es – bei geschickten Fangfragen.
Die Umstände der Recherchen gaben keinen Anlaß zur Hemmung oder veranlaßten Übertreibungen. Sie waren geprägt von ernsthaftem Vertrauen. Die verblüffenden Ergebnisse: Sie waren im wesentlichen gleichlautend, stimmten sogar in einzelnen Details überein. Dabei wurden sie so individuell glaubwürdig vorgetragen, daß an eine vereinbarte Einstudierung der Zeugenaussagen nicht zu denken war. Minimale Divergenzen ergaben sich lediglich aus dem ungleichen Intelligenzgrad der einzelnen Individualitäten und Mentalitäten, aus dem unterschiedlichen Gesichtswinkel der Betrachtung des Intimvorganges, durch die größere oder geringere Sensibilität, Erlebnisfähigkeit und Beobachtungsgabe in einer prekären Situation und aus der jeweiligen objektiven Distanz. Diese geringfügigen Verschiebungen führten jedoch zu dem optischen Phäno-

men der Parallaxe, die dem Vorgang die Plastik der höchsten Glaub- und Wahrhaftigkeit verleiht.
Goebbels promiskuitives Liebesleben als Minister wickelte sich – mit einer Ausnahme – chez soi ab, entweder in seinen Privaträumen im Propagandaministerium am Wilhelmsplatz (Eingang Hermann-Göring-Straße), in seinem schlichten, luxuriös ausgebauten Blockhaus in Krumme Lanke auf dem Weg in die Schorfheide oder im Familiensitz Schwanenwerder am Wannsee, wo ihm die »Burg« für seine Eskapaden zur Verfügung stand.
Die Ausnahme vorweg. Sie betrifft natürlich die Baarová-Affäre nach dem Eklat und dem Auszug der schönen Tschechin aus der benachbarten Villa Gustav Fröhlichs und der nicht stattgefunden habenden Ohrfeigensaga in ein eigenes Domizil. Wenn man die damaligen politischen Umstände in Betracht zieht und weiß, daß der Minister damals in höchster Ungnade und vor seinem Fall stand, so ist die Vorstellung, der Minister schleiche mit heruntergezogener Hutkrempe und hochgestelltem Mantelkragen heimlich in die »gewisse Grunewaldvilla« zu seiner Geliebten, nicht ohne traurige Lächerlichkeit oder makabre Komik.
Was seine Seiten»sprünge« betrifft, die metaphorisch wie real durch den behindernden Klumpfuß zumindest in ihrem Ablauf beeinträchtigt waren, so unterlagen sie bestimmten Ritualen und Zeremonien, auf deren Einhaltung der Minister großen Wert legte und die den Schäferstündchen viel, wenn nicht alles vom Zauber der verstohlenen Intimität und dem potentiellem Charme eines heimlichen Rendezvous' nahmen. Sie machten es vielmehr zum inszenierten und programmierten Intrigenspiel eines mittleren Kolportage-Polit-Thrillers. So, wenn beispielsweise während des langen Rekonvaleszenzaufenthaltes von Magda Goebbels auf dem »Weißen Hirsch« in Dresden das Blockhaus in Lanke als Liebesnest bevorzugt wird und die motorisierte Favoritin – bis zum zivilen Fahrverbot nach Kriegsausbruch – oder die von einem Wagen mit unverdächtiger Nummer abgeholte Gespielin an einem bestimmten Kilometerstein den Wagen wechseln mußte, um dann erst zum Bestimmungsort des Stelldicheins gebracht zu werden.
Das Liebesnest in Lanke – ein Geschenk der Stadt Berlin – hatte

den Vorteil, daß der Hausherr seinen Gast bereits leger gekleidet empfangen konnte und die schwierige Peinlichkeit des Schuhausziehens umgangen wurde. Die selteneren Damenbesuche in Schwanenwerder, in unmittelbarer Nähe des Familienbereichs also, fanden immer in Adjutantenbegleitung statt, um den Anschein von Staatsgeschäften aufrechtzuerhalten.

Dieser Umstand machte die erotischen Treffs für die Dame recht ominös und unbehaglich. Er betonte ihre Funktion als offizielle Mätresse auf Zeit, bestätigte ihren Objekt-Status und war nicht unbedingt dazu angetan, Gefühle des Stolzes und der Auserwähltheit hervorzurufen. »Sosehr ich auf die ganz G'schicht neugierig war, fühlte ich mich dadurch zur ins Haus bestellten Hur'«, sagte mir eine namhafte Schauspielerin.

Den passenden Begriff des Callgirls gab es damals noch nicht. »Ich hatte den Eindruck in den Hirschpark Ludwigs XVI. abgeliefert zu werden, oder daß mich ein Pascha als Neuzugang in seinem Harem empfing«, meinte eine andere, »um so mehr als er bereits abgeschirrt in seinem Kampfanzug war.«

Tatsächlich wurde das pikante Abenteuer durch die perfekte Organisation und Inszenierung frustrierend und verlor den Reiz der Spontaneität, der Zufälligkeit und den Charme der Improvisation, der den Frauen die oft gar nicht erwünschte Angelegenheit erleichtert hätte.

»Man muß schon einen starken Nerv haben«, klagte eine Lust- und Leidtragende. »Man gewöhnt sich schließlich an das ganze Theater«, resignierte eine andere. »Die Sache lief ja nur ein paarmal.« »Im Grunde war's ein mageres Erlebnis.« Eine versierte Dame meinte: »Ich hatte den Eindruck, er hängt ein Schildchen ›Bitte nicht stören‹ vor die Tür.« Trotzdem ging es gelegentlich nicht ohne Unterbrechung durch dringende Anrufe ab, die den Frust – auf beiden Seiten übrigens – erhöhten und manche Begegnung recht unbefriedigend machten. »Ich fühlte mich wie ein Konsumartikel im KadeWe (Berliner Kaufhaus des Westens) vom Regal genommen und zum umgehenden Gebrauch ins Haus geliefert.« – Eine in Geschichte bewanderte Intellektuelle war richtig froh, daß ihr das Schicksal der berühmten Schauspielkollegin Mars erspart blieb, die

stundenlang hinter einem Paravent nackt verharren mußte, bis Empereur Napoleon I. sich ihres empfangsbereiten Freudenspendertumes erinnerte und den Staatsgeschäften ein Ende machte.
Im übrigen führte die erste Begegnung nie zum Äußersten. Diese fand stets in einem fast höfischen, strengen Zeremoniell, das sich – nach meinen Erkundigungen – wie eine festgeschriebene Etikette wiederholte, im Propagandaministerium am Abend statt. Auch sie ging ohne jede Herzlichkeit vor sich, ohne eine intime Vertraulichkeit, die eine Schauspielerin auch von einer passageren, einmaligen »Episode« erwarten zu können glaubte.
Die »romantische« Schäferstunde begann zu viert mit einem kleinen Abendessen »en petit commité« in Gegenwart einer Hausdame und einem SS-Adjutanten. Dieser wurde als erster angeblich dienstlich abberufen, die Hausdame verließ den Raum, nachdem der Butler den Tisch abgedeckt hatte. Nach einer spröden kurzen Konversation hatte der Hausherr nur wenige Schritte zu der Klaviatur eines Flügels, um die Mondscheinsonate improvisieren zu können. Dann vermochte er, ohne sonderlich auf seinen Fuß aufmerksam machen zu müssen, hinter den Flügel zu gelangen, wo er einen in rotes Leder gebundenen Hölderlinband ergreifen konnte, um das Gedicht über den Krieg zu lesen. Und mit abermals wenigen Schritten um das Instrument herumgehend, gelangte er zu seinem ergriffen eingestimmten Gast von rückwärts, zog ihn vom Stuhl, drehte ihn zu sich und versuchte seinen ersten Zungenkuß.
Da der Betreffenden dieses Ritual meist durch Freundinnen bereits verraten worden war, brauchte sie nicht überrascht zu sein, sondern mußte nur die Überraschte spielen. Sie wußte ja, wessen sie sich zu gewärtigen hatte. Meist wehrte sie sich mit versprechender hinhaltender Taktik, ohne aber seine Geduld zu überanstrengen. Verlief dieser Abschluß des Rituals für ihn zufriedenstellend, konnte sie mit einer neuerlichen Beorderung rechnen, bei der er dann ohne weitere Vorspiele »zur Sache« kommen konnte, sie hingegen die Möglichkeit hatte, eventuelle bescheidene berufliche Wünsche zu äußern.

La vie intime, Goebbels en pantouffles oder Die Schwierigkeit mit dem Minister zu schlafen

Der erotomanische Goebbels war alles andere als ein guter Liebhaber. Die meisten Frauen, die sich mit ihm freiwillig abgaben, äußerten oft drastisch ihre Enttäuschung: »Ach, der mit seinem Regenwurm!« (I. v. M.)

Die Schwierigkeit, mit dem Minister zu schlafen, bestand nicht im Akt selbst. Sie bestand vielmehr darin, daß die Damen nicht wußten, wie und was sie dabei sagen sollten. Das für Frauen Frustrierende war die Kargheit des Wortwechels. Der Minister bestand auf dem formellen »Sie«. Das mochte noch angehen und vermittelte französische Verhaltensstilistik, bei der sich oft Ehepaare siezen. Das vertrauliche »Du« war unmöglich, selbst wenn er es seinerseits gelegentlich gebrauchte. Der gewünschte »Herr Reichsminister« machte jede intime Situation unmöglich und der »Herr Doktor« oder der einfache »Doktor« war den alten Kameraden der Kampfzeit vorbehalten. Ein burschikoses »Jupp« oder ein »Joseph« hätte sich keine Frau zu sagen getraut. Es wäre in jeder Beziehung unziemlich und fehl am Platze gewesen. Zwar nannte Goebbels die Baarová zärtlich »Liduschka«, aber da war ja auch Liebe und nicht nur Sex im Spiel.

Mir wurde glaubhaft versichert – und zwar von verschiedenen Seiten und differenten Naturen emotionellen und mentalen Charakters einhellig –, daß die ganze Angelegenheit deswegen so wenig ergiebig war, weil sie sich als Pantomime abwickelte, in der weder intime, vertrauliche Zärtlichkeitsworte gewechselt werden konnten noch stimulierende Reizworte am Platz schienen. Die Frauen kamen sich, schon aus diesem Grunde ernüchtert, als billige Huren vor, weil sie auf Exklamationen des »Aaach!«, »Oooh« und »Jaa!« angewiesen waren, die den Akt entweder ridikül oder verletzend und entwürdigend machten. War der Dialog in der präkoitalen Situation förmlich und steif, so trocknete er nach Beginn der erotischen Manipulationen völlig ein. Er war – so versicherte mir eine seriöse Gewährsperson –, als wenn im Film plötzlich der Ton wegbleibt, eine bedauerliche Tonstörung, die während des ganzen Aktes anhielt.

Erst nach dem vollzogenen Vorgang, der sich nicht besonders beeindruckend gestaltete, kam wieder eine Unterhaltung zustande. Aber es war keine après-Situation von konversationellem Reiz, das Postkoitum verlief nicht etwa triste, sondern überaus geschwätzig, was die Partnerin noch mehr enttäuschte. Denn sie bekam weder Dank noch liebe Worte, die sie sich verdient zu haben glaubte. Und es ging dann überhaupt nicht etwa um ihre Person oder ihre Interessen, sondern um die Kollegenschaft, um Informationen über Zustände, Stimmung und Meinung in der Filmbranche.

Doch ist dies ein anderes Kapitel.

Spitzeldienst in Spitzenhöschen

Hatte der Star vorwiegend Goebbels' Reputation zu dienen, so das Starlet seinen körperlichen Bedürfnissen. Aber der filmische Nachwuchs hatte noch eine besondere Aufgabe, zu der er sich nach der Meinung des Filmbosses besonders eignete: Er sollte für reichliche Information sorgen. Von dem »Nuttenpack« (O-Ton Goebbels) bezog er den Filmtratsch, die Insider-Geschichten, die Kulissen- und Garderobengespräche. Sie waren von ihm als Agentinnen zu Spitzeldiensten eingesetzt. Wer wo was mit wem hatte, welcher Schauspieler verdächtig homosexuell war, welche Schauspielerin lesbisch zu sein schien, was man von ihm hielt etc. Von politischer Gesinnung war kaum und selten die Rede, sie interessierte ihn nur, wenn er Veranlassung zu haben glaubte, »ein Exempel statuieren zu müssen«: Wenn er jemand bestimmten auf dem Kieker hatte oder sich ein dringender Verdacht der Staatsfeindlichkeit erhob oder wenn er eine alte Rechnung begleichen konnte, denn er war überaus nachtragend.

Eine der notorischen »Denunziantinnen«, die Rotraut Richters Bruder zu Fall brachte, (siehe »Der Fall des Oberleutnant Richter«, S. 179ff.) war die sehr hübsche und geschwätzige Käthe (Katharina) Dyckhoff, eine junge Filmnovize, die später als Salonlöwin des internationalen Jet-set der Via Veneto in Rom als Katherina Williams eine größere gesellschaftliche Rolle als Skandalnudel spielen sollte. Wie die Chargenkomikerin Charlott Daudert, die ebenfalls gerne »petzte« und viel dummes Zeug redete, heirateten beide umgehend nach Aufhebung der »Non-Fraternisation« englische Offiziere und retteten sich dadurch vor der Gerichtsbarkeit, die sie wegen Denunziation belangen wollte. Nur Marianne Simson, die wohl begabteste der jungen »Agentinnen«, wurde nach dem Kriege zur Rechenschaft gezogen und verbüßte eine Gefängnisstrafe. Adelheid Seeck, selbst nicht rein arisch und mit Sondergenehmigung arbeitend als Mitglied des Berliner Staatstheaters unter dem Schutz Görings und Gründgens', und ernsthaft mit einem SS-Offizier in einem echten und tragischen Liebesverhältnis liiert, kam gegen Ende des Krieges in den Verdacht, Denunziationen begangen zu haben. Davon konnte trotz ihrer außergewöhnlichen Konfliktsituation bei dieser noblen, hochbegabten jungen Frau keine Rede sein. Nach dem Krieg konnte ich ihr behilflich sein. Sie heiratete ihre Liebe, die zu einem großen Manager der Wiederaufbauzeit wurde, sie spielte wieder bei Gründgens in Düsseldorf und starb frühzeitig an Krebs.

Was weniger bekannt ist: Über die ganzen 12 Jahre des Tausendjährigen Reiches existierte eine erhebliche Resistance, die ihrerseits Agentinnen einsetzte, um Entschlüsse des Ministers zu konterkarieren, abzuschwächen oder ins Gegenteil zu verkehren. Es wurde da ein nicht ungefährliches, aber recht munteres und spannendes Spielchen gespielt, bei dem die Rolle des Bond von cleveren Jungstars übernommen worden war. So wurde auch die erwähnte Katharina Dyckhoff in Prags Hollywood, den Hostivac-Studios, so mit Kriegsfusel und falschem »Spielmaterial« vollgepumpt, daß sie – ohne es zu wissen – den von uns gewollten Gegenzweck erzielte. Daß die Zuträgerinnen wie die Beischläferinnen mehr auf unserer Seite standen als auf der des Ministers, hatte einen ganz realen und praktischen Grund:

Wer einigermaßen intelligent war in diesem Beruf, bekam bald heraus, daß der erste Mann im Schaugeschäft wie im Filmstaat zwar Chancen bieten, aber anderen keine Karriere »machen« kann. Erstens, weil Karriere von dem Betreffenden selbst gemacht werden muß – sie ist das ganze gelebte Leben –, und zweitens, weil man alle nachhaltige Förderung nicht der Lieblingsfrau des führenden Mannes zuteil werden läßt, der selbst – auch als Diktator und Alleinherrscher – viel zu sehr gefährdet ist. Er kann weniger tun, ohne sich bloßzustellen, er muß auf viel mehr Bedacht nehmen als ein weniger exponierter Funktionär. Einem »befohlenen« Star, sofern er nicht bei seinem ersten Durchbruchsversuch zum Sensationserfolg wird, verschließt sich umgehend die Branche des stahlharten Schaugeschäftes, sobald es Unterhaltungsindustrie geworden ist. Es wird von allen Seiten »gemauert«, und weder ein Konzernchef noch ein Staatsmann wird auf die Dauer gegen das Publikum und die Produzenten ankommen. Der erste Mann hat erfahrungsgemäß auf lange Sicht weniger Durchsetzungsmöglichkeit, vor allem, wenn es sich um die Protektion einer Frau handelt. Er gibt sich allzugroße Angriffsflächen in der Öffentlichkeit, die von Gegnern und Widersachern sofort ausgenützt werden. Wohingegen die Förderung durch einen zweiten oder dritten Mann, dem man gerne einen Gefallen tut, weil er bereit ist, seinerseits Gefallen zu erweisen, mehr Effizienz hat.

Diese alte Weisheit der Showmanship bekamen die jungen Damen und Anwärterinnen bald spitz und ließen sich überzeugen. Der Fall Baarová nützte hier sehr und zeigte die Problematik höchster Protektion. Man ging besser ins mehr versprechende eigene Lager. Wir besaßen also die Möglichkeit, die Dinge einigermaßen zu steuern, man mußte nur jeweils die richtige »Bondine 007« einsetzen, wobei sich kessere Mädchen eine laszivere zweistellige Chiffre gaben oder selbstironisch den Namen »Wanderpreis« annahmen.

Es ist erstaunlich, was man mit geschickt gesteuerten Gerüchten, unbeweisbaren Behauptungen, quellenlosen Informationen alles erreichen konnte, ohne daß einem die Gestapo oder der SD auf die Schliche kam. Aber diese gezielten Fehlinformationen, Falschmeldungen, vorgeplanten Dementis, publizistischen Täuschungen, all das machte uns der Propagandaminister ja selbst vor, und wir waren gelehrige Schüler...

VI
Der betrogene Betrüger

Der heimliche Widerstand

Er wurde oft gefragt, warum sich die deutsche Schauspielerschaft – soweit sie nicht von Verboten und Ariergesetzen betroffen war – den neuen Machthabern so bedingungslos zur Verfügung gestellt habe, obwohl nachweislich der Anteil überzeugter Nazis nur einen geringen Prozentsatz ausmachte und auch die Opportunisten in der Minderzahl waren. Diese Frage kann nur von jemandem gestellt werden, der vom Wesen der Schauspieler und des Schaugeschäftes nichts weiß.

Der Schauspieler ist oft ein Idealist, aber nur selten ein Ideologe. Als Idealist sitzt sein politisches Gewissen – soweit er eines hat – links, wo das Herz ist. Er ist vom Wesen seines Berufes her nicht zum nationalen Chauvinisten prädestiniert. Als solcher wäre er atypisch. Er neigt eher dazu, die ganze Welt und das Universum zu umarmen, er ist ein Schwärmer, träumt von globalen Weltverbesserungen. Ideologisch fixierte Schauspieler wenden sich dem Kommunismus – was immer man darunter versteht – zu und noch eher religiösen Sekten als einem engen Patriotismus.

Man braucht sich jedoch nicht zu wundern, wenn man fast das gesamte Ensemble Piscators – den man nicht von allem Opportunismus freisprechen kann –, die linken Schauspieler der Freien Volksbühne kurz darauf als Rollenträger des politischen NS-Filmes ansehen muß, die Stars wie die Chargenschauspieler. Sie waren nach 1945 auch die ersten Darsteller der dogmatischen DEFA-Filme. Das ist kein Beweis für die spezifische Charakterlosigkeit des Mimen. Der Mime versteht nur unter dem Begriff Charakter einen anderen Sinn: den der Rolle! Charaktere sind für ihn Rollenaufgaben, die man zu bewältigen hat. Wie der Löwe in Shakespeares Sommernachtskomödie, dessen Rolle Zettel auch spielen möchte ...

Schauspieler sind Schwärmer. Die Politideologen unter ihnen sind selten und meist fragwürdige Schauspieler – Hans Otto war hier die große Ausnahme. Der Schauspieler fühlt sich dem Tage verpflichtet, das Theater wird im Heute gespielt, auch wenn es von gestern oder morgen handelt. Theater ist Tagesdienst im Sinne Friedrich Gundolfs. Der Schauspieler ist dem Tage dienstbar, wie immer dieser auch am Abend aussieht. Der Schauspieler muß den Erfolg im Tage finden, er muß spielen, wann immer man es ihm erlaubt oder ihm die Gelegenheit dazu gibt. Er ist kein Massenmensch, sondern ein mit wenig Kollektivbewußtsein ausgestattetes Einzelwesen.

Der Schauspielerberuf ist ein pluralistischer Stand, eine Akkumulation von Individualisten, Eigenbrötlern, die am Abend darstellen, was der Tag erfordert, was auf dem Programm steht. Er absolviert den Spielplan, den er nicht selbst aufgestellt hat und der ihm womöglich weltanschaulich oder überzeugungsgemäß nicht paßt. Er wird aus ihm nur aussteigen, wenn die Rollenaufgabe seinem künstlerischen Talent, seiner darstellerischen Persönlichkeit nicht entspricht oder er sich nicht genügend anerkannt sieht. Er hat keine Bedenken, seine Begabung einem System anzudienen, das ihm zuwiderläuft, das er haßt oder verachtet. Schon die fahrenden Schauspieler haßten gewiß die Honoratioren, die ihnen das Leben schwermachten, die Zensoren und Sittenrichter der feudalen Mäzene der absolutistischen, königlichen und kaiserlichen Gönner. Ja, sie hassen das Publikum, vor dem sie sich tief verbeugen und von dem sie applaudiert werden wollen.

Der Schauspieler als Extremindividualist und Egozentriker ist ein dienstbarer Antiautoritärer. Auch wenn er gehorcht und »spurt«, ist er resistent und auf dem Quivive gegen Regie und Regierung. Wer regie- und regierungsfromm ist, ist entweder ein Enthusiast oder ein opportunistischer Duckmäuser, über dessen kreative Gestaltungsfähigkeit Zweifel gestattet sind. Und entsprechend ihrer Veranlagung übten sie – obwohl es ihnen vergleichsweise gut erging während der ganzen zwölf Jahre des Tausendjährigen Reiches – einen nicht unerheblichen, nicht ungefährlichen Widerstand aus: Resistenz gegen das NS-Regime, dessen Dogmen man belächelte. Man schloß sich sogar, nachdem einige Abtrünnige ausgemacht und isoliert wurden, zu einem einig Volk von Brüdern zusammen. Gewiß selten in einem Beruf, der von inneren und persönlichen Konflikten lebte und dessen Ausübende von jeher mehr zentrifugale, als zentripedale Kräfte entwickelten.

Es wurde in dieser Fachschaft weniger denunziert als im Mietshaus irgendeines Blockwartes. Zwar wurde intern weiter intrigiert, wie es sich gehört, nach außen blieb man erstaunlich loyal. Politik war kein Diskussionsthema. Weltanschauliche Debatten gehörten zu den Tabus – sie waren Privatsache. Sicher erstaunlich für eine Berufssparte, der man Tratsch und Indiskretion vorwirft. Tatsächlich waren aber Fälle von Denunziation unter den Tausenden von Film- und Bühnenschaffenden an zwei Händen aufzuzählen. Man kannte den Gegner und mied ihn oder behandelte ihn mit jener freundlichen Milde, die ihn aggressionslos machte. Oder man packte ihn voll mit Spielmaterial und falschen Informationen, die ihn blamierten. Boshaft setzten die Schauspieler im Einvernehmen mit ihren Regisseuren ihre doppelsinnigen Dialogpointen, die die aktuellen Zeitstrophen der Nestroyposse ersetzten, betrieben spöttische Wortspielereien und ironisierten ihre unerwünschten Rollen zu Chargen, die der prolet-arischen Denkweise der Prüfer ebenso entgingen, wie dem überscharfen Intellekt des Ministers, der weniger frei assoziierte als cartesianisch folgerte.

Goebbels war sich seiner Film- und Bühnenschaffenden nie sicher und konnte es wahrscheinlich auch nie sein! Daher sein ewiges Mißtrauen, seine argwöhnische Unsicherheit, so autoritär er auch auftrat. Er buhlte um die Künstler und wollte sie gewinnen. Da er fühlte, daß ihm das nicht gelang, beschimpfte er sie mit »Künstlerpöbel« und »Filmpack«.

Es gab da richtige »Mut-Proben«, denen man sich aussetzte, wenn man beweisen wollte, auf welche Weise man den »Klumpfuß« herumzuführen gedachte. Man dachte sich anzügliche Wortscherze und Filmgags aus und wußte, daß man dabei mit dem Leben spielte. Aber man steckte noch in der pointenreichen, geistsprühenden Epoche, die von Karl Kraus, Alfred Polgar oder Kurt Tucholsky und Anton Kuh bis zu Erich Kästner und Werner Finck reichte. Goebbels war diesen versteckten Eulenspiegeleien nicht gewachsen. Er war und blieb ein Laie, und fiel oft auf die spielerischen Mystifikationen herein. Da er eitel war, konnte man ihn mit dreisten Schmeicheleien betrügen und täuschen. Er vermochte das komödiantische Gewebe von Wahrheit und Lüge, Scherz und Ernst, Echtheit und falschem Ton nicht zu durchschauen, das der Schauspieler auch im privaten Leben zu häkeln pflegte. Er tappte in der artifiziellen olla potrida herum wie der tölpelhafte Hausdiener in einer Feydeau- oder Labiche-Farce. Nur daß eben diese Farce existenz- und lebensgefährdend war, denn hinter sich öffnenden und schließenden Türen des Verwechlungsschwankes konnte eben doch plötzlich die Gestapo oder der SD stehen! Aber welcher Schauspieler kann sich schon einem guten Spaß versagen, eine Pointe verschlucken . . .

Nirgends gab es so viele »Unterseeboote« (weggetauchte Juden oder Verfolgte), verborgene Gefährdete, wie in der privaten Welt der Künstler des Theaters und Filmes. Nirgends war der resistente Untergrund so lebendig wie in den Cliquen der Schauspieler, die u. U. beliebte Dauergäste beim Führer waren. Denn natürlich ging man in die Höhle des Löwen, man ließ sich doch einen solchen Spaß nicht entgehen. Paul Hörbiger: »Hitler, – des is a Surm!«*

Und gerade die aufgestiegenen Opportunisten unter den Filmleuten nutzten ihre Stellungen mehr zu Gelegenheiten des Widerstandes und zur kollegialen Hilfe als zu Verrat und Denunziation. Sie hatten alle, wie Karl Hartl sagte, die Nibelungentreue zum Regime nicht erfunden. Aber man war nur leichtsinnig, weil man den Ernst des Tages und des Regimes nicht wahrnahm oder wahrnehmen wollte. Es war – von der Bühne her gesehen – zu schlechtes Theater als daß man es akzeptieren konnte. Es war doch bei aller Aufwendigkeit »Kiefersfelden«, das man amüsiert zur Kenntnis nahm, das aber einer ehrlichen Kritik nicht würdig war. Als das Theater zum Kriegstheater wurde, blendete es anfänglich durch die unzweifelhaften blitzartigen Effekte seiner militärischen Erfolge.

Ich weiß, daß dies alles unglaubhaft klingt und einer heutigen Generation schwer glaubhaft zu machen ist. Aber die Vielschichtig-

---

* Surm, öst. mundartl., unübersetzbar: etwa Nebbich, Null-ouvert, Armleuchter.

keit der kultur- und geistesklimatischen Hochs und Tiefs der damaligen Großwetterlage sind nur schwer in den Griff zu bekommen. Und das Schlimmste wäre es, auch in der Zukunft zu generalisieren und zu pauschalisieren.

Zurück zu der Frechheit und gleichzeitigen Naivität des Großteils der Fachschaft Film. Die Tragödie Gottschalk, auf die wir noch zu sprechen kommen werden, ereignete sich z. T. deswegen, weil die ganze Kollegschaft zu ihm hielt, Goebbels sich isoliert fühlte und die »Verschwörung«, das »Komplott« sprengen, seine Macht zeigen, ein Exempel statuieren wollte. Nach Ausbruch des Krieges spielte man sich innerhalb der Staatsfilme freiwerdene Schauspieler und Regieassistenten zu, die in Gefahr waren, kurzfristig eingezogen zu werden. Man rettete u. U. ihr Leben, wenn man sie vor dem General »Heldenklau« bewahrte, der den Auftrag hatte, das Darstellerensemble auszukämmen. So spielten namhafte Schauspieler sogenannte »Wurzn«-Rollen, kleine Chargen, die den Vorzug hatten, durch den ganzen Film zu gehen und sieben bis neun Monate dauerten. Dann ging ein halbes oder ein dreiviertel Jahr vom Krieg ab. So spielten u. v. a. Rudi Schündler oder Wolfgang Staudte nebensächlich SA- und SS-Rollen in Propagandafilmen, mit Partei-Ehrenzeichen geschmückte Wehrwirtschaftsführer oder semitische Widerlinge und kommunistische Untermenschen gerne mit komödiantischem Behagen und selbstironischer Lust.

Und Goebbels' Rüstungsbetrieb »Der deutsche Film« stellte die gefährdeten Schauspieler bereitwillig vom Wehrdienst frei. Wir betrogen Goebbels um viele sogenannte volkszersetzende Staatsfeinde, die seiner Überzeugung nach in Strafbataillone gehört hätten, dadurch, daß sie sich in der Maske von Parteigenossen oder demonstrativ als Systemgegner camouflierten.

Als einmal ein obskurer Produktionsleiter einen ihm besonders mißliebigen Schauspieler für die Front freigeben wollte, weil ihm dann »recht geschähe«, imponierte mir ein wehrmachtsbeauftragter hoher Offizier, als er ihm schneidend über den Mund fuhr: »Mein Herr, ich verwahre mich gegen Ihre Ansicht, daß der Dienst mit der Waffe eine entehrende Strafe sein soll. Er ist immer noch ein ehrenvoller Dienst am ganzen Volk. Ihren Schauspieler kann

Ihr Doktor Goebbels behalten!« Man verstand, warum der Minister die Wehrmacht haßte. Sie hielt ihn für minderwertig. Goebbels' Gebell und die Dienstbarkeit des »Lakeitels« Hitlers, General Wilhelm Keitel, vertrugen sich schon immer schlecht. Man konnte nur selten einen Konsensus finden. War der eine großzügig, war der andere stur und vice versa. Unter dem 23. Mai 1942 trägt Joseph Goebbels in sein Tagebuch ein:

> »Ich spreche noch telefonisch mit dem Reichsmarschall, der sich über das OKW beschwert, weil es Protest gegen den neuen Leander-Film (Die große Liebe, Regie: Rolf Hansen) erhebt. In diesem Film wird ein Fliegeroffizier gezeigt, der eine Nacht mit einer berühmten Sängerin verbringt. Das OKW fühlt sich dadurch moralisch gestoßen und erklärt, ein Fliegerleutnant handle nicht so. Demgegenüber steht die richtige Meinung Görings, daß, wenn ein Fliegerleutnant eine solche Gelegenheit nicht ausnütze, er kein Fliegerleutnant sei. Göring macht sich über die Zimperlichkeit des OKW sehr lustig, was mir außerordentlich zustatten kommt, da mir das OKW überhaupt bei der Filmarbeit viele Schwierigkeiten bereitet . . .«

Es gab verschiedene Möglichkeiten, den Betrüger zu betrügen. Alle wurden ausgenützt. Das Gefühl, nicht hinter die Mafia des Filmpacks kommen zu können, war der Grund für den Informationsbetrieb des Ministers, der gelegentlich pathologische Züge annahm und zu jener Spitzelfarce führte, über die wir bereits gesprochen haben und die, der Natur der Sache entsprechend, ihren Hauptschauplatz im Bette des Ministers hatte.

Das Vorfeld des latenten Grabenkrieges der Filmindustrie gegen die Entscheidung des Ministers bildete die Besetzungsliste und, wie wir bereits ausgeführt haben, die gesteuerte Probeaufnahme.

Das Spiel mit der eingereichten Besetzungsliste

Einen Film zu besetzen, branchenüblich »Besetzung machen« genannt, das heißt, für die Darstellerwahl bei einem Filmvorhaben die personellen, künstlerischen, finanziellen und terminlichen Möglichkeiten zu ventilieren, zu diskutieren, zu überprüfen und gegeneinander abzuwägen, ist eine schwierige, aufregende, abenteuerliche und riskante Angelegenheit. Sie ist solange eine Art Sandkastenspiel, bis Entscheidungen ernst und dringend werden. Sie wird oft auch nur rein hypothetisch behandelt, bewegt sich anfänglich in euphorischen Atmosphären, bis die harten Realitäten des Showbusiness die Höhenflüge wieder in Erdennähe bringen. Bei vielen ernsthaften Filmfirmen wird sie gleichwohl als ein unterhaltsames und zeitvertreibendes Gesellschaftsspiel, als Puzzle, behandelt, oder als eine Art »Mensch-ärgere-dich-nicht«, bei dem die Spielfiguren vor- und zurückgesetzt werden oder ganz aus dem Spiel ausscheiden.

Als Filmfan wollte Goebbels natürlich an diesem Unterhaltungsspiel teilnehmen und mischte bei diesem letztlich heiklen Vorgang mit: Er ließ sich die Besetzunglisten vorlegen und hatte es in der Hand, abzulehnen, zu genehmigen oder Gegenvorschläge zu machen. Er tat dies beim Unterhaltungsfilm – im Gegensatz zu »seinen« Propagandafilmen, seinen ureigenen politischen Anliegen – so leichthin, wie ein vielbeschäftigter Manager im Flugzeug ein Kreuzworträtsel löst: Der Ratesport als Hobby zur geistigen Entspannung und im Bewußtsein seiner überlegenen Geisteskraft.

Wie man während eines langen Telefongespräches Akten paraphiert und Erledigtes abhakt oder Kritzeleien ausführt, die Unbewußtes, Unterbewußtes, verräterisch zu Tage bringen, verrieten Goebbels' Anmerkungen mit grüner Tinte heimliche Neigungen, Animositäten, unterdrückte Wünsche oder die plötzliche Erinnerung an noch nicht eingelöste Versprechungen. Durch letztere

wurde er für die Filmkunst und die Produktion gefährlich. Denn er bemühte sich durchaus, Versprechungen zu halten. Da er diese aber je nach Laune sehr leichtfertig gab, anläßlich kurzer Gespräche, beiläufiger Konversation, und diese nur selten in Beziehung zu einer vakanten Aufgabe standen, setzten diese die Produktionschefs der Staatsfirmen oft in arge Verlegenheit. Und er war nur schwer eines Besseren zu belehren und sah seine offenbare Fehlbesetzung – unabhängig von der rein künstlerischen Erwägung – selten ein. Hier hatte der Firmenchef heikle diplomatische und taktische Fähigkeiten und geheimdienstliches Intrigengeschick an den Tag zu legen!
Bei Schauspielern – und vor allem immer wieder bei Schauspielerinnen –, die er nicht kannte, mußte ihm ein Fotosatz vorgelegt werden, was dazu führte, daß man ihm ein Material einreichte, das speziell für ihn nach seinem Geschmack angefertigt wurde. Kannte man im vorhinein seine Wünsche oder »Vorschläge«, so konnte man weniger vorteilhaftes Bildmaterial der Betreffenden in die Besetzungsliste einschmuggeln, ein Trick, der gelegentlich seinen Zweck erfüllte und ihn von seinem Vorhaben Abstand nehmen ließ. Vom Filmnachwuchs verlangte er Probeaufnahmen, wenn es sich um eine größere oder eine Hauptrolle handelte. Probeaufnahmen sah er mit größerem Vergnügen zum abendlichen Relaxing als die erste Kopie einer neuen Produktion. Das Gefühl, über eine künstlerische Laufbahn entscheiden zu können, entsprach seinen sadistischen Neigungen. Die erstaunliche Unfähigkeit, Rollen richtig oder überraschend interessant und originell zu besetzen, bewies seinen künstlerischen Amateurismus.

VI
Der Schreibtischtäter

Der Fall Herbert Selpin

Goebbels hat bestimmt das Schicksal von Unzähligen auf dem Gewissen, obwohl er ein solches nicht besaß. Er mordete wie der Reiche in Oscar Wildes *Ballade vom Zuchthaus zu Reading* »mit dem Wort«. Er war der Schreibtischtäter vieler Morde und Selbstmorde, aber eines hat er nicht getan, dessen er beschuldigt wurde, wie man es immer wieder lesen kann: Er hat Herbert Selpin nicht umbringen lassen. Dieser hat sich selbst ermordet.
Herbert Selpin – in Wahrheit Herbert Pinsel – war ein kesser Berliner Junge, aus einem Hinterhaus des Kurfürstendamms stammend, dieser Zwischenzone zwischen weltstädtischem kaiserlichen Gehabe und kleinbürgerlichem »Milieu«. Er hatte einen wachen, raschen Verstand, war lernbegierig, besaß eine große Schnauze, viel arrogante Selbstgefälligkeit und einen mangelnden Sinn für die wahren Dimensionen. Er war ohne große Ambitionen ehrgeizig, d. h. auf jeden Erfolg aus. Wie geschaffen für das Kino, für eine Branche, die dem kecken Menschenschlag an der Spree so entgegenkommt. Er eignete sich für alles und bewies sich in allem mit der sprichwörtlichen Tüchtigkeit des Großstadtmenschen im märkischen Sand, als Aufnahmeleiter, Regieassistent, Requisiteur, Schlattenschammes, Komparsenaufreißer, schließlich als geschickter Cutter. Er war ein Filmprofessionalist der dienstleistenden Garnitur mit dem Willen und der Möglichkeit zum Aufstieg in die leitende Position, nicht durch künstlerisches Genie oder Begabung, sondern durch Anstelligkeit und tätigen Zugriff. Er war ein geborener Techniker seines Faches, ein ausgezeichneter Handwerker, der es zum guten Meister, nie aber zum maestro bringen konnte.
Er interessierte mich als Prototyp, und ich studierte ihn während eines halben Jahres bei enger Zusammenarbeit. Er war der typische preußische Unteroffizier mit dem heimlichen Haß auf die oberen Militärs, die es besser gehabt hatten als er, neidete anderen Stellung

und Erfolg, und seine cholerischen Wutanfälle raubten ihm Übersicht und Durchblick. Er riskierte eine Lippe bei unpassendster Gelegenheit und riß das Maul auf, wann immer er glaubte, brüllen zu dürfen. Er machte gerne Nägel mit Köpfen – zuletzt auch seinen eigenen Sargnagel.

Selpin hatte Kino von der Pike auf gelernt. Er war gewieft, aber ungebildet. Einer, der sich hocharbeitet und keine Mittel scheut – heute würde man sagen: antiautoritär. Und er war ein – Opportunist.

Er hatte bereits 1934 das Parteiabzeichen, wurde Parteimitglied nicht aus politscher Überzeugung, im Gegenteil, aber auch nicht, um besser Subversion treiben zu können, sondern einzig, um rascher bei den noch jüdischen Privatfirmen Karriere machen, d. h. zum Regisseur aufsteigen zu können. Er war kein Nationalsozialist, aber ich nehme ihm übel, daß er es war, ohne es zu sein. Er war ein Brüllregisseur. Einer, der glaubte, schreien zu müssen, um Regie zu führen. Der Stummfilmregisseur in Breeches und Reitstiefel und Mütze – der Mann mit dem Megaphon unterm Arm und am Mund: Die Klischeevorstellung, die man eben damals von einem Filmregisseur immer noch hatte. Einer, der sich möglichst vor viel staunendem Publikum bei der Außenaufnahme laut und dreist gab. Ein Groß- und Lautsprecher – heute würde man sagen: ein Angeber. Nicht Tonangeber, Stimmgabel, die den künstlerischen Kammerton a anschlägt, sondern ein Unter-Offizier, der beim Exerzieren Befehle schreit.

Er konnte später gut mit Hans Albers, der irrtümlich in Selpin Wesensverwandtes zu verspüren glaubte. Er gefiel ihm in seiner Hemdsärmeligkeit und mischte sich nicht in Schauspielerangelegenheiten. Dafür machte er »seine Sache« geschickt und wacker. Selpin war ein lausiger Menschenführer und von Diplomatie gegenüber einer Schauspielerpsyche wußte er nichts. Sein Mangel an Einfühlungsfähigkeit sollte seinen Untergang herbeiführen.

Man hat ihn als Opfer des Nationalsozialismus bezeichnet. Er war sein eigenes Opfer. Er hat auf Marineoffiziere und Ritterkreuzträger geschimpft, auf preußische Elite, Benjamine, die – nach einem alten Kasinowitz – einen bunten Rock trugen und sich mehr dünk-

ten als ihre Brüder. Es war ein feiner, vornehmer Haufen – das hätte er von der Ufa her wissen müssen. Dort waren die Kapitänleutnants der kaiserlichen Marine gelandet und große Bosse geworden, weil sie auch im windigen Filmgeschäft Herren blieben. Die Helden des militärischen Ehrgeizes mit dem Ritterkreuz waren für Selpin lediglich Männer mit einer Halskrankheit. Für diese blieb er ein Maat, der sich Dinge herausnahm, die seinem niederen Dienstgrad nicht entsprachen, wenn er mit ihnen herumkommandierte. Als Filmfritze hatte er vielleicht eine wichtige Funktion, war bestenfalls ein Funktionär des Kintopps, den er für diesen Goebbels machte, dem man sowieso nicht grün war.
Ich bin sicher, daß Selpin mächtig geschimpft hat und daß er mit ihnen umging, wie er es mit seinen Untergebenen zu tun pflegte. Ich bin aber ebenso sicher, daß ihm Goebbels insgeheim recht gab. Denn Goebbels haßte neben den Juden (aus Minderwertigkeitsgefühl) auch das Militär (aus denselben Gründen). Aber er brauchte den siegreichen Helden, die Massenidole, die erfolgreichen Einzelkämpfer, sie waren die Spielfiguren seiner Herrenmensch-Ideologie, seiner Propagandamühle. Durch Selpin kam er in die Klemme. Er mußte die beleidigten Heroen verteidigen und salvieren, selbst wenn er seinem Regisseur die Zurückweisung der Arroganz des Militärs nicht übelnehmen wollte, zumal dieser Parteigenosse war. Andererseits komplizierte dieser Umstand die ganze Angelegenheit. Und dann, er hatte sich seit längerer Zeit vorgenommen, dem unzuverlässigen Filmpack einen Denkzettel zu verpassen und ein Exempel zu statuieren. Hierzu war hier die beste und demonstrativste Gelegenheit. Eine klare Entscheidung mußte gefällt werden. Sollte man sie an den Knöpfen abzählen? Ein Parteigenosse hatte rot vor Wut gesehen, aber in dem Rot nicht mehr das Hakenkreuz. Und an den Hälsen nicht das Ritterkreuz.
Sicher hätte man einen Eklat vermeiden und einen praktikablen Konsens herbeiführen können. Aber Selpin machte einen entscheidenden Regiefehler. Er forderte Goebbels selbstüberheblich und ohne Sinn für die Maßverhältnisse heraus. Der Opportunist unterschätzte den jesuitischen Pragmatiker. Selpin sah keine Notwendigkeit, sich zurückzunehmen. Er schätzte seine Positon falsch ein.

Ungeschickt zwang er Goebbels direkt, ihn fallenzulassen. Goebbels geriet seinerseits in einen Wutanfall, zu dem auch sein Temperament neigte. Rein rhetorisch stellte er ihm ein Todesurteil in Aussicht. Eine seiner üblichen Übertreibungen. Ein Schreckschuß sozusagen – und ließ ihn verhaften.

Der Choleriker Selpin kam zu sich und verurteilte sich selbst zum Tode durch den Hosenträger. Ein Filmregisseur, der in einer real existierenden Ausnahmesituation blind war, weil er die Proportionen falsch einschätzte wie so mancher seiner Kollegen, die vom Bazillus des Filmgrößenwahns befallen worden waren. Er trug seinen Namen zurecht. Alle Witze darüber waren bereits gemacht. Er war kein Opfer Goebbels. Er war sein eigenes.

Der Fall Joachim Gottschalk

Ein Opfer Goebbels' war hingegen Joachim Gottschalk. Gottschalk war ein hervorragender Schauspieler und ein wundervoller Mensch. Ein echter Kumpel, kontaktfreudig, mit dem Charme verschämter Introvertiertheit. Ein Mann mit einer zauberhaften Frau und wohlgeratenen Kindern, der in einer in jeder Beziehung glücklichen Ehe lebte. Er wurde menschlich und künstlerisch allseits geschätzt, ja geliebt – anfangs sogar von Goebbels.

Er hatte nur den Fehler jüdischer Versippung. Nun pflegte man über die spöttisch sogenannten »Webfehler« in der Familie je nach dem Beliebtheitsgrad der künstlerischen Persönlichkeit beim Publikum und Führer gelegentlich hinwegzusehen und Sondergenehmigungen und Ausnahmebewilligungen zu erteilen oder diese an Bedingungen zu knüpfen, die je nach Sachlage oder Ermessen rigider oder weniger drastisch waren. Sie reichten von der Ehescheidungsauflage bis zur Verbringung des Lebenspartners ins neutrale Ausland, die Schweiz z. B., wobei u. U. sogar die Devisensperre für notwendige Alimentation aufgehoben werden konnte, oder im günstigsten Falle – zu einer stillschweigenden Duldung des Zusammenlebens mit dem nichtarischen Familienmitglied.

Die Entscheidungen waren willkürlich und stellten Gnadensakte dar. Sie vollzogen sich außerhalb der autoritären – gebeugten – Rechtsnorm. Göring, der sich in der Großmannsgeste eines duldsamen Potentaten gefiel, hielt sich an die österreichische Maxime des antisemitischen Wiener Bürgermeisters Lueger: »Wer a Jud is, bestimm i!« und gewährte für sein preußisches Staatstheater großzügigere Gesetzes-Auslegungen. Insofern hatte sein Generalintendant Gustaf Gründgens es wesentlich leichter als der eine oder andere Produktionschef einer Staatsfirma. Goebbels ärgerte sich sehr über die vergleichsweise liberalere Praxis des Reichsmar-

schalls und fühlte sich in seiner Personalpolitik durch ihn behindert, was zu vielen Querelen zwischen beiden Satrapen führte.
Man war sich über den jeweiligen Wert und die Wichtigkeit künstlerischer Persönlichkeiten durchaus nicht einig, und die Animosität Goebbels' gegen Gründgens war nicht zuletzt auf den Einfluß zurückzuführen, den dieser auf den Feudalherrn in der Schorfheide auszuüben schien. Besonders, wenn es sich um rein persönliche Geschmacksfragen handelte, um Favoriten oder Favoritinnen. Hitler mochte Willi Forst als Schauspieler nicht, weil er ihm zu wienerisch war, Goebbels Gründgens nicht wegen seiner homophilen Ausstrahlung. (Homosexualität durfte auf der Kinoleinwand nur demonstriert werden, wenn sie sich drastisch-komisch äußerte, d. h. verlacht werden konnte, was eine Art der Abweisung war. Siehe Wilhelm – »Lieschen« – Bendow oder Hubert – »Hubsi« – von Meyerinck.
Gottschalk war ein durchaus integrer Charakter. Ich habe einen seiner letzten Filme *Flucht ins Dunkel* inszeniert, und dieser Titel deckte sich bereits mit der prekären, ja makaberen Situation Gottschalks. Wir waren Freunde.
Es ist viel über seinen Freitod mit seiner ganzen Familie geschrieben worden, und ich will nur von den Umständen erzählen, die meines Wissens kaum oder nicht beachtet wurden. Man weiß, daß sich Gottschalk weigerte, sich scheiden zu lassen. Daß er nicht bereit war, seine Frau im Ausland »zu parken«, wie es Kollegen taten. Man weiß von den zunehmenden Pressionen, denen der Künstler ausgesetzt wurde, unter welchem psychischen und physischen Druck er leben und arbeiten mußte. Wie man die Rollen für ihn erkämpfen mußte. Und daß fast die gesamte Fachschaft Film in selten geschlossener Formation zu seinen Sympathisanten gehörte und hinter ihm stand. Wie bereit man war, für ihn einzutreten.
Aber man hat nie ins Kalkül gezogen, daß gerade dieser Umstand es war, der Goebbels provozierte. Er sah sich einer Phalanx gegenüber, und dies reizte ihn über alle Maßen. Diesen Widerstand zu brechen, war er herausgefordert. Der Fall Gottschalk wurde für Goebbels zu einer Prestigeangelegenheit. Hinzu kam noch ein weiteres Moment, das Goebbels' Selbstgefühl und Allmachtsbe-

REGIMENTSMUSIK

Während München – wie andere deutsche Großstädte – in Trümmer sinkt, baut man in der Bavaria/Geiselgasteig den Glanz des großbürgerlichen München aus dem Jahre 1914 im Studio auf (Filmarchitekt Willy Reiber).

REGIMENTSMUSIK

Szenen vom deutschen Rückzug aus der Marne-Schlacht 1914 wurden auf dem Freigelände der Bavaria/ Geiselgasteig im Sommer 1944 gedreht, fast auf den Tag dreißig Jahre später – kurz nach der Invasion der Alliierten.

In einzelnen Einstellungen konnte man die amerikanischen Bombergeschwader am Horizont erkennen, die im Anflug auf München waren. Doch ging Filmarbeit jedem Fliegeralarm vor!

Der landverschickte Spielfilm – die Zeit der Ausweich-Ateliers: Die Terra/Berlin drehte einen Kammerspielfilm, *AM ABEND NACH DER OPER*, der im Wien der Jahrhundertwende spielte. Sie wich ins »österreichische« Salzkammergut aus und drehte im Ischler Kurhaus! Da in Wien die ersten Bomben gefallen waren, baute man die Wiener Hofoper auf dem Tennisplatz von Bad Ischl nach.

Die in Bad Ischl »rekonstruierte« Wiener Hofoper bei der nächtlichen Aufnahme

AM ABEND NACH DER OPER

Auch der Franz-Joseph-Bahnhof wurde nachgebaut.

wußtsein zutiefst erschütterte. Man hatte ihm eine Falle gestellt. So sah er es wenigstens. Aber man hatte es nur gut gemeint – so sagten die Freunde Gottschalks, und es waren viele. Die kleine Intrige war tatsächlich gut gemeint und so fein ausgedacht.

Der Minister sollte Gelegenheit bekommen, sie kennenzulernen, diese zarte, feingliedrige Mädchenfrau mit den klugen Augen, ganz sans façon in der lockeren »Kameradschaft deutscher Künstler«, diesem Theater- und Filmclub am Rande des Tiergartens, den Goebbels so gerne aufsuchte, um sich ganz zwanglos zu geben, als Freund der Künste und Künstler, als Mäzenas und Petronius, der arbiter elegantiarum in einer Person, umschwärmt von Frauen und Korybanten. Wie schrieb Goebbels wenige Jahre später in seinem Kriegstagebuch, erfüllt von einem verspäteten, zu späten Friedenswunsch, den er mit dem Führer teilte:

10. Mai 1943

> »Wir wollen dann unsere Arbeitskraft in der Hauptsache den schönen Künsten, dem Theater, dem Film, der Literatur und der Musik widmen. Wir wollen wieder anfangen, Menschen zu werden . . .«

In einem solchen Kreis gut- und wohlmeinender Freunde sollte sie den harten Sinn zum Schmelzen bringen, als seine charmante Tischdame das Vorurteil gegen ihre Person durch den Reiz ihrer Persönlichkeit abbauen, sein »ehernes Herz« erweichen. So hatte man es sich gedacht und damit abermals die Naivität künstlerischer Menschen zum Ausdruck gebracht. Das war ein Irrtum, schlimmer als Dummheit. Und das Verhängnis nahm seinen Lauf.

Denn Goebbels sah es natürlich anders. Er war wegen der Baarowá-Affäre gerade in der Ungnade Hitlers gewesen und immer noch gefährdet. Er durfte und konnte nichts riskieren, was man als »Weiberangelegenheit« auffassen konnte. Er sah ein schäbiges Komplott, einen infamen Verrat, den Versuch, ihn schnöde zu blamieren. Wollte man ihn erpressen oder Munition für eine Offensive gegen ihn herbeischaffen? Wollte man seinen Antisemitismus, an den er schließlich selbst zu glauben begann wie an alle seine inneren Lügen, ad absurdum führen? Seine Achillesferse war ja nicht nur sein Klumpfuß, sondern neben dem allgemeinen Men-

schenhaß der Selbsthaß, den er nur durch Erfolg in der Politik und bei Frauen sublimieren konnte, sowie die nie zugegebene, insgeheime Bewunderung des jüdischen Geistes. Das hier war ein eklatanter Affront. Seine Tischdame – eine Jüdin!
Wer wollte ihm da ein Bein stellen? Oder war es nur jüdische Chuzpe, die er sich selbst so gerne zu eigen machte? Jedenfalls war er bedient, und sein Racheschwur – zwischen den zusammengepreßten schmalen Lippen – geriet sicherlich nicht zynisch, mephistophelisch, sondern dürfte dem Credo Jagos aus Verdis *Othello* geglichen haben. Nur, daß nicht der Maestro die Musik und nicht Boito die genialen Worte dazu gemacht hatte. Beim germanischen Edelmenschen dürfte es sich so angehört haben:

> »Pfui Deibel, wenn man sich vorstellt, daß dieser Mann tagsüber im deutschen Film dicke Gelder einschiebt und sich dann nachts mit seiner Judenkalle ins Bett legt. Nichts als sexuelle Hörigkeit eines charakterschwachen Deutschen gegenüber der ausgekochten Raffinesse jüdischer Weiber . . .«

(O-Ton laut Fritz Hippler, *Die Verstrickung*)
Oder spricht er hier – ordinär wie der feingeistige Leitartikler sein konnte – aus Erfahrung, und in der Erinnerung an seine nichtarische Jugendliebe?
Gottschalk zog schließlich die Konsequenzen. Mit geschlossenen und verdunkelten Fenstern wählte er die »Flucht ins Dunkel«. Er ging ins »Exil«, in jenes, aus dem man nie wiederkehrt.
Die Familie Goebbels sollte ihm wenige Jahre später dorthin folgen – aus anderen Motiven.

Der Fall des Oberleutnant Richter

Der Fall des Oberleutnant Richter ist die Fortsetzung des Rencontres der Schauspielerin Rotraut Richter mit Dr. Joseph Goebbels. Folgender Abschnitt ist Dr. Fritz Hipplers Buch *Die Verstrickung* entnommen, erschienen 1981 im *Mehr Wissen Verlag,* mit freundlicher Genehmigung des Autors und des Verlags.

Im Dezember 1942 erreicht mich wieder einmal ein nächtlicher Anruf von Goebbels: »Halten Sie es für möglich, daß in einem privaten Kreis ohne meine schriftliche Genehmigung amerikanische Filme vorgeführt worden sein können?« Seine Stimme ist sanft und lauernd. Ich beruhige ihn und erkläre, daß für die Auslieferung solcher Filme nur das Reichsarchiv in Frage komme, und das diese Filme nur ausliefere, wenn die vom Minister unterzeichnete Genehmigung vorgelegt werde. Seine Stimme wird etwas schärfer: »Ist Ihnen bekannt, daß heute abend in Berlin eine solche Vorführung gleichwohl stattgefunden hat?« Ich verneine. Darauf er: »Natürlich ist Ihnen das wieder unbekannt. Dann darf ich Sie also orientieren, daß das der Fall war. Ich habe inzwischen schon selbst alles veranlaßt. Seien Sie früh um zehn Uhr in meiner Wohnung.«

Was war geschehen? Die von ihm besonders protegierte Nachwuchsschauspielerin, die Hübsche* hatte ihm telefonisch berichtet, sie komme gerade von einer kleinen Abendgesellschaft, auf der Oberleutnant Richter, der Bruder der Filmschauspielerin Rotraut, mit einem Unteroffizier Kühne vor einigen anderen Nachwuchsschauspielerinnen und Ärzten auf einem Schmalfilmgerät einen amerikanischen Film vorgeführt habe, den sie irgendwo im Frontgebiet ergattert hatten. Eine Angelegenheit also, für die allenfalls das zuständige Militärgericht zuständig

---

* Katharina Dyckhoff

gewesen wäre, bzw. die im »zivilen Sektor« nach dem Reichslichtspielgesetz behandelt worden sein würde.

Goebbels indessen, wollte unbedingt mal wieder in höchst eigener Person »ein Exempel statuieren«. So sitzen zur angeordneten Zeit alle Teilnehmer der Vorführung, abgesondert voneinander, in verschiedenen Räumen der Ministerwohnung in der Hermann-Göring-Straße. Keiner weiß oder ahnt auch nur, was ihm die Ehre zu dieser »Einladung« verschafft. Goebbels stapft indessen grimmig in seinem Arbeitszimmer auf und ab und steigert sich in eine Hochstimmung gegen die pflichtvergessenen Filmfritzen. Für die Leitung der täglichen Ministerkonferenz beordert er jemand anderen, denn er selbst hat jetzt Wichtigeres, Kriegsentscheidendes zu tun.

Der Hauptangeklagte, Oberleutnant Richter, erscheint in Uniform, umgeschnallt, mit Handschuhen und meldet sich mit strammer Ehrenbezeigung. Seine strahlende Laune vergeht nach den ersten scharfen Fragen wegen der gestrigen Vorführung. Er bestreitet den Sachverhalt nicht. Dann Goebbels: »War Ihnen bekannt, daß Sie damit gegen ein wichtiges Gesetz verstoßen haben, das dem Willen des Führers entspricht und auch damit für Sie ein Befehl Ihres Obersten Befehlshabers ist?« Das wußte der Oberleutnant nicht. »Natürlich, Sie wissen es nicht. Erst sich dicke tun, mir meinen Nachwuchs versauen und zur Disziplinwidrigkeit verführen, und dann weiß der Herr nicht einmal, daß er gegen Gesetz und Befehl gehandelt hat. Sie haben das aber wissen müssen, jedes Kind kennt das Verbot. Außerdem schützt Unkenntnis nicht vor Strafe.

Hoffentlich wissen Sie wenigstens, was auf Nichtbefolgung eines Führerbefehls steht, vor allem für einen Offizier während des Krieges? Oder wissen Sie das auch nicht? E r s c h i e ß e n lassen könnte ich Sie standrechtlich. Sehen Sie sich diese traurige Gestalt an, meine Herren! So etwas nennt sich deutscher Offizier!

Umblasen könnte ich Sie, umblasen . . .« Außer sich in zorniger Ekstase, mit hochrotem Gesicht und dick geschwollenen Adersträngen, erregt den Mittelfinger vom Daumen schnipsend, umkreist der kleine Minister laut schreiend den langen, blonden Oberleutnant, der bleich und regungslos in Haltung stehen bleibt, bis er endlich entlassen wird.

Auch die anderen erscheinen alle. Der Reihe nach, ob vom Film oder nicht, werden sie vernommen und nach allen Regeln der Kunst »fertig gemacht«. Erst gegen drei Uhr nachmittags geht dieser traurige Zirkus zuende.

Damit ist die Angelegenheit noch keineswegs erledigt. Für Goebbels beginnt sie jetzt erst. Hat er bislang nur sein persönliches Mütchen gekühlt, so muß nun auch die Sache selbst noch mit einem Knalleffekt enden. Mit den anderen Teilnehmern kann er beim besten Willen nichts mehr anstellen. So hält er sich an den Fall Richter, der schließlich an das zuständige Kriegsgericht in Frankfurt/Oder gelangt.

Das aber läßt sich Zeit, denkt wohl, es gebe jetzt im totalen Krieg Wichtigeres, das den Vorrang verdiene. Goebbels aber läßt sich nach seinem Terminkalender über den »Stand der Dinge« unterrichten. Er tobt, daß die Sache nicht weitergeht, läßt anmahnen, schickt Beauftragte nach Frankfurt. Endlich kann ihm mitgeteilt werden, daß die Verhandlung stattgefunden habe und das Urteil gesprochen ist, endlich! Und womit ist dieser Oberleutnant bestraft worden? Mit 14 Tagen Stubenarrest! Goebbels glaubt, nicht richtig gehört zu haben. Oder hat sich jemand mit ihm einen Scherz erlaubt? Dieses Urteil ist ein ausgesprochener Affront gegen ihn, es kann und darf in dieser Form nicht aufrechterhalten bleiben.

Die Erkundigung seines persönlichen Referenten ergibt, daß es rechtskräftig ist. Auch der Kommandierende General als Gerichtsherr kann daran nichts ändern. Goebbels schäumt vor Wut. »Sofort eine Verbindung mit Keitel!« Auch der bedauert, es bestehe für ihn keine Möglichkeit, ein rechtskräftiges Kriegsgerichtsurteil aufzuheben. Goebbels droht mit dem Führer, er werde dem mal persönlich unterbreiten, was das OKW für ein trauriger Laden sei, der jedem Offizier Hilfestellung gebe, die Kampfstimmung der Nation zu untergraben. Telefonate und Telegramme und Fernschreiben werden hinausgejagt, und nach wenigen Tagen triumphiert Goebbels: Das Urteil ist aufgehoben worden, der Fall kommt vor ein Kriegsgericht nach Berlin, der Stadtkommandant, Generalleutnant v. Haase, wird persönlich den Vorsitz übernehmen. Damit es auf jeden Fall keine Panne gibt, schickt Goebbels noch Beisitzer mit Weisungen und Sachverständige zur gutachtlichen Äußerung. Erfolg: Richter erhält eine Gefängnisstrafe und wird degradiert. Nach kurzer Zeit wird er in eine Bewährungseinheit an vorderster Front gesteckt. Dort fällt er kurze Zeit später.

Der Fall Renate Müller

Nicht Lilian Harvey war Anfang der dreißiger Jahre der Schwarm aller heranwachsenden deutschen Mädchen und jungen Frauen. Das Idol der damaligen Weiblichkeit – den Begriff Teenager und Twen gab es noch nicht – hieß Renate Müller, sozusagen ein zeitlich vorgezogenes deutsches Fräuleinwunder. Sie war mit ihrer blonden Anmut und komödiantischen Fröhlichkeit nicht gerade der Frauentyp des kleinen Doktors, aber als Identifikationsfigur selbst für den – geschönten – BDM-Typ wie für den der idealisierten modischen NS-Frauenschaft interessant und filmpolitisch nicht unwichtig.

Jedenfalls hatte sie alles, um eine Dame im großen Simultanspiel des Großmeisters zu sein. Und ausgerechnet diese quicke hellhaarige Dame verteidigte einen schwarzen König, nicht irgendeinen Bauern, Läufer oder Springer, sondern einen König, der sich rechtzeitig durch eine Rochade aus dem Spiel gebracht hatte. In Sicherheit nach London, und der zudem einer kultivierten jüdischen Industriellenfamilie entstammte, und dazu noch ausgerechnet Deutsch hieß.

Und diese Königin wagte, Goebbels Schach zu bieten, trotzte seinen Spielzügen, wies seine Angriffe ab, ließ sich nicht stellen, sondern entzog sich seinen Attacken. Sie blieb ihrem fernen Geliebten treu, suchte ihn auf, solange sie es konnte, sie spielte ihr Spiel gegen ihn. Das war unerhört und konnte nicht hingenommen werden.

Nun, wenn es die Dame so wollte und nicht zur Tränke kam, würde man auf sie eben eine kleine, lustige Treibjagd veranstalten. Darin war man ja Meister. Man hatte ohne Gewaltanwendung nur durch verbale Polemik sogar den jüdischen, roten Polizeichef, der wiederum Weiß hieß, zur Strecke gebracht. Wenn sie die chinesische Folter, den steten Tropfen auf die Stirne und die langsame Drehung der Daumenschraube wollte, konnte sie sie haben.

Es war eine langwierige Prozedur, die Spaß machte. Good sport, sozusagen. Schließlich konnte Goebbels Halali blasen lassen. Renate Müller gab auf, sie nahm sich das Leben, indem sie Drogen nahm. Sie wurde systematisch hingerichtet – auf Raten sozusagen oder in Dosen.

Wie man sieht: Der Minister trug nach und vergaß nichts, was man ihm einmal angetan hatte. Er schob die Abrechnung höchstens auf...

Der Fall Hans Otto

Bleibt der Fall Hans Otto. Ich kannte Hans Otto bereits seit meinem Engagement am Reussischen Landestheater in Gera. Er spielte unter anderem in meiner Inszenierung von Goethes *Die Geschwister* die Rolle des Wilhelm. Als Liebhaber und jugendlicher Held war er nicht nur eine Bilderbucherscheinung, sondern auch wirklich außerordentlich begabt. Groß, schlank, von ausnehmend blendender physiognomischer Schönheit, ein glänzender Sprecher, war er im Grunde das Idealbild eines deutschen Jünglings, wie ihn sich Hitler imaginiert haben mag. Er hätte der junge Schauspieler des Dritten Reiches sein können, der von Gera über Hamburg rasch an das Berliner Staatstheater getragen wurde. Nur – er war einer der wenigen wirklich überzeugten Kommunisten. Eine Kämpfernatur, militant. Als ihn die Gestapo in die Hände bekam, war ihm nicht mehr zu helfen. Er wurde zum politischen Märtyrer der kommunistischen Weltanschauung.
Er sprang nach einem Folter-Verhör aus dem Fenster der Gestapohaft im berüchtigten Columbushaus am Potsdamer Platz in den Tod. Um der Wahrheit die Ehre zu geben, der Fall Otto war ein rein politisch-ideologischer Fall, ein Verbrechen, das man nicht direkt dem Minister für Volksaufklärung und Propaganda anlasten kann. Otto hatte nie die geringste Absicht, sich auf Goebbels' Spielwiese tummeln zu können oder zu wollen, wie so viele seiner mit dem Kommunismus sympathisierenden Kollegen es ohne Hemmungen getan haben.

Nachzutragen bleiben die vollstreckten Todesurteile des Freislerschen Volksgerichtshofes wegen Wehrkraftzersetzung, Volksverrat etc. gegen Fritz Reck-Malleszwen und Erich Knauf. Sie sollen hier erwähnt werden, weil der erste, ein Ehrenmann, den ich gut kannte, der Texter des Liedes »Glocken der Heimat« in dem Kriegsfilm *Fronttheater*, der andere einer der Drehbuchautoren des Filmes *... reitet für Deutschland* war. Dem ist nichts mehr hinzuzufügen.

VIII
Der Zivilist als Kriegsherr

»Der Soldate ist der schönste Mann im Staate«: Der Soldatenfilm des Vorkriegs

Die Arbeitsbeschaffung für ein Heer von über 7 Millionen Erwerbslosen wurde hauptsächlich getragen von dem Autobahnbau, von der Wiederbewaffnung, die die Eisen- und Stahlindustrie über ihre Kapazitäten hinaus in Anspruch nahm, und von der allgemeinen Innovationsinitiative, die diese politische Wende auslöste.

Die Waffenproduktion bedurfte der Waffenträger. Mit den 100000 Mann der Reichswehr war, wie sich gezeigt hatte, kein Staat zu machen. Um so weniger, als diese im Grunde weder republiktreu war noch zum Faschismus neigte, einen gewissen Einfluß hatte, aber wenig Ansehen genoß.

Zur Wiederbewaffnung und Aufrüstung gehörte Patriotismus, eine Wehrpflicht, Wehrwille und Wehrertüchtigung. Dies alles galt es zu propagieren. Also brauchte man Soldatenfilme. Und für diese war der taktische dramaturgische Rückzug in die Historie strategisch nur bedingt von Nutzen. Und eine hohe Dringlichkeitsstufe war geboten. Ein neues Heer anstelle der Reichswehr war zu schaffen, die neue Wehrmacht konnte eine Armee frustierter SA-Kämpfer in einem ehrenhaften Beruf auffangen, alte Weltkriegskämpfer neu motivieren.

Die außenpolitischen Pläne Hitlers forderten eine große »army in beeing«, d. h. auch, beeindruckende Soldatenfilme, die in der realen Gegenwart spielten. Sie konnten gegen den schändlichen Pazifismus der zwanziger Jahre wirken, besser als das historische Beispiel. *Die elf Schill'schen Offiziere* (1932), Trenker als *Der Rebell* (1932), *Standschütze Bruggler* (1936) und wie die Burschen bzw. Titel alle hießen, gut und schön – aber sie schafften höchstens patriotische Emphase. Man benötigte mehr und anderes. Um die Wehrertüchtigung zu propagieren, genügte auch die Militärklamotte nicht, die das harte Metier als heiter, lebenswert und attraktiv erscheinen ließ. Der spöttische Refrain Offenbachs: »Die Uniform, die Uniform, sie wirkt enorm...« war als Slogan nicht zu gebrauchen.

Mit schmuckem bunten Tuch waren die SA und SS bereits überaus gut versehen. Um die Wiederbewaffnung und Aufrüstung erfolgreich zu betreiben, genügte das Feindbild des Juden allein nicht, auch die bösen Bolschewisten nicht. Es galt zu einem rhetorisch bereits abgenutzten aber konkreten Feindbegriff zurückzukehren. Dies war der unselige Versailler Vertrag, den wohl kein Deutscher gutheißen konnte und den man den »Novemberverbrechern« verdankte. Mit dem Schmachfrieden und seinen Urhebern konnte man die Dolchstoßlegende verbinden und von dem verratenen Sieg sprechen.

Aber trotz aller Rabulistik befand sich der Filmboß Goebbels in einem argen Dilemma. Zwar haßte er die Reichswehr und war nur mit dem Munde Militarist, aber er war als Berliner Gauleiter immerhin in der Kampfzeit Boß einer uniformierten Schlägertruppe gewesen, die keine Gewalt scheute und Angst und Schrekken verbreiten konnte – wie heute eine Gang von Brutalo-Rockern in Ledermontur mit Fahrradketten und Schlagringen. Er war ein erfahrener Troupier vieler terroristischer Saal- und Straßenschlachten, ein gerissener Tupamaro, ein Taktiker der Stadtguerilla, im latenten wie akuten Bürgerkrieg: Er haßte – wie der RAF-Mann den Bullen und die Bundeswehr – die Polizei mit ihrem jüdischen Berliner Präsidenten; die Soldaten der ersten deutschen Republik repräsentierten die organisierte Ordnung der bekämpften Staatsautorität. Die nationalen Freikorps hatten zwar Linksputsche niedergeschlagen, aber die Reichswehr den Kapp-Putsch.

Der revolutionäre offensive Anarchismus, der in Goebbels immer noch virulent war, machte den institutionalisierten legalen Militärbegriff suspekt. Er hatte nicht verhindert, den braven Landser um den Endsieg zu betrügen. Es fiel ihm äußerst schwer, sein Mißtrauen und die Animosität gegen die Armee zu unterdrücken, auch als die »neue Wehrmacht« dem Führer bereits die Treue, den Fahneneid geschworen hatte. Sein ganzes Leben lang blieb vor allem die Wehrmachtsführung sein größter innenpolitischer Gegner, und er beklagte sich bis zum bitteren Ende über die Schwierigkeiten, die ihm diese bereitete und ihm seine Propagandastrategie konterkarierte.

Nun sollte er Spielfilme produzieren, in denen der Unteroffizier der »Spieß« und Feldwebel, statt dem Schar- und Gruppenführer seiner politischen Kampftruppen, zum Lehrer und Erzieher junger nationalsozialistisch indoktrinierter Rekruten wurde, und ein leuchtendes Vorbild sein mußte. Das konnte nicht gutgehen. Es gab Ärger mit Dramaturgen, Drehbuchschreibern und Regisseuren und verunglückte Starts. Der Anarcho-Agitator mußte sich raschestens auf einen ehrenhaften Wehrstand mit Glanz und Gloria einstellen, ohne auf heroische historische Beispiele einer verklärten Vergangenheit ausweichen zu können. Und tatsächlich hatte er mit seinen aktuellen, realistischen Soldatenfilmen eine unglückliche Hand. Es gelang ihm nichts auf diesem Felde der soldatischen Ehre – die SA und die SS legte keinen sonderlichen Wert darauf, ehrbar zu sein, ihre Ehre hieß allein Treue – und zwar zum Führer. Goebbels scheiterte an allen Vorhaben dieser Art, während er in anderen Stoff- und Themengebieten künstlerische und kommerzielle Erfolge verzeichnen konnte.

Der einzige Film dieses Genres, der künstlerische Qualitäten aufwies, ging in seiner »mentalen Richtung« gründlich daneben: *Drei Unteroffiziere* (1939) von Werner Hochbaum brachen dem Regisseur, einem der interessantesten Cineasten der dreißiger Jahre, das Genick. Er lieferte statt Agitation die wahre Action, nämlich menschliche Schicksale, statt Doktrinen Humanität, den human touch echter Konflikte. Und die konnte der Schirmherr an dieser Stelle nicht gebrauchen.

Eine an sich belanglose Anekdote erscheint mir gerade durch ihre kleinkarierte Banalität bezeichnend und beispielhaft: In meinem Film *... reitet für Deutschland* (1941), der in der sogenannten Systemzeit, also in der Weimarer Republik spielte, hatte ein Reichswehrgeneral eine kleine, aber wichtige dramaturgische Funktion. Mit großen Schwierigkeiten fertigte man die vorgeschriebene Reichwehruniform für den Schauspieler an. Nur spezielle private Uniformkundige hatten eine Ahnung von ihr und besaßen die Figurinen, denn sie wurde demonstrativ von der Armee ignoriert

und nicht getragen, und Kostümwerkstätten und Fundus hatten keine Vorlagen. Der Schauspieler Zesch-Ballot trat schließlich in dieser vorgeschriebenen Uniform vor die Kamera, und es gab sofort den heftigsten Protest von seiten der militärischen Berater. Diese Uniform hätte sich nie eingebürgert, die Reichswehr habe immer gegen die Vorschrift die Traditionsuniformen des Ersten Weltkrieges getragen. Der Reichswehrbeauftragte verlangte die gebräuchliche Uniform aus der Kaiserzeit. Goebbels bestand jedoch überraschenderweise auf der ungewöhnlichen und exotisch wirkenden traditionslosen »Operettenuniform« der Novemberrepublik. Sie sollte provokant die Diskontinuität der Reichswehr demonstrieren. Die Szene wurde in zwei Versionen gedreht. Die richtige, d. h. falsche Uniform der Weimarer Republik blieb im Film, und Goebbels feierte stolz seinen Sieg über die Militärs.
Es gehört zu den Treppenwitzen der Geschichte, daß ausgerechnet dieser Mann am Ende seines Lebens zum militärischen Verteidiger der eingeschlossenen Reichshauptstadt werden sollte . . .

Aufbruch der Ensembles
in Berlin

Auf der Fahrt

Vorstellung im Theater des Herodes Attikus in Athen

Wolfgang Staudte, der überzeugte Kommunist, spielte mit Vorliebe schneidige SS-Männer oder judenfressende Feldwebel: Links mit Michael Bohnen in *ACHTUNG! FEIND HÖRT MIT!*

Rechts mit Willy Birgel in *... REITET FÜR DEUTSCHLAND.*

FRONTTHEATER: Lessings *MINNA VON BARNHELM ODER DAS SOLDATENGLÜCK* an der Atlantikküste.

V.l.n.r.: Rudolf Schündler, Heli Finkenzeller, Lothar Firmans

Als der Spionagefilm *ACHTUNG! FEIND HÖRT MIT!* unter Aufsicht der Abwehr gedreht wurde, war die gerade stattfindende Westoffensive von dieser Stelle an die Alliierten verraten worden.
Die Herren der Abwehr beim Kontrollbesuch im Ufa-Studio Tempelhof am Tage der Beendigung des Sitzkrieges im Westen (links oben).

Der Streit über die Todesart des englischen Spions (René Deltgen) in *ACHTUNG! FEIND HÖRT MIT!* zwischen Goebbels und Canaris, d. h. Strick oder Tod durch Erschießen, wurde von mir kurzerhand durch den tödlichen Absturz der werkseigenen Maschine mittels der Fesselballonsperre geschlichtet.

Die eherne Zeit: Der Krieg im Spielfilm

In der Nacht des Kriegsausbruches – 31. August zum 1. September 1939 – war auf dem Filmgelände der Ufa in Neubabelsberg, trotz bereits angeordneter Verdunkelung, mein Film *Johannisfeuer* abgedreht worden. Mit dem Erlöschen der letzten Feuer im Regen begann die deutsche Wehrmacht »zurückzuschießen«. Bei der Abnahme des Films bemängelte Goebbels die große heidnische Johannisnachtrede Georgs. Sie war ihm plötzlich zu – unchristlich! Da der Krieg ausgebrochen war, benötigte man im besonderen die Loyalität, wenn nicht die Mithilfe der Kirchen. Endlich konnte sich der verhinderte Drehbuchautor Goebbels »kreativ« betätigen, er schrieb die Rede neu – sie war unbrauchbar! Wir schützten vor, daß der Darsteller Ernst von Klipstein bereits eingezogen sei und sich im Kriegseinsatz befände – was nicht gelogen war – und Nachaufnahmen deswegen unmöglich zu bewerkstelligen seien. Und halfen uns mit einigen Schnitten ...

Für Joseph Goebbels war – so blasphemisch es auch klingen mag – der Ausbruch des Krieges ein Geschenk des Himmels, ein Glücksfall. Nicht nur aus privat-persönlichen Gründen. Er wurde wieder gebraucht! Er wurde nach Beilegung der Ehekrise wegen der Lida Baarová-Affäre zwar nicht in allen Gnaden, jedenfalls aber wieder aufgenommen. Er kehrte aus der Verbannung zurück. Ihm wurde – unter Vorbehalten – verziehen. Für den Medienmogul und Filmtycoon wurden völlig neue Gegebenheiten akut. Mit dem Eintritt Deutschlands in den Krieg wurde der Krieg ein aktuelles Thema, ein real existierender, tief in den Lebensalltag eingreifender Umstand statt einer verklärten Erinnerung, einer geschichtlichen Reminiszenz. Der Reporter, Werbefachmann, Journalist, Leitartikler, Propagandist, Agitator Goebbels wurde von neuen Aufgaben gefordert, die man getrost als riesenhaft bezeichnen kann. Denn ein moderner Weltkrieg ist eine deformierte Form der Verbrauchsgesellschaft. Der Verbrauch an Menschen und Dingen ist überdimensional. Jeder Verbrauch braucht in erster Linie Werbung. Reklame, Propaganda. Bericht, Nachrichten, Dementis, und vor allem Lügen. Dokumentation und Mystifikation. Richtige und falsche Informationen, Wahrheit und Täuschung.

Im Krieg war Goebbels in seinem Element. Er ließ Propagandakompanien ins Feld ziehen, verkündete Sondermeldungen, wurde leitender Redakteur der Kriegsberichterstattung und kam damit prompt dem Oberkommando der Wehrmacht ins Gehege, das über viele Formen seiner Reklamestrategie anderer, sachlicherer und traditionsbelasteter Meinung war. Er gestaltete die Wochenschau, den Kriegsdokumentarfilm nach seinen Vorstellungen und führte damit seinen eigenen Krieg.

Für den Spielfilm-Mogul hatte der Krieg mehrere positive Aspekte. Er war tatsächlich und betraf ausnahmslos das ganze Volk, während der bisherige nationalsozialistische Zeitfilm seinen parteipolitischen Indoktrinationscharakter nie verlor. Auf die an Film-Stoffwechsel leidenden Dramaturgen prasselten aktuelle Themen von allgemeinem Interesse und gegenwartsentsprungener Aktualität förmlich wie ein Hagelschauer herein. Kriegsfilme waren Action-Kino, wie man es sich als Produzent nur zu träumen wagte.

So brachte der Kriegsbeginn eine hocherwünschte, handlungsreiche Stoffülle ein, mit zahlreichen einprägsamen Konflikten, die die ermüdeten Dramaturgien um so mehr belebte, als es Tote auf dem Felde der Ehre gab. Was floß da alles an erregenden Stoffen zu: *Wunschkonzert* (1940), *Stukas* (1941), *U-Boote westwärts* (1941), *Kampfgeschwader Lützow* (1941) etc. Nun konnte man, ohne in die Historie ausweichen zu müssen, Action-Filme zeigen, deren Aktualität das Publikum erregte und anrührte, ohne rein parteipolitische Propaganda machen zu müssen. Obwohl beim Zeitfilm überhaupt und beim Kriegsfilm im besonderen die Grenzen zum Propagandafilm ins Schwimmen gerieten und undeutlich wurden: Die Helden aller Waffengattungen, die Heeres-, Marine- und Luftwaffen-Filme bedurften einer parteipolitischen Indoktrinierung, einer Politideologie nicht mehr unbedingt, man kämpfte für den Führer, wie einst für Kaiser und Vaterland. Das Feindbild war unkompliziert geworden: Es war der Kriegsgegner, den man nicht diffamieren mußte, höchstens in Person des »Whisky-Säufers« Churchill oder, wenn es sich um den russisch-jüdischen Politkommissar handelte. Diese Kriegsfilme waren letztlich nichts anderes als ideologisch eingefärbte Abenteuerfilme, deren Schauplatz der jeweilige Kriegsschauplatz darstellte. Sie entsprachen strukturell und funktionell dem chauvinistischen amerikanischen Western, in dem die Indianer die Todfeinde waren und statt Carl Raddatz oder Mathias Wieman John Wayne und Gary Cooper agierten. Oder den Werbefilmen der USA für ihre Waffengattungen, wie den Marines, Lederjacken, Bomberpiloten etc.

Die von der Bevölkerung ungeliebten Parteiuniformen konnten – abgesehen von denen der Waffen-SS – in den Hintergrund treten, das schlichte Feldgrau und Luftwaffenblau genügte, wenn der heldenhafte Volksgenosse in Uniform nur das EK oder den Gefrierorden des harten russischen Kriegswinters, der Offizier und Kapitänleutnant nur das Ritterkreuz trug.

Bei den raschen politischen Kehrtwendungen konnte es allerdings passieren, daß ein früher gelobter antirussischer Film der Vorkriegszeit (*Friesennot*, 1935, Regie: Peter Hagen) nach dem Ribbentrop'schen Hitler-Stalin-Pakt eiligst verboten wurde, um nach dem Überschreiten der russisch-polnischen Demarkationslinie (unter dem neuen Titel *Dorf im roten Sturm*) wieder staatspolitisch wertvolle Eigenschaften zu haben.

Mein Film *Flucht ins Dunkel* (1939) hatte eine zentrale Schlüsselszene, die in einer Verbrüderung eines deutschen und eines französischen Frontsoldaten nach dem Ersten Weltkrieg endete. Diese Szene, die ihn künstlerisch wertvoll gemacht hatte, blieb auch nach der französisch-englischen Kriegserklärung im Film, bis die drôle de guerre an der Maginotlinie durch die Offensive 1940 an der Westfront beendigt wurde. Habent libelli sua fata. Nicht nur Bücher, sondern auch Filme haben ihr Schicksal . . .

Jedenfalls konnte man im kriegerischen Spielfilm den Gegner sogar schätzen und gegenseitige Ritterlichkeit beweisen, brauchte ihn nicht zu dämonisieren, mußte kein Feindbild aufbauen, nationalsozialistische Propaganda mußte sich nicht expressis verbis plakativ artikulieren. Zwar hatte man es zu Beginn des Rußlandfeldzuges mit der Glaubwürdigkeit des russischen Untermenschen und Politkommissars schwerer – es gab zu viele Urlauber, die von der Front kamen –, doch mit der demagogische Chuzpe Goebbels' segelte man mit dem jeweiligen politischen Wind.

Der ritterliche Ritterkreuzträgerfilm (Regie vornehmlich Carl Ritter), mal besser, mal schlechter, verriet allerdings bald eine Masche, einen klischeehaften Zuschnitt, ob man nun gegen den Westen zog, flog und rollte oder gegen den Osten marschierte. Die Masche wurde so sichtbar wie im amerikanischen Westernfilm. Weniger grobmaschig manifestierte sich jedoch der Wandel des verhältnismäßig fröhlichen Kriegsabenteuerfilms nach den Blitzsiegen zum Durchhaltefilm.

Neben der handwerklichen Perfektion der Filme, die trotz der Engpässe und zwangsläufiger Schwierigkeiten dieser kriegerischen Produktionen erstaunlich war, ist ein – psychologisches – Moment sehr interessant, das sich amalgamisch mit dem Begriff der Kriegskameradschaft verbindet, die in solchen Streifen unweigerlich zum dramaturgischen Aufhänger wird – analog zum Cowboy-Film: die Männerfreundschaft in Männergesellschaften, Männerbünden und Männerorden, mit anderen Worten das homophile Moment. Die zwiespältige Haltung des Regimes zur Homosexualität habe ich bereits in anderem Zusammenhang erörtert – einerseits unerbittliche Strafsanktionen, andererseits Duldung bei Schauspielern, Schriftstellern – man denke an die stark ästhetizistisch geprägte Gemeinde um Stefan George – und anderen Künstlern.

Deutsche Kriegsfilme waren ausgesprochene Männerfilme. Liebes- und Frauengeschichten spielten nur eine vergleichsweise kleine Rolle mit Alibifunktion. Das Mädchen war bestenfalls symbolischer Ehrenpreis für den Sieger, eine immaterielle Belohnung, wenn er nicht ein »lonesome hero« blieb. Die attraktive Frau war als Verführerin und Vamp Staatsfeindin oder feindliche Agentin (Jüdin = Saloon-Hure, das Mädchen in der Heimat = Farmerstochter, wenn man die Analogie zum Western weiterfortsetzt). Vorder- und hintergründig ging es hier wie dort um den

Kameraden, den Kumpel und Blutsbruder, kurz um Männerfreundschaft und Männerverbundenheit.

Es würde sich für einen Psychoanalytiker lohnen, die deutschen Kriegsfilme und auch die während des Krieges hergestellten Jugendfilme wie z. B. *Kopf hoch, Johannes*, 1941, Regie: Viktor de Kowa; *Junge Adler*, 1944, Regie: Alfred Weidenmann usw., die die elitäre Kadettenmentalität vertreten, auf akute oder latente Homophilie zu untersuchen.

Goebbels schwieg dazu, aber sicher war ihm dabei nicht wohl. Die Partei kam allzusehr ins Hintertreffen im doppelten Sinne des Wortes. Parteipropaganda konnte bei wachsender Unzufriedenheit des Volkes und zunehmender Unbeliebtheit des Blockwartes nicht helfen. So blieb Goebbels nichts anderes übrig, als zum einen den Führerfilm zu forcieren, von dem schon die Rede war und bei dem er als Maskenbildner Hitler schminkte und als Gewandmeister verkleidete (z. B. *Paracelsus*, 1943), zum anderen bei jener »Schminke« der Wirklichkeit sein Heil zu suchen, die sich schon und noch immer am besten bewährte: dem Unterhaltungsfilm.

Der Unterhaltungsfilm im Kriege, Friede im Bombenhagel

Mit dem »unpolitischen« Unterhaltungsfilm ging es – wie gehabt und sogar noch verstärkt – im Krieg weiter. Die erste Produktion nach Kriegsausbruch war die von mir inszenierte leichte Komödie *Weißer Flieder* u. a. mit der blutjungen Hannelore Schroth, mit Hans Holt und Mady Rahl. Besondere Anweisungen diesbezüglich waren nicht ergangen. Auch keine kriegsbedingten Ersparnismaßnahmen Foto- und Filmmaterialien, Rohstoffe etc. betreffend. Man glaubte ja an Blitzsiege. Einschränkungen traten erst in den letzten Kriegsphasen ein.

Im Gegenteil. Man scheute sich nicht vor Großproduktionen, Millionenfilmen, wie man sie nannte. Es wurde erstaunlich viel Aufwand betrieben, der heute noch verblüfft. In Babelsberg, Tempelhof (Berlin), in Geiselgasteig (München), am Rosenhügel und in Sievering (Wien), in den Barandow- und Hostivac-Studios (Prag), selbst während des zunehmenden Bombenkrieges und der nächtlichen Alarme wegen der »Feindeinflüge«, steigerten sich unter oft widrigsten Umständen die Produktionskapazitäten noch weiter. Allerdings wurden auch die Produktionszeiten länger. Dies hatte aber jedoch einen anderen Grund, der an Sabotage grenzte. Der Film war mit Kriegsausbruch zum Rüstungsbetrieb geworden. Wer beschäftigt war – selbst Prominente in kleinen Rollen –, blieb »zurückgestellt« und war vor Einberufung sicher. Der Status des Wehrbetriebes gestattete aber Proteste gegen Darstellungs- und Regieaufgaben nicht oder machte sie schwierig.

Grundsätzlich gab es bis 1942 »nichts Neues an der Unterhaltungsfront«. Ab Mitte des sich hinziehenden Krieges war jedoch der sonst »erlaubte« Ehebruch als Dramen- oder Komödienkonflikt tabu. Der kämpfende Volksgenosse im tiefen Rußland oder in Nordafrika sollte durch laxe Ehemoral in der Heimat nicht verunsichert werden. Im Protokoll der *Geheimen Goebbelskonferenzen 39–43; Wollt ihr den totalen Krieg* kann man es nachlesen:

> »Gleichzeitig wurden Besprechungen angeordnet, die zum Ziele haben sollten, den KdF-Veranstaltungen, die zu einer Rummelbewegung abzusinken drohten, ein höheres Niveau zu geben. Noch im März 1940 hatte Goebbels eine Kontrolle der Nacktdarbietungen in der Berliner Vergnügungsstätte angeordnet. Da tatsächliche Obszönitäten nicht gezeigt wurden, sah er am 21. März 1940 keinen Grund zum Einschreiten.«

Am 14. Januar 1941 hieß es ebda.:

> »Auf Grund verschiedener Berichte von Reichspropagandaämtern gewinnt man den Eindruck, daß in den Kabaretts politische Witzeleien trotz Verbots wieder stark in den Vordergrund traten. Es muß unter allen Umständen vermieden werden, daß hier, z. B. gegen Italien, in versteckter Form politische Sabotage geübt wird ...«

Bereits Ende Dezember 1940 war den Conferenciers angeblich in Form einer letzten kategorischen Warnung verboten worden, politische Witze zu reißen und sich bei ihren Darbietungen des schlüpfrigen erotischen Witzes zu bedienen.

Im September war über minderwertige Varieté-Vorführungen geklagt worden. Am 11. Oktober ordnete Goebbels an: »Die Partei soll Ansager und insbesonders Ansagerinnen, die ihre künstlerische Dürftigkeit hinter Zoten zu verbergen suchen, nach Berlin melden, damit diese Pseudokünstler aus der Reichskulturkammer ausgeschlossen werden können.«

Aufschlußreich heißt es weiter:

> »Zum Film *Jud Süß* entwickelt der Minister, daß der Film das Problem der arischen und der jüdischen Welt behandelt und daß diese grundsätzlichen Dinge auch in der Presse erklärt werden müssen. Es soll deshalb nochmals die schauspielerische und ebenfalls weltanschauliche Leistung des Films in der Presse behandelt werden, und dabei muß überall da, wohin der Film kommt, von den Zeitungen darauf hingewiesen werden, daß die Schauspieler in den jüdischen Rollen nicht etwa jüdisches Blut haben, sondern eben sehr gute Schauspieler sind. Der Minister

> hat den Schauspielern die Zusage dieser Veröffentlichung gemacht, da sie gefühlsmäßige Nachteile für sich selbst aus diesem Film befürchten.«

Bemerkenswert sind die Weisungen an die Presse, daß *Der große König* unter starker persönlicher Anteilnahme des Ministers gedreht worden ist und verblüffende Parallelen zur heutigen Zeit habe, oder der Hinweis auf den *Großen König* anläßlich des 53. Geburtstags von Adolf Hitler. Oder daß der Bismarck-Film *Die Entlassung* (1942) ausdrücklich kein Unterhaltungsfilm sei!

Einer anderen zeithistorischen Quelle – »Reichsführer!«, Briefe an und von Himmler – entnehme ich folgenden Brief des Obergruppenführers Gottlieb Berger vom 30. 7. 1943:

> »Reichsführer!
>
> Das deutsche Volk muß unter allen Umständen angesprochen werden. Der Reichsmarschall des Großdeutschen Reiches hat im Augenblick keine Resonanz . . . Reichsminister Dr. Goebbels wird nicht mehr viel geglaubt . . .«

Der große formale und strukturelle Wandel im Unterhaltungsfilm des Krieges trat Anfang 1942 ein. Zu diesem Zeitpunkt bekam die Unterhaltungskomödie ein völlig neues, überraschend mondänes Gesicht. Spring cleaning im bürgerlichen Salon – soweit er noch steht? Hauserneuerung? Kosmetische Operation? Alles von Grund auf. Nicht einmal die alte Bausubstanz bleibt erhalten.

Schon äußerlich drückt sich die grundlegende Veränderung aus. Die Interieurs werden todschick im internationalen Verständnis, exquisites modernes Kunstgewerbe weicht der nordischen Werkstättenkunstgewerblichkeit. Das Design wird weltläufig. Die Damenmode kann nicht pariserisch, die Herrenmode nicht britisch genug sein, kein Dialog zu geschliffen und geistreich; Oscar Wildscher Aphorismus ist das mindeste, was erwünscht ist. Der grobe Landserhumor wird verpönt, die zwischenmenschliche Verhaltenstilistik der Liebespaare, verheiratet oder in freier Liebschaft, gerät libertin und freimütig.

Das Schlafzimmer wird zum Hauptschauplatz und das französische Bett zum entscheidenden Möbelstück. Die Negligés der Damen werden durchsichtiger, in der Wanne des Badezimmers verzichtet man auf den verhüllenden Badeschaum, die Bettszenen werden lasziver. Goebbels – immer gegen Muckertum und Bettschnüffelei eingestellt, delektiert sich an voyeuristischen Intimsituationen. Wenige Jahre vorher hätte man diese dekorative Innenarchitektur als artfremd und entartet verboten, das frivole Ambiente und die libertinen Vorgänge als asphaltzivilisatorische Dekadenz und Degeneration verdammt und der Schere des Zensors ausgeliefert.

Diese neue Spielart des heiteren Unterhaltungsfilms, die sich in einer ganzen Serie ausdrückte und mit meinem Film *Meine Frau Teresa* (1942) ihren triumphalen Durchbruch erlebte, wurde für künstlerisch wertvoll erklärt. Dem kleinen Salonfilm folgte Hans H. Zerletts *Meine Freundin Josefine* (1942, mit Hilde Krahl und Paul Hubschmid), meine *Liebespremiere* (1943) und andere. Der »neue Stil«, die »Neue Welle« griff – in meinem Schaffen – auch auf das tragische gesellschaftliche Kammerspiel, das ernste Melodram über. *Am Abend nach der Oper*, 1944, *Regimentsmusik*, 1945, nach dem Krieg unter dem Titel *Die Schuld der Gabriele Rottweil* erstaufgeführt, waren Filme, die in der Belle Époque bzw. nach der Jahrhundertwende spielten. Es waren übrigens die Filme, die nach dem Zusammenbruch von den alliierten Besatzungsmächten als erste deutsche Filme dieser Entstehungszeit freigegeben wurden und in die Nachkriegskinos gelangten.

Dieser auffällige Wandel der NS-Filmpolitik zum »Schöner Wohnen« und besserem Leben mit »Pfiff« und »Goût« war um so erstaunlicher, als er in einer Zeit eintrat, in der durch die zunehmende Zerstörung deutscher Großstädte, ganzer Wohnviertel und die Evakuierung der Bevölkerung aus ihren zerbombten Heimstätten wie eine Provokation wirken mußte. Da war nichts mehr vom Stil »Lui Même«, wie man spöttisch Hitlers Reichskanzleiarchitektur oder vom »deutschen Barack«, wie man die Befehlsheime und Barackenlagerbauten bezeichnete, zu spüren. Da wurde Schick und geschmackvolle Eleganz nach letztem Schrei, Hypermodernität im exquisiten Stil amerikanischer Penthäuser oder französischer Millionärswohnungen des 16. Arrondissements vorgeführt, ein verfeinerter, kultivierter, leicht snobistischer Lebensstil dargeboten, der zu den Trümmerlandschaften coventrierter deutscher Metropolen in krassestem Gegensatz stand und makabre Herausforderungen in Hinsicht auf die gegenwärtige Lebenslage in Bunkern und Luftschutzkellern darstellten.

Was war hier geschehen? Was hatte Goebbels veranlaßt, Filme dieser Art gerade zu dieser Zeit herstellen zu lassen? Von Trost und Zerstreuung, Mut zwecks Kriegsverlängerung, Vorgaukelung besserer Zeiten konnte man in diesem Fall kaum sprechen. Es stand zu erwarten, daß eine gegenteilige Wirkung eintrat. Sie stellte sich übrigens nicht ein!

Der Grund zu dieser überraschenden Produktionsdevise war ein ganz anderer. Er ist heute dem Leser nur schwer glaubhaft zu machen. Er ist auch unglaublich:

Goebbels glaubte an den Endsieg und sah ihn nahe. Er sorgte sich um die Weltgeltung »seines« Filmes nach dem Sieg und um den Weltmarkt. Er wollte die leicht überdrehte Screwballcomedy mit ihren schnurrigen und skurrilen Figuren, die Nonsense- und »Sophisticated«-Komödie Hollywoods (*My Man Godfrey*, 1936, Regie: Gregory La Cava u. a.) aus dem Feld schlagen, er hatte Angst vor der charmanten Leichtigkeit des französischen Films, der seinen unpolitischen Spielfilm übertrumpfen konnte, er wollte zeigen, daß die NS-Weltherrschaft nicht spießig, prüde, primitiv und hausbacken, sondern weltläufig, geschmack- und stilbildend sei, modisch-modern und »nicht von gestern«. Dem imperialen Weltmachtstraum Hitlers wollte er nicht das deutsche Wesen zum Genesen entgegensetzen, sondern exklusive Urbanität mit dem Aroma von Snobesse. Nicht zu glauben?

Zu derselben Zeit, als *Meine Frau Teresa* entstand (Mai 1942) schrieb Goebbels in seinem Kriegstagebuch:

> 13. Mai 1942
>
> »Ich schaute mir wieder einen französichen Film an *Annette et la dame blonde* (Anm. 1942, Regie: Jean Dréville). Er ist genau von derselben Leichtigkeit und Eleganz wie der Darrieux-Film Caprices (Anm. 1942, Regie: Léo Joannon). Wir müssen bei den Franzosen etwas aufpassen, damit sie nicht unter unserer Führung eine neue Filmkunst aufbauen, die uns auf dem europäischen Markt allzu starke Konkurrenz macht.«

Bereits am 23. 1. 1942 hatte er notiert:

»Der neue Filmausweis zeigt wieder hervorragende Ergebnisse. Die Filmwirtschaft blüht trotz des Krieges in unvorstellbarer Weise. Wie gut ist es gewesen, daß ich vor einigen Jahren den Film in den Besitz des Reiches überführte! Es wäre furchtbar, wenn die hohen Überschüsse, die jetzt in der Filmwirtschaft erzielt werden, der Privatwirtschaft zugute kämen ...«

Am 2. April 1942 lesen wir:

»Winkler hält mir Vortrag über die Filmlage ... Das Finanzministerium will uns neue Steuern aufknallen, so daß eine Kapitalbildung für Aufgaben nach dem Kriege kaum noch möglich erscheint. Aber Winkler hat als gewitzter Finanzmann, der von diesen Dingen mehr versteht als die Bürokratie im Finanzministerium, schon einen Ausweg gefunden, der außerordentlich geistreich und originell ist und auf dem er zweifellos zum Ziele kommen wird.«

Am 15. Mai 1942 heißt es:

»Wir Deutschen haben als Weltvolk noch kein Format. Wir sind in der Vielstaaterei groß geworden und deshalb fehlt es uns an der nötigen politischen Übung und Erfahrung. Was wir jahrhundertelang versäumt haben, das müssen wir nun in wenigen Jahren nachholen.«

Und schließlich am 19. Mai 1942:

»Nachmittags habe ich eine lange Auseinandersetzung mit Hippler und vor allem mit Greven [Alfred Greven, Ex-Direktor der Ufa] über die Kursfestsetzung der von uns betriebenen französischen Filmproduktion. Greven hat hier einen völlig falschen Standpunkt eingenommen insofern, als er es für seine Aufgabe angesehen hat, den französischen Film in seinem Niveau zu heben. Das ist falsch. Es ist nicht unsere Aufgabe ... Eine neue Konkurrenz durch uns selbst hier heranzuzüchten, wäre glatter Wahnsinn. Wir müssen in unserer Filmpolitik einen ähnlichen Kurs verfolgen, wie ihn die Amerikaner dem nordamerikanischen Kontinent gegenüber verfolgt haben. Wir müssen zur absolut dominierenden Filmmacht auf dem europäischen Kontinent werden. Soweit noch in anderen Staaten Filme produziert werden, dürfen sie nur lokalen oder begrenzten Charakter haben. Deshalb muß es uns angelegen sein, alle Bildungen einer neuen nationalen Filmindustrie nach Möglichkeit zu verhindern ... Greven sieht nach langem Zureden die Richtigkeit dieses Kurses ein und wird in Zukunft nach ihm verfahren.«

Kompetenzstreit, Querelen und Malaisen

Die Zwistigkeiten des Propagandaministers beim Zusammenstoß seiner Interessen mit denen seiner Coproduzenten, den jeweilig verantwortlichen Funktionären der speziell angesprochenen Themen- und Sachgebiete, waren mehr als abenteuerlich. Es ging um Federführung, Prioritäten, Zuständigkeiten. Von den Raufereien, die Goebbels mit dem Oberkommando der Wehrmacht hatte, war bereits die Rede. Mein Film *Achtung! Feind hört mit!* – der genau genommen kein Kriegsfilm, sondern vor dem Kriegsausbruch spielte, aber in diese Kategorie aufgenommen werden kann – wurde gewünscht, fachmännisch beraten und überwacht von der Spionageabwehr des Admiral Canaris. In Sonderheit durch den Oberst Hans Oster, der ab 1935 unter Admiral Canaris als Leiter der Zentralabteilung des militärischen Nachrichtendienstes wie auch als Stabschef des Amtes Ausland Abwehr fungierte. Sein persönlicher Beauftragter für unseren Film war Hauptmann Heinze.

Hinter den Kulissen des Films, der zweifellos recht spannend war, lief sozusagen ein zweiter Spionagefilm in der Wirklichkeit ab, dessen makabre Umstände unseren Spielfilm gespenstisch überragten. Unser Film (Drehbeginn 1940) fing an dem Tag des Jahres 1938 an, als Chamberlain auf dem Flugplatz von Croyden mit dem Papier aus München winkte und der Welt den Frieden verkündete. Gleichzeitig mit den ausländischen militärischen Ausforschungsversuchen in unserer Filmhandlung begann Oster mit seinem Chef Canaris ein Geflecht des Widerstandes gegen das Regime zu organisieren, das den Tatbestand des Hoch- und Landesverrates erfüllte.

Am Tag bevor wir die Außenaufnahmen im Westen des Reiches beginnen wollten, setzte die Frankreich-Offensive ein und beendigte den Sitzkrieg. Zur selben Zeit waren alle Angriffs- und Zeitpläne der Operationen von Oster längst den Alliierten sowie Holland und Belgien verraten, aber nicht geglaubt worden. Wir

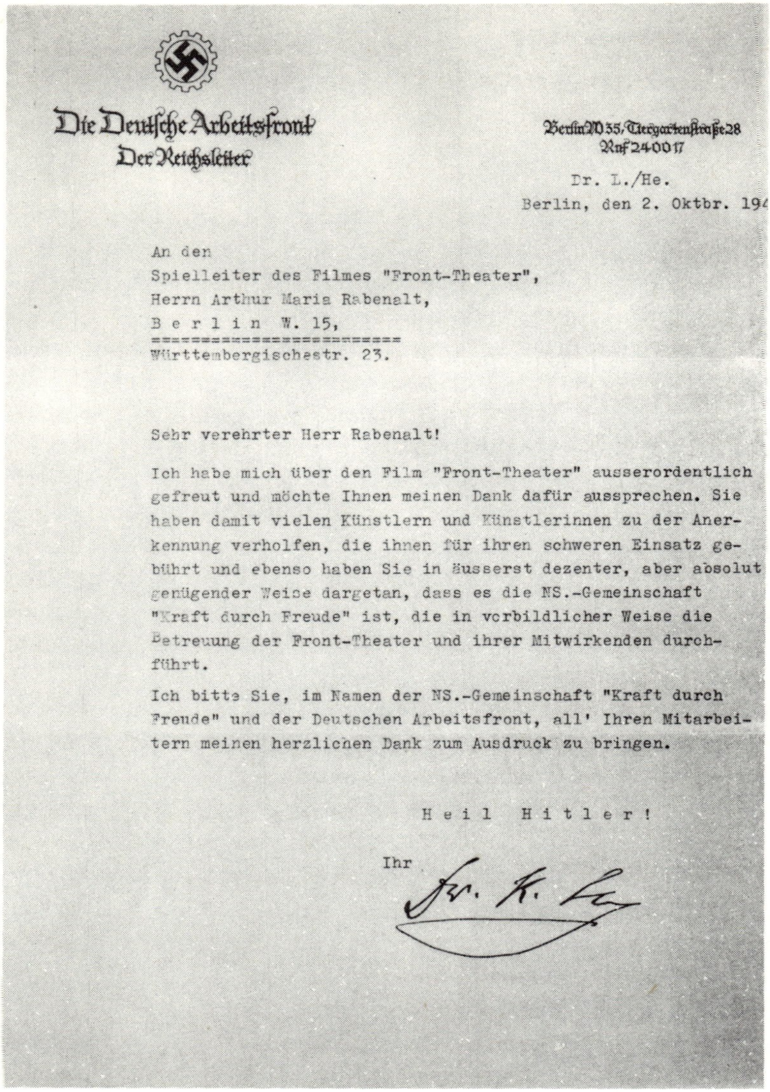

Die Deutsche Arbeitsfront
Der Reichsleiter

Berlin W 35, Tiergartenstraße 28
Ruf 24 00 17

Dr. L./He.
Berlin, den 2. Oktbr. 194

An den
Spielleiter des Filmes "Front-Theater",
Herrn Arthur Maria Rabenalt,
B e r l i n W. 15,
Württembergischestr. 23.

Sehr verehrter Herr Rabenalt!

Ich habe mich über den Film "Front-Theater" ausserordentlich gefreut und möchte Ihnen meinen Dank dafür aussprechen. Sie haben damit vielen Künstlern und Künstlerinnen zu der Anerkennung verholfen, die ihnen für ihren schweren Einsatz gebührt und ebenso haben Sie in äusserst dezenter, aber absolut genügender Weise dargetan, dass es die NS.-Gemeinschaft "Kraft durch Freude" ist, die in vorbildlicher Weise die Betreuung der Front-Theater und ihrer Mitwirkenden durchführt.

Ich bitte Sie, im Namen der NS.-Gemeinschaft "Kraft durch Freude" und der Deutschen Arbeitsfront, all' Ihren Mitarbeitern meinen herzlichen Dank zum Ausdruck zu bringen.

H e i l H i t l e r !

Ihr

wichen mit unseren out-door-Aufnahmen in die Tschechoslowakei aus. Das Rüstungswerk in der Nähe von Karlsruhe angenommen, stand nun in Mährisch-Ostrau, und Baden-Baden mit seinem Spielcasino wurde nun Marienbad.
Der Streit zwischen Canaris und Goebbels bzw. zwischen Oster und Goebbels ging um die Verurteilung des enttarnten englischen Geheimdienstoffiziers als Spion (René Deltgen). Zur Abschrekkung wollte ihn Goebbels mit dem Tod durch den Strang bestraft sehen. Canaris und Oster hingegen waren der Ansicht, der Offizier hätte seine soldatische Pflicht getan und verdiene einen ehrenvollen Soldatentod. Sie plädierten auf Erschießung. Der Streit wurde erbittert geführt. Da keine dramaturgische Einigung in Sicht war, entschloß ich mich, den englischen Offizier im werkeigenen Flugzeug auf der Flucht vor der Fesselballon-Sperre abstürzen zu lassen. Goebbels tobte über das eigenmächtige, salomonische Urteil eines nicht Entscheidungsberechtigten, ließ aber diese meine Version schließlich gelten, da dieser Tod die Qualität der deutschen Flugabwehr beweise!
Erst vier Jahre später – nach dem Attentat vom 20. Juli – sollte das Ausmaß des wirklichen Verrates bekannt werden: Generalmajor Oster starb durch den Strang, Admiral Canaris im Konzentrationslager.

Truppenbetreuung war Sache der Organisation »Kraft durch Freude«, für die Robert Ley zuständig war. *Fronttheater* war also s e i n Film. Goebbels verabscheute Ley über alle Maßen und gönnte ihm den Film nicht. Er beanspruchte sein Recht an dem Film, auch wegen dem darin behandelten Sachthema »Theater«. Ein juristisches Problem, könnte man sagen. Es kam zu Auseinandersetzungen, bei denen nicht immer Goebbels obsiegte. Er mußte in einigen Fällen klein beigeben.
Ich versuchte diesem Film alles nationale Pathos dadurch zu nehmen, daß die Theatertruppe nicht durch Prominente, sondern durch ein zweitklassiges Ensemble besetzt wurde. Die Geschwister Höpfner mit ihrem »Kaiserwalzer« waren ein Wunsch Hitlers. Die größte Hilfe hatte ich – ohne sein Wissen – für meine hinterhältige

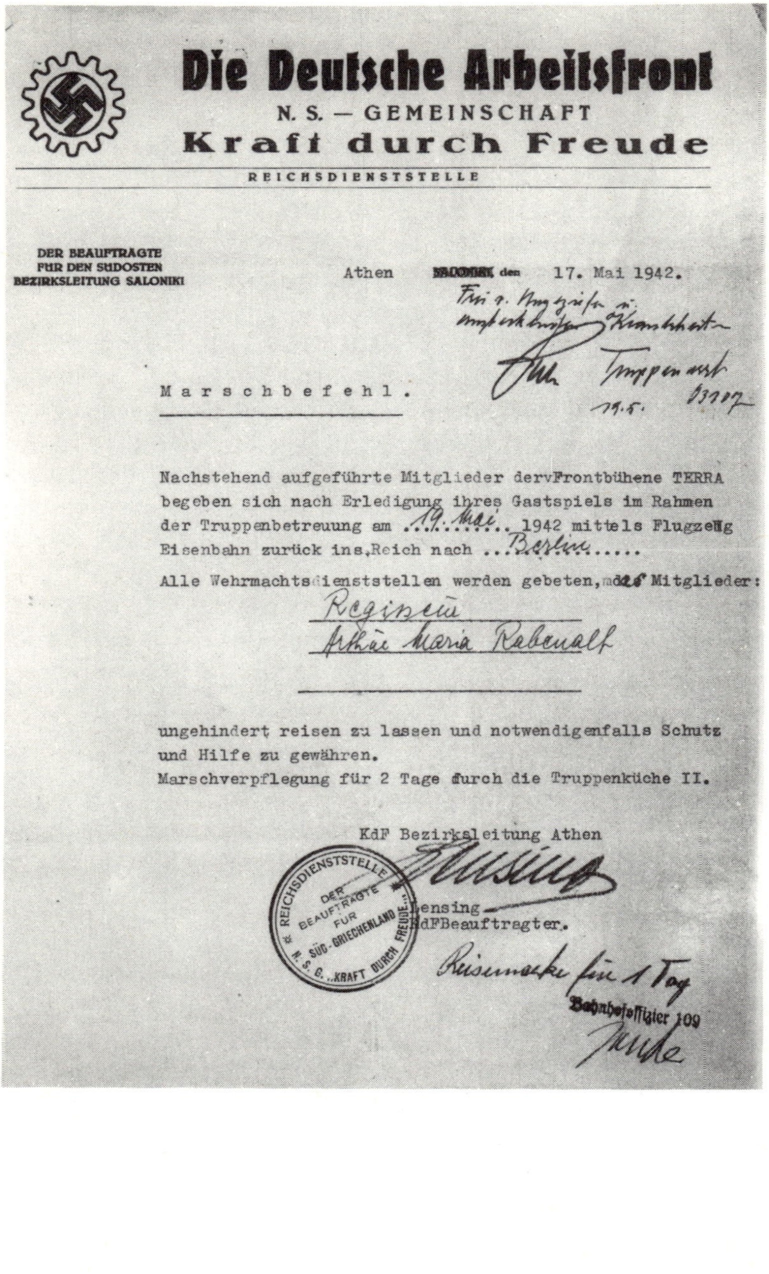

Die Deutsche Arbeitsfront
N. S. – GEMEINSCHAFT
Kraft durch Freude
REICHSDIENSTSTELLE

DER BEAUFTRAGTE
FÜR DEN SÜDOSTEN
BEZIRKSLEITUNG SALONIKI

Athen ~~SALONIK~~ den 17. Mai 1942.

Truppenarzt 19.5.

Marschbefehl.

Nachstehend aufgeführte Mitglieder der Frontbühne TERRA begeben sich nach Erledigung ihres Gastspiels im Rahmen der Truppenbetreuung am 19. Mai 1942 mittels Flugzeug Eisenbahn zurück ins Reich nach Berlin .....

Alle Wehrmachtsdienststellen werden gebeten, das Mitglied:

Regisseur
Arthur Maria Rabenalt

ungehindert reisen zu lassen und notwendigenfalls Schutz und Hilfe zu gewähren.
Marschverpflegung für 2 Tage durch die Truppenküche II.

KdF Bezirksleitung Athen
Lensing
KdF Beauftragter.

REICHSDIENSTSTELLE DER BEAUFTRAGTE FÜR SÜD-GRIECHENLAND N.S.G. „KRAFT DURCH FREUDE"

Reisemarke für 1 Tag
Bahnhofsoffizier 109

Absichten bei Goebbels selbst, der hartnäckig als Hauptdarstellerin Heli Finkenzeller forderte, der er eine leading-Lady-Rolle im nächsten großen Film zugesagt hatte. So kam ich um eine Starbesetzung der Fronttheatertruppe herum, wodurch das ganze Unternehmen um sein vaterländisches Pathos betrogen wurde. Einzig die neuentdeckte Bruni Löbel ragte durch ihr munteres Spieltemperament aus der Mittelklasse heraus. Aus demselben Grunde machte ich für die KdF das, was man heute im Fernsehen Schleichwerbung nennt. Robert Ley dankte mir in einem persönlichen Schreiben, aus dem unüberhörbar noch der Groll klingt, den er gegen Goebbels hegte. Der Marschbefehl der Organisation KdF weist mich in einem Vermerk rechts oben als läusefrei und frei von ansteckenden Krankheitssymptomen aus.

Der Streit schwelte noch weiter, selbst dann, als der Film fertiggestellt war und sein Erfolg feststand. Doch hatte auch dieser »Zeit«-Film eine beinahe tragikomisches Schicksal – aus zwei auf der Hand liegenden Gründen, die zwar voraussehbar waren, die man aber nicht in Rechnung gezogen hatte. Er kam nicht zur völligen Auswertung und mußte vorzeitig zurückgezogen werden. Die von uns »bespielten« besetzten Gebiete schmolzen ebenso schnell dahin wie die *»Glocken der Heimat«* eingeschmolzen wurden, die als Lied-Thema bei der großen Weihnachtsringsendung erklingen sollten. Das militärische Mißgeschick hatte den Zeitfilm geographisch überrollt . . .

Schuß und Gegenschuß und die optische Achse, ein Intermezzo

Eines Tages erschreckte Goebbels seine Propagandakompanien durch einen Erlaß, der größte Verwirrung hervorrief:

»Kriegsdarstellungen von links nach rechts aufgenommen, wirken positiv auf die Volksgenossen und sind daher geboten – das von rechts nach links Gefilmte hat negative Ausstrahlung und ist deshalb für Gefangene, Feinde und Untermenschen anzuwenden . . .«

Man geriet in Verzweiflung, denn das Kriegstheater richtete sich nicht nach den gewünschten Blickwinkeln von Kameramännern. Was war geschehen? Nun, ein Dilettant hatte das Fachgespräch von Filmschaffenden mitgehört, die sich über die Regiefehler eines Films unterhielten, es begriffen und falsche Folgerungen gezogen.
Das heute verachtete Erzählkino hatte einige Grundregeln, die der letzte Regieassistent bereits beim Bierholen mitkriegte. Sie hieß: Schuß, Gegenschuß und optische Achse. Danach hatte – um die räumliche Vorstellung des Publikums zu unterstützen – die Bewegung in eine Filmeinstellung in der darauffolgenden fortgesetzt zu werden, d. h. wer und was rechts ins Bild kam und auf der linken Seite verschwand, mußte, wenn die Sequenz fortgesetzt wurde, im folgenden Schnitt wieder rechts auftreten und links abgehen, ob Mensch, Auto, Pferd etc., es sei denn er bzw. es wechselte sichtbar im Bilde die Richtung. Dann konnte es umgekehrt weiter gehen, ad libitum.
Dies war besonders wichtig für die reinen Passagen d. h. Bewegungssequenzen. Anders ging dem Publikum die Richtung verloren. Die Kontinuität der Bewegungsabläufe garantierte die räumliche und örtliche Orientierung. Wenn zwei Personen sich im Film gegenüber befanden und durch Groß- oder Nahaufnahmen abwechselnd gezeigt wurden, so mußte dem »Schuß« auf den einen der Gegenschuß auf den anderen folgen. Sah der erste – nach dem

Gesamtarrangement –, im Profil, Halbdreiviertel-Profil oder en face links an der Kamera vorbei auf seinen Partner oder Gegenspieler, so mußte dieser in demselben Winkel rechts aus seinem Filmkader gucken. Dann sprachen sie im montierten Film miteinander, andernfalls hätten sie auseinander gesprochen – oder gehandelt. Und abermals hätte der Zuschauer den Zusammenhang und das filmische Raumgefühl verloren. Im Berufsjargon nannte man dies die optische Achse.

Wer nun beim Szenenarrangement des Regisseurs von rechts oder von links eingestellt wird, hängt von der Zuckerseite des bevorzugteren Darstellers oder von den Gegebenheiten des Raumes ab. Dies scheint alles ganz simpel, kann aber bei kunstvoll arrangierten Szenen mit Kamerafahrten und Schwenkungen recht kompliziert werden und zu langen Debatten ohne Resultat führen, so daß man oft beide Alternativen dreht und die Entscheidung erst im Schneideraum fällt, welche Richtung richtiger ist. Diese Diskussionen über die »optische Achse« sind berüchtigt und branchenbekannt. Wenn mehrere Personen um einen runden Tisch sitzen und eine erregte Unterhaltung schnelle Schnitte und Großaufnahmen mit sich bringt, wird die Angelegenheit der jeweiligen Blickrichtung zur Wissenschaft.

Goebbels hatte nicht falsch verstanden. Tatsächlich empfindet man physiologisch die links-rechts-Bewegung als Vorwärtsschreiten, als offensiv. Unbewußt läuft eine vorwärtsstrebende Kraft, z. B. die Hand beim Schreiben in der gesamten westlichen Welt von links nach rechts und kehrt von rechts nach links zurück. Beim Marschieren tritt man links an, der Verängstigte setzt meist mit dem rechten Fuß zurück. Links-rechts-Bewegungen empfindet man tatsächlich als Vorwärtstrends, von rechts nach links verlaufende als Flucht – übrigens auch Verfolgungs-Tendenzen. Doch hängt diese Pauschalbehauptung natürlich auch von den räumlichen und örtlichen Gegebenheiten und szenischen Zwängen ab. Dies gilt also nicht generell, ist umweltbedingt und praktikabel nur im Spielfilm, wo man Motive und Einstellungen wählen und planen kann. Er will eine kontinuierliche Geschichte räumlich und bildhaft logisch folgerichtig erzählen und den Zuschauer durch Raum und Zeit erläuternd führen.

Für den Dokumentar- und Reportagefilm ist diese Sache gänzlich unwesentlich, da dieser nur Eindrücke, Augenblicksbilder, Zustände und Situationen aufzeigt, eine kaleidoskophafte Montage reportiert oder dokumentiert und des fortschreitenden Erzählflusses nicht bedarf.

Der Irrtum und das Dilettantische des Ministers Goebbels zeigte sich darin, daß er die herrschenden Spielfilmgesetzlichkeiten auf seine politischen Wochenschauberichte und Dokumentarfilme anwenden wollte und dabei die Arbeit seiner Propagandakompanien sträflich erschwerte, ja sabotierte:

Man konnte sich doch auch vorstellen, daß die von allen Seiten heranmarschierenden Truppen den Eindruck einer strategischen Kesselschlacht einprägsamer hervorgerufen hätte . . .

Der landverschickte Film

Als das Tausendjährige Reich mit Riesenschritten dem Ende zuging, wurden nicht nur Familien und Kinder landverschickt und evakuiert, sondern auch der Film. Alle Theater wurden geschlossen, alle Vergnügungsstätten, soweit sie noch betriebsfähig waren, nur der Film blieb und das, obwohl die Theater leichter auf Behelfsbühnen hätten ausweichen können als der produktionstechnisch schwierigere Filmbetrieb. Goebbels blieb aber seiner »Spielwiese«, auch wenn sie durch Bombenkrater schier unbespielbar geworden war, treu.

Für den Film hieß es: weitermachen. Selbst unter den ungeheuerlichsten Bedingungen. Wie Kinder, die, von der Straße und vom Rasen verjagt, auf Hinterhöfen ohne Tore und Seitenlinien weiter den Fußball treten, setzte der Film sein Spiel fort. Neue Filme wurden produziert, zu einem Zeitpunkt, als es keine Filmvorstellungen mehr gab! Die Berliner »Terra« drehte in der Heide und in Bad Ischl im Kurhaus und in Bad Aussee in Wirtshaussälen. Der Wiener Westbahnhof und die Hofoper der Jahrhundertwende erstand auf dem Tennisplatz von Ischl, die Weinberge des Frankenlandes wurden, als die Amerikaner bei Remagen schon den Rhein überschritten hatten, in Berlin nachgebaut, wegen mangelnder elektrischer Beleuchtungskapazitäten jedoch wieder abgerissen und in Prag in den Barandow-Studios zum zweitenmal errichtet.

Die Ufa schickte eine Anzahl von Filmteams – ähnlich der Tobis – nach Tirol, in die Heide, nach Holstein, in entlegene Alpengegenden Bayerns. Man drehte weiter Landschaftsfilme, Lustspiele, Dramen und Komödien einer heilen Welt oder Kammerspiele historischer Epochen. Natürlich waren die technischen Gegebenheiten zum Teil katastrophal, Engpässe jeglicher Art traten auf. Der Garderobenfundus lieferte die Kostüme nicht zur Zeit, Requisiten trafen nicht ein oder waren nicht aufzutreiben, angeforderte

Schauspieler kamen infolge der katastrophalen Verkehrszustände nicht zu den Aufnahmen.
Die Verhältnisse zwangen zur Improvisation, die Zeit der Ausweichzwänge brach an. Sie war nicht die unkreativste. Wie im zusammengebrochenen Italien forderten die Mangelerscheinungen einen neuen Stil. Der Neoverismus Rosselinis entstand dort ebenfalls aus materialgegebenen Not- und Zwangsumständen. Ähnliche Merkmale eines zeitbedingten Stilwandels kann man in den letzten Filmproduktionen des Dritten Reiches feststellen, die allerdings oft unvollendet blieben. Innenräume wurden nicht mehr errichtet, man begann in noch bestehenden Interieurs an Originalschauplätzen zu drehen. Das bislang noch nicht geübte Ausleuchten der Innenmotive wurde zwangsgegeben. Es war vorher nur bei historischen Monumentalarchitekturen üblich.
Man mußte nicht nur an Foto- und Filmmaterial sparen. Dem Bombenkrieg zum Opfer gefallene Schauspieler waren aus begonnenen Filmen dramaturgisch zu eliminieren und viel Delikates mehr. Die letzten Anordnungen Goebbels', statt Unterhaltungsfilme »Durchhaltefilme« zu planen und zu produzieren, kamen nicht mehr zum Tragen. Die Filmteams irrten im nicht feindbesetzten Reichsgebiet herum, von einem noch nicht beschädigten Filmmotiv zu einem anderen. Man wurde zum Landstörzer und erinnerte sich an die Komödiantentruppen des Dreißigjährigen Krieges. Man floh jedoch nicht etwa vor dem Feind, sondern mit einem Drehbuch voll Frieden vor der Zerstörung. Und vor allem vor dem drohenden Einsatz zum Volkssturm! Man überlegte, wo und von wem man sich am besten überrollen lassen konnte. Goebbels waren die Zügel entglitten, man verspürte sie kaum noch. Anordnungen der Reichsfilmkammer erreichten die Teams nicht, oder man beachtete sie nicht mehr. Die Reichfilmdramaturgie begann sich ihrerseits aufzulösen. Autoritäre Entscheidungen blieben aus. Man überließ vieles dem eigenen Ermessen.
Besonders in der Terra bestand eine verschworene Gemeinschaft, und man handelte im besten Einvernehmen mit Produktionsleitern und bewährten Aufnahmeleitern. Man drehte unter Tieffliegerbeschuß, hatte Tonstörungen durch nahes Artilleriefeuer oder Luft-

minen, Explosionen, permanente Lichtschwankungen und stundenlangen Lichtausfall. Aber man drehte, solange das Material reichte, bis zum letzten Filmmeter, und solange das Ensemble noch einigermaßen zusammen war. Man improvisierte Drehpläne und Drehbuchdialoge, Spielsituationen, stellte Handlungskomplexe um. Soweit diese Filmvorhaben noch beendet wurden – oder nach dem Kriege beendet werden konnten –, bildeten sie auch den Filmstock, der von den Allierten wieder zugelassenen deutschen Filme. Auch neben denen, die aus der Anfangszeit des Regimes stammten, als die Filmindustrie noch nicht verstaatlicht worden war. Sie galten als politisch völlig unbelastet. So sollten meine ersten Spielfilme zu unerwarteten Ehren kommen!

Das fahrende Filmvolk zog auf ewig kaputten, holzgasbetriebenen Autos durch die Lande oder verschanzte sich in Orten heilgebliebener Gegenden fern von den strategischen Heerstraßen oder den Flugschneisen der Jagdflieger und Bombengeschwader. Wenn man sich jedoch die Titel dieser letzten Epoche nationalsozialistischer Filme ansieht, glaubt man sich in Friedenszeiten versetzt: *Am Abend nach der Oper, Wir beiden liebten Katharina, Shiva und die Galgenblume* – die zwei letztgenannten Farbfilme blieben unvollendet – etc. »Die Pervertiertheit der Brillanz, die cineastische Virtuosität« (Hannah Arendt) blieb dem deutschen Film erhalten – bis zum bitteren Ende.

Goebbels hat nicht viele Durchhaltefilme in Auftrag gegeben, doch einen – den letzten – mit dem ganzen Aufwand letzter Mittel. Dazu griff er auf einen Uralt-Stoff zurück, der seit 1934 in den Schubladen des Promis moderte: *Kolberg*.

Als Geschichtsschinken ist diese erstaunliche Superproduktion Veit Harlans nicht sonderlich interessant. Aber für den Schirmherr des deutschen Filmes, dessen Schirm bedenkliche Löcher aufwies, psychologisch aufschlußreich und dekouvrierend. Denn in diesem Propagandafilm des Durchhalte-Willens und -Müssens hat Goebbels nicht wie bisher die Führerfigur Adolf Hitlers projiziert, sondern sich selbst! Anläßlich der Uraufführung des Films – die im belagerten La Rochelle und in Berlin am 30. Januar 1945 stattfand (die Kopie mußte in der Atlantikfestung durch Flugzeuge abgeworfen werden) – sagte der Reichsminister für Volksaufklärung und Propaganda:

> »Meine Herren, in hundert Jahren wird man in einem schönen Farbfilm die schrecklichen Tage zeigen, die wir durchleben. Möchten Sie nicht in diesem Film eine Rolle spielen? Halten Sie jetzt durch, damit die Zuschauer in hundert Jahren nicht johlen und pfeifen, wenn Sie auf der Leinwand erscheinen . . .«

Man muß diese Sätze dreimal lesen, um ihre ganze Infamie zu verstehen. Sie bedeuten nichts anderes, als daß sich die Verteidiger von La Rochelle erschießen lassen sollten, um – um was? Um in hundert Jahren gute Filmrollen herzugeben.

Hier sprach verantwortunglos und zynisch kein diplomatischer Taktiker, sondern nur ein filmverrückter Kinofan, der in der Geschichte, in der Filmgeschichte eine große Rolle spielen wollte. Goebbels, der gewieft genug gewesen war, die Filmindustrie zum Rüstungsbetrieb zu deklarieren, auch als alle Theater »geschlossen hinter ihrem Führer standen« – wie ein witziger Prominenter das befohlene Treuebekenntnis zu Hitler doppelsinnig formulierte –, klammerte sich an seine »Spielwiese« wie ein Kind an seine Puppe, wenn das Haus bereits in Flammen steht. Er ließ Filme weiterproduzieren, als es keine Abspielstätte, kein Silber für die Emulsionen des Filmmaterials, keine Kinos mehr gab und deutsche Filmpremieren nur noch in der Tschechoslowakei, dem »Protektorat« stattfinden konnten. Die Erstaufführung meines Films *Das Leben ruft* fand beispielsweise in der Weihnachtszeit 1944 (!!) in Danzig statt, als die Rote Armee bereits an der Oder stand und sich anschickte, ihren unaufhaltbaren Marsch auf Berlin anzutreten. Fertige Filme wurden auf Lager gelegt.

Das letzte Refugium des deutschen Films war Prag. Wenn man sich – gegen ausdrückliche Anordnung – aus dem Rüstungsbetrieb FILM eigenmächtig absetzte, was soviel wie Sabotage war, hatte man Glück, denn man entging der nachfolgenden Einlieferung in die Konzentrationslager, die die tschechische Befreiungsmiliz für deutsche Faschisten eingerichtet hatte.

Zuletzt strandeten die restlichen Filmgruppen an den Besatzungstruppen aus West, Ost und Süd oder fanden sich wieder zusammen an mehr oder weniger zufälligen Orten. So bildeten sich – nach dem Krieg – die ersten zusammengewürfelten Ensembles versprengter Darsteller nicht so sehr in Städten wie Berlin und München, sondern in kleineren Gemeinwesen, die bis dahin im Theaterleben keine wesentliche Rolle gespielt hatten: im Salzkammergut wie in Konstanz, in Baden-Baden, Tübingen, Neustadt an der Donau oder in Straubing.

Und der Schirmherr? War der Filmkapitän von der Kommandobrücke, der Lotse von Bord gegangen? Das nicht. Aber er war zum Militär gegangen! Er bekam ein hohes militärisches Amt und sollte als Reichsverteidigungskommissar das bedrohte Berlin verteidigen. Den unbehausten, evakuierten, landverschickten Film konnte er sowieso kaum noch kontrollieren. Aber in der Götterdämmerung hatte er sich eine letzte große Filmrolle vorbehalten . . .

IX
Der Reichskanzler

Das letzte Kapitel

Am 29. April 1945, vier Uhr morgens, beglaubigt Paul Joseph Goebbels das Testament Adolf Hitlers, in dem er zum Reichskanzler ernannt wird. Die letzte offizielle Amtshandlung des früheren Propagandaministers war die Trauzeugenschaft bei einer zivilen Eheschließung eines gewissen Adolf Hitler mit Frl. Eva Braun aus München gewesen . . .

Am 30. April wurde bekannt, daß Hitler Selbstmord begangen hatte.

Nun ist der Filmfan, Schirmherr, Frauenfeind und Frauenheld, Reichskanzler des Großdeutschen Reiches, ein Kanzler ohne Kanzel, ohne Reich und Größe, ein Presse-Zar ohne Presse, ein Rundfunkdespot ohne Sender.

Er übt zum letztenmal Zensur. Er zensiert sich selbst.

Der Schreibtischtäter ermordet Frau, Kinder und sich selbst. Zu diesem Zweck griff er nicht zur Feder, sondern zu Giftkapseln und Revolver. Er trat wie sein Opfer Joachim Gottschalk die Flucht ins Dunkel an.

Der Film lief aus der Spule.

Nachwort
In eigener Sache

In elf Jahren des zwölfjährigen Reiches, von 1934–1945, habe ich 24 Spielfilme gedreht, darunter drei Kurzfilme. Von den zwei Dutzend Streifen spielen drei Filme in der damaligen real existierenden Gegenwart. Eigentlich nur zwei, denn der dritte war den ihm zugrundeliegenden historischen Tatsachen nach zwangsläufig in der Nachkriegszeit 1919–1921 angesiedelt. Die beiden Filme, die sich in der aktuellen nationalsozialistischen Tageswelt abwickelten, sind *Achtung! Feind hört mit!* und *Fronttheater*.

Der erste war kein Agenten- oder Spionagefilm im üblichen Klischee, sondern eine Art Aufklärungsfilm, eine Warnung vor leichtfertigen Äußerungen, sorglosem Handeln, mißbräuchlicher Verwendung von Kenntnissen und behandelte – nach dokumentarischen Vorlagen – die Anwerbungs-, Erpressungs- und Verführungstaktiken der Geheimdienste. Diese waren keine spezifischen Naziprobleme, sie betreffen noch heute jeden Staat und jedes Volk, und sind im Krieg wie im Frieden jederzeit besonders prekär. *Achtung! Feind hört mit!* war eine Aufforderung zur Vorsicht bei der Weitergabe von Informationen aus Geltungssucht, Notlage und Unüberlegtheit. Die einzelnen Fälle – filmisch aufbereitet – wurden in einer Spielfilmhandlung gebündelt.

Von den uns freigegebenen Akten der Spionageabwehr mußte ich einige aussondern. Sie waren einem noch so gutgläubigen Publikum nicht als wirklich geschehen glaubhaft zu vermitteln. Man hätte über die Dummheit und Einfalt erwachsener Menschen gelacht. So war z. B. der Fall eines früheren sozialdemokratischen Werkmeisters, der vor angeblichen Genossen, die jedoch Agenten waren, anläßlich einer Sauftour mächtig auf die Regierung geschimpft hatte (während ein Trichtergrammophon Musik spielte), nicht zu benützen. Am nächsten Tag behaupteten nämlich seine Gastgeber, dieser Apparat hätte seine staatsfeindlichen Reden aufgenommen und erpreßten ihn mit der Drohung, diese der Gestapo zuzuleiten, falls er sich weigere, ihnen Informationen aus seiner Werktätigkeit zukommen zu lassen. Er wurde zum Industriespion.

In demselben Film sollte die Aushorchung des Juniorchefs eines Rüstungsbetriebes durch die auf ihn angesetzte attraktive Agentin (Kirsten Heiberg) auf recht komplizierte Weise erfolgen, wobei auch der Zufall seine Funktion bei Sorglosigkeit eine Rolle zu spielen hatte. Um sie filmdramaturgisch und optisch sinnvoll zu gestalten, ließen wir uns etwas einfallen: Bei einem Telefongespräch mit dem Geliebten wird die als Modeschöpferin getarnte Agentin Zeuge eines Gespräches, das dieser auf einem Nebenapparat mit seinem Chefchemiker führen muß, wozu er den Telefonhörer mit dem Privatgespräch kurzfristig auf dem Schreibtisch ablegt. Sie erfährt dadurch wichtige Aufschlüsse über ein top secret und schreibt rasch die unerwartete Information mit dem Lippenstift auf den Deckel eines Hutkartons. Durch diesen filmischen Gag sahen sich die Behörden veranlaßt in allen Büros und Ämtern das gleichzeitige Telefonieren an zwei Apparaten ausdrücklich zu untersagen. Es entsprach dem Slogan, daß der Feind tatsächlich mithören könne.

Auch der Begriff »Truppenbetreuung« war in dem Film *Fronttheater* alles andere als eine nationalsozialistische Erfindung oder Institution. Wie es uns gelang, dem Thema weitgehend seine latente patriotische Pathetik zu nehmen, indem wir einfach den Film mit seinem Frontensemble nicht »überbesetzten«, geht aus einigen Sätzen in diesem Buche hervor. Beide Filme zeigten nur das Unumgänglichste an nationalsozialistischer Optik, keine Ideologie oder Tendenz. Sie versuchten lediglich den nationalsozialistischen Alltag zu reflektieren. Natürlich waren es Erzeugnisse der staatlich gelenkten Filmproduktion, aber keine Filme aus Goebbels' »Lügen- und Propagandafabrik«.

Jeder Cineast wird das Eingehen auf meinen Film *... reitet für Deutschland* vermißt haben. Ich habe über diesen Kultfilm – im guten wie im üblen Sinne – bereits alles gesagt und geschrieben, was zu sagen und zu schreiben ist. Ich fasse deshalb kurz zusammen:

Ich befand mich in Wien, um einen Film vorzubereiten, der die

Willy Birgel
. . . reitet für Deutschland
UFA

Salzburger Festspiele zum Gegenstand hatte. Dieses Vorhaben platzte – und wurde erst später realisiert –, weil Goebbels verlauten ließ, daß er es satt habe, sich laufend »ostmärkische« Filme ansehen zu müssen. Die Terra holte mich zurück und eröffnete mir, daß ich an die Ufa »abgestellt« sei, um dort den Film *... reitet für Deutschland* zu machen. Das fertige Drehbuch lag bereits seit Jahr und Tag vor. Ich hatte keine Beziehung zu dem damals noch sehr elitären Herrenreitersport und gab weder dem Film noch mir eine Chance. Ich betonte nachdrücklich, daß ich keinerlei Verständnis für die m. E. »alberne« Parcourreiterei habe und von Pferden nichts verstünde. Der Reichsfilmdramaturg lehnte meinen Einwand brüsk ab: »Sie verstehen genug von Pferden. Sie haben sich ja in viele Zirkusfilme ›verdrückt‹.« Er fragte, ob es mir lieber wäre diesbezügliche Erfahrungen an der Front zu erwerben, und meinte, es wäre schon lange fällig, daß ich meine filmischen Kriegskenntnisse durch gehörige Praxis vervollständigen solle. Im übrigen sei es ein Scheißfilm, auf den die Reichsfilmdramaturgie keinen gesteigerten Wert lege. Ich bezog dies auf die bekannte Animosität des Ministers das verhaßte Junkertum betreffend.

Ich drehte den Film über das Hindernisreiten unwillig, mich fesselte an ihm einzig das Berliner Milieu der ersten Nachkriegs- und Inflationszeit im Osten der Stadt, im sogenannten Scheunenviertel, so wie ich es bei den Streifzügen mit dem mir befreundeten Egon Erwin Kisch erkundet hatte. Dieses wahrheitsgetreu zu inszenieren, machte mir Spaß – ich kann es nicht verhehlen. Ich wollte es so zur Darstellung bringen, wie ich Unterwelt, Slums und eine fragwürdige Turf-Scene in Jugendjahren erlebt hatte. Dies war kein künstlerischer, aber ein taktischer Fehler, zu dem ich mich bekennen will. Denn den gestaltungsgierigen Inszenator ließ sein politisches Bewußtsein im Stich. Ich dachte nicht daran, daß diese drei, vier Szenen später propagandistisch mißverstanden werden konnten. Der Pferdejude war für mich kein rassistischer Begriff, sondern eine Berufsbezeichnung wie Viehhändler oder Roßschlächter. Die eine oder andere Schiebertype trug fremdrassige Züge – übrigens bereits im Drehbuch –, ich ver-

schärfte nichts und fügte nichts hinzu. Es wurde mir gar nicht bewußt, daß sie dem Antisemitismus Vorschub leisten könnten.
Ich wurde auch nicht angehalten, diesen Szenen besonderen Nachdruck zu verleihen, denn das Promi nahm von diesem Film nur hinsichtlich einer Reichswehruniform Kenntnis. Dies erstaunte mich zwar, war mir aber nicht unangenehm. Ich hatte meine Ruhe. Und auch nach der Ablieferung des Filmes hatte der Minister nur einen Einwand: Die nach dem völlig überraschenden Sieg des »Bôche« fällige »Dytschland«-Hymne, die die schwyzerische Militärkapelle mangels vorbereiteter Noten, so hanebüchen falsch intoniert, sollte nicht so lang ohrenbetäubend dissonant erklingen. Sonst wurde über diesen Film kein Wort verloren. Er wurde verschwiegen, erhielt anfänglich keinerlei Prädikate und sollte nur im pferdezüchtenden Norden – Pommern, Mecklenburg, Hannover etc. – eingesetzt werden. Erst nach seinem Erfolg, über den ich hier nicht zu berichten brauche, befaßte man sich mit ihm.
Die diversen Rätselhaftigkeiten sind inzwischen aufgeklärt. Ich hatte mich die ganze Zeit gewundert, daß dieses längst geplante und betriebene Produktionsvorhaben so lange bei der Ufa unrealisiert liegenblieb. Erst lange nach dem Kriege erfuhr ich, daß weder Hitler noch Goebbels diesen Film wünschten. Schließlich befahl Dr. Winkler, der Treuhänder der Staatsfilm-Firmen die Realisation des Vorhabens kurzer Hand gegen das Propagandaministerium und gegen die Reichsregierung, weil man für die diversen Drehbücher und Vorbereitungsarbeiten bereits zuviel Geld ausgegeben habe. Wir wissen, welchen Einfluß Dr. Winkler genoß und welche gewaltige Macht dieser Generalmanager des größten Filmtrusts Europas als Vertreter des Kapitalismus über Führer und Partei ausübte. Warum Goebbels an diesem Film nicht interessiert war, ist aus der Abneigung des Ruhrpott-Prolet-Ariers gegen die verhaßte arrogante »Adelsclique« zu verstehen. Aber was hatte Hitler gegen diesen Film? Hippler spricht davon, daß Hitler strikt gegen Pferde im Mittelpunkt von Filmhandlungen gewesen sei und von jeher keine Sympathie für diese Tiere gehabt habe. Deswegen hätte er auch die Verfilmung des Buches *Hengst Majestoso Austria* verhindert.

Diese mir bis dahin unbekannte Phobie des Führers erklärt zusätzlich, warum man im Propagandaministerium den Film – nach dem Leben des berühmten Hürdenreiter Freiherrn von Langen – anfänglich so sauer aufnahm und sich jeder Zustimmung enthielt. Daß Hitler aus psychopathologischen Gründen nicht ersatzweise für Deutschland reiten lassen wollte, wäre zu schön gewesen. Nach einem spektakulärem Fall (Hans Graf) verstand Sigmund Freud nämlich die Pferde-Phobie, die neurotische Pferdescheu, als geheimen Wunsch des jungen Patienten, mit seiner Mutter sexuelle Beziehungen aufzunehmen. Diese inzestuösen Begierden hätten zu gut zu dem Führer gepaßt; denn bei Hitlers Leidenschaft für seine Nichte Geli Raubal haben zweifellos inzestuöse Triebe eine Rolle gespielt und nahverwandtschaftliche Beziehungen sind bereits bei den Eltern feststellbar: die Mutter Klara war die Nichte seines Vaters, für deren Eheschließung ein kirchlicher Dispens nötig war. Und die Liebe des Führers zu seiner Mutter ist bereits aktenkundig. Leider wird die Analyse der Pferde-Phobie heute wissenschaftlich angezweifelt.

Jedes Wort des Lobes und der Schmähung wurde über diesen Film ausgeschüttet. Begeisterung und Verdammung wurde geäußert über diesen Nazifilm, den weder Hitler noch Goebbels und schon gar nicht sein Regisseur machen wollte. Zuletzt wurde sogar eine arme Pendule auf dem Kaminsims eines Schlosses verdächtigt, dem auf dem Rückzug befindlichen Rittmeister neuen Kampfesmut einzuflößen, ließ ihr Spielwerk doch die Melodie einer Figaro-Arie ertönen: »Nun vergiß leises Flehn, süßes Kosen . . . Auf, Cherubino, auf zum Siege, auf zu neuem Waffenruhm . . .«

Der Film wurde – nach Kürzungen – als einer der ersten Filme von der alliierten Verbotsliste gestrichen und immer und immer wieder erfolgreich aufgeführt und erfolglos verrissen. Ich stehe zu diesem Film – obwohl ich ihn nicht mag und nicht mochte. Ich stehe zu den inkrimierten Szenen des damaligen Inflationsmilieus und bedauere nur, daß mir damals die Einsicht fehlte, diese Szenen des Tages und der Zeit aus gegebenem Anlaß zu schönen und abzuschwächen. Der Filmregisseur brauchte zum Niedergang des Reiters und seines Pferdes eine kontrastreiche Gegenwelt und diese bestand nun mal

in dem drastischen Abbild der inflationären Zeitgegebenheiten. Ich bekenne mich schuldig, dem erlegen zu sein, was ich als »Brücke am Kwai-Syndrom« bezeichnen möchte. Auch der englische, in japanische Kriegsgefangenschaft gefallene Ingenieur wird sein Opfer. Gezwungen, eine Brücke zu bauen, die den strategischen Plänen des Feindes nützt, seinem Vaterland aber schaden muß, siegt der Wille, eine Sache, die seine Aufgabe wird, gut zu machen und nicht, wie es opportun wäre, fehlerhafte Arbeit zu liefern. Jeder Künstler, der seinem Beruf verfallen ist, wird das verstehen. Man wird von keinem Renaissancemaler verlangt haben, daß er ein Bild schlecht malt, weil er seinen Auftraggeber haßt oder verachtet.
In der großen sechsteiligen Fernseh-Sendung der ARD (April/Mai 1985) *Die Deutschen im Zweiten Weltkrieg* wurde über diesen Film gesagt: »Der größte Schlager aber war . . . *reitet für Deutschland* mit Willy Birgel, der sich [im Gegensatz zu *Ohm Krüger*] nicht speziell gegen England richtete, sondern ganz allgemein verletztes deutsches Nationalgefühl ansprach.«

Einige Worte noch zur Klärung der äußeren und inneren Situation, in der sich ein Antifaschist befand, der im Dritten Reich durch glückliche Umstände nicht seiner Freiheit und Arbeitsmöglichkeit beraubt wurde und dem Gewaltregime distanziert und kritisch gegenüberstand. Mein Kollege Helmut Käutner sagte anläßlich seines Films *Unter den Brücken*, also gegen Ende des Großdeutschen Reiches: »Wir lebten verträumt neben der Zeit . . .« Ich teile seine poetische Auffassung durchaus nicht. Ich möchte eher sagen, wir waren anästhesiert, narkotisiert und in Trance. Auch u.k.-gestellt, im Schutz eines kriegswichtigen Rüstungsbetriebes, wurde Kriegsgeschehen und Filmarbeit zu einer irr-realistischen, wahnwitzigen und makabren Horrorschau. Daß diese »absence« in Verbindung mit der geliebten Filmarbeit vor sich ging, hatte die Wirkung einer bewußtseinsverändernden Droge. Nach Bombennächten taumelten wir in die Arbeit, die uns wieder high machte. Film ersetzte bis zum Ertönen der Sirenen, die der Kuckucksruf im Rundfunk erwarten ließ, Lebensmittelzuteilung, Extraration und Schleichmarktware. Film erwies sich als Lebenshilfe, war Vitamin,

Kalorie, Amphetintamin und Anabolikum. Man vergegenwärtige sich einmal die Absurdität:
1944, genau 30 Jahre nach der Marneschlacht 1914 und kurz vor der Invasion der Alliierten, drehte ich auf dem Filmgelände der Bavariafilm in München den dramatischen Rückzug der kaiserlichen Armeen durch ein brennendes französisches Dorf und gleichzeitig erschienen am Horizont die amerikanischen Bombengeschwader, die München in Asche legten, und die einzige Sorge des Regisseurs mußte es sein, daß diese höchst anachronistisch auf das Filmbild kommen könnten – was übrigens auch geschah.
Man stelle sich vor, daß der Drehplan von Außenaufnahmen sich danach richten mußte, ob das gewählte Motiv, der geplante Drehort am nächsten Tag noch stehen würde. Oder daß die romantisch-lyrische Liebesszene auf einem Mainkahn in Franken in der Nähe von Ochsenfurt bei Bordwaffenbeschuß durch Tiefflieger stattfinden mußte, während die Alliierten bereits am Westwall standen und ihre Wäsche auf der Siegfriedlinie aufhängten.
Man konnte sich nicht ausdenken, wie es weitergehen würde. Es blieb nichts anderes übrig, als so lange zu drehen, wie man drehen konnte, und das war bis kurz vor dem Kollaps. Also inszenierte man bis zum bitteren Ende, von Luftalarm zu Luftalarm. Und erlebte sein eigenes Armaggedon. Oft ungewiß des Schicksals der eigenen Familie, entspannte man sich bei der Gestaltung fiktiver dramatischer Schicksale, zu denen man sich ein Drehbuch zurechtgebastelt hatte. Und hier stellt sich natürlich auch dem Filmschaffenden, wie er genannt wurde, die Frage, was er von den Kriegsverbrechen wußte. Ich kann nur für mich Zeugnis ablegen. Ich wußte von 1934 an von Konzentrationslagern für angebliche Staats-, d. h. Regimefeinde. Ich hatte zwei Freunde, die ihm entkamen: Axel Eggebrecht und Carlo Mierendorff. Ich beschwor sie, mir zu sagen, was dort geschah. Beide schwiegen – unabhängig voneinander. Es war nichts von ihnen zu erfahren.
Im Ausland las ich Langhoffs *Moorsoldaten*. Das Buch bewegte mich, erschütterte mich aber nicht. Die Schändlichkeit dieser Institution wurde offenbar, blieb aber noch faßbar. Als es zur Judenverschickung und zur Endlösung kam, waren wir fest davon überzeugt,

daß es sich bei der Verbringung in den Osten um eine Umsiedlung handelte. Was man hinter der vorgehaltenen Hand hörte oder sich zuflüsterte, war so grauenhaft, so unglaublich, so jenseits aller Denkbarkeit, so unfaßbar, daß man es für schlechte, weil plumpe Propaganda des »Lügenlords« Churchill hielt: Horrorvisionen eines drittklassigen angelsächsischen Kinothrillers. Man konnte es nicht glauben, obwohl die Nazis ihrerseits ihre Glaubenswürdigkeitskonten und fast ihren ganzen Kredit überzogen hatten. Aber Vergasung und Völkermord nach System? Churchill übertrieb seine Feindpropaganda wie ein schlechter Schauspieler seine darstellerischen Mittel. Man konnte es nicht glauben und wollte es – vielleicht im Unterbewußtsein – nicht glauben. Sicher verdrängte man vieles – auch das Ausmaß der militärischen Niederlagen, den sicheren Zusammenbruch, hinter dem das große Fragezeichen der Weiterexistenz stand.

Auschwitz war ein Ortsname, der mir flüchtig bekannt geworden war. Während der Aufnahmen zu *Zirkus Renz* im Breslauer Zirkus Busch, dem letzten festen Haus, das in Deutschland noch intakt war, erzählte mir nämlich der Tenorbuffo des Staatstheaters, der bei uns filmte, von einer Truppenbetreuungsdarbietung, die er mitmachen mußte und die vor einer SS-Wachmannschaft stattfand. Man fuhr die Mitwirkenden im Omnibus über Land, wozu man die Wagenfenster verhängt hatte. Es war Weihnachten. Er war der festen Überzeugung, daß die SS-Truppe zu einer geheimen Rüstungsfabrik gehörte, die chemische Waffen herstellte, denn die Luft war schlecht und es roch bestalisch. Er kannte den Ort auch nicht näher, denn sie wurden von allem abgeschirmt, und es war eine Winternacht. Er wußte nur den Namen: Auschwitz.

Ich hörte von ihm erst wieder nach dem Zusammenbruch und erfuhr dann das ganze Ausmaß seines Schreckens.

Im Dezember 1944, kurz nach der Ardennenoffensive, fuhr ich nach Danzig zur Premiere von *Das Leben ruft*. Im Zugabteil war ich mit einem Herrn in Zivil allein. Er stellte sich vor. Typ höherer Beamter im Auswärtigen Amt. Dezent, aber elegant gekleidet, pico bello und comme il faut. Nadelstreifen und gute Krawatte. Kein Parteiabzeichen. Verbindliche Höflichkeit in der Konversa-

tion, aber gleichzeitige Distanz. Im Gespräch gab ich meinem Befremden Ausdruck, daß man nichts mehr über den Fortschritt der Ardennenoffensive nach den ersten triumphierenden Sondermeldungen höre. Er zuckte die Achseln und schwieg. Im weiteren Verlauf dieser Fahrt in den Osten kam ich auf die Umsiedlung der Juden zu sprechen und wunderte mich, warum die Deportierten angeblich nur 30 kg Gepäck mitnehmen durften. Er wies auf ein Blechschild über dem gegenüberliegenden Sitzplatz, auf dem die Anordnung der deutschen Reichsbahn gepreßt war, daß den Fahrgästen im Gepäcknetz über ihrem Sitzplatz nur Handgepäck mit Höchstgewicht von 30 kg gestattet war. Diese »Verkehrsanordnung« stammte aus der Kaiserzeit, aus irgendeinem Jahre des vorigen Jahrhunderts. Preußische Ordnung also.
Der Erfolg des Filmes war groß, er spielte ja vorwiegend im Danziger Marienwerder. Beim Rückflug am nächsten Morgen konnte man die Stellungen der Russen an der Weichsel ahnen. Es war ein blutroter Sonnenaufgang.

Für den Filmfan Goebbels war das Medium eine Mehrzweckwaffe. Als Wunderwaffe wurde sein Hetzfilm schnell stumpf und uneffektiv. Ein Wunder aber war, was der deutsche Film unter diesen Zwängen, Belastungen, Umständen und Gegebenheiten bis zuletzt zu schaffen vermochte.
Die Ära unter der nationalsozialistischen Gewaltherrschaft ist nicht mehr länger aus der Geschichte des Filmes auszuklammern.

Arthur Maria Rabenalt-Filmographie
(Kinofilme)

Die Jahreszahlen bezeichnen das jeweilige Uraufführungsdatum. Erklärung der Abkürzungen: CR = Co-Regie, D = Deutschland, DDR = Deutsche Demokratische Republik, DK = Dänemark, F = Frankreich, I = Italien, Ö = Österreich, Sp = Spanien. Wenn keine Länderbezeichnung angegeben ist, handelt es sich um eine deutsche bzw. BRD-Produktion.

Regie

1934 *Pappi*
Buch: Rabenalt, Sybille Pietzsch.
Mit Viktor de Kowa, Hilde Weißner, Petra Unkel, Rudolf Platte, Hans Deppe, Josef Sieber.

Was bin ich ohne dich!
Buch: Carl Echtermayer, Thea von Harbou.
Mit Betty Bird, Wolfgang Liebeneiner, Olga Tschechowa, Rudolf Platte, Blandine Ebinger, Viktor de Kowa, Werner Finck, Werner Fuetterer, Paul Richter.

Eine Siebzehnjährige
Buch: Karl Peter Gillmann, Charlotte Serda, nach dem Schauspiel »Die Siebzehnjährigen« von Max Dreyer.
Mit Albert Lieven, Reva Holsey, Alfred Abel, Franziska Kinz, Max Gülstorff, Etta Klingenberg

Ein Kind, ein Hund, ein Vagabund
(zweiter Titel: *Vielleicht war's nur ein Traum*)
Buch: Karl Peter Gillmann, nach einer Story von Bruno Hardt-Warden.
Mit Viktor de Kowa, Waldemar Müller, Annemarie Sörensen, Fita Benkhoff, Günther Lüders.

1936 *Die weiße Frau des Maharadscha*
(Ö/I; I-Version: *Una donna tra due mondi;* D-Titel: Die Liebe des Maharadscha)
Buch: Georg C. Klaren, Corrado Alvaso.
Mit Isa Miranda, Gustav Diessl, Hilde von Stolz, Attila Hörbiger, Rudolf Carl, Vasa Prihoda.

Das Frauenparadies
(Ö)
Buch: Julius Horst, Karl Buda, Rabenalt, nach der gleichnamigen Operette von Julius Horst, Karl Buda (Libretto) und Robert Stolz (Musik).
Mit Hortense Raky, Ivan Petrovich, Leo Slezak, Georg Alexander, Aino Bergö, Annie Rosar.

1937 *Millionenerbschaft*
(Ö)
Buch: Axel Eggebrecht, Hans Neumann, nach dem Roman »Glückliche Reise, Herr Korff« von Harald Baumgarten.
Mit Friedl Czepa, Hans Stüwe, Alfred Abel, Inge List und Felix Kaspar (Weltmeister im Eiskunstlaufen).

1938 *Liebelei und Liebe*
Buch: Otto Bielen, Werner Zibaso.
Mit Paul Hörbiger, Gisela Uhlen, Carl Raddatz, Carla Rust, Paul Westermeier.

Schwarz und Weiß (Kurzfilm)
Mit Rudolf Platte, Kurt Seifert.
Der Film wurde von der NS-Zensur verboten.

1939 *Modell Lu, der Lebensweg eines Hutes* (Kurzfilm)
Buch: Eberhard Keindorff, Herta Plessow.
Mit Helmut Weiß, Ursula Grabley, Erik Ode, Charlott Daudert.

Rosemarie will nicht mehr lügen (Kurzfilm)
Buch: Eberhard Keindorff.
Mit Werner Pledath, Lotte Spira, Dorit Kreysler, Hans Junkermann.

Männer müssen so sein
Buch: Hans-Joachim Beyer, nach dem gleichnamigen Roman von Heinrich Seiler.
Mit Hertha Feiler, Hans Söhnker, Paul Hörbiger, Hans Olden, Charlott Daudert, Günther Lüders.

Flucht ins Dunkel
Buch: Philipp Lothar Mayring, nach dem Roman »Gespenst im späten Licht« von Karl Unselt.
Mit Hertha Feiler, Joachim Gottschalk, Ernst von Klipstein, Paul Hoffmann, Siegfried Schürenberg.

Johannisfeuer
Buch: Kurt Heuser, nach dem gleichnamigen Bühnenstück von Hermann Sudermann.
Mit Anna Dammann, Ernst von Klipstein, Otto Wernicke, Gertrud Meyen, Maria Koppenhöfer, Hans Brausewetter, Charlott Daudert.

Weißer Flieder
Buch: Géza von Cziffra.
Mit Hannelore Schroth, Hans Holt, Mady Rahl, Paul Henckels, Victor Janson, Elga Brink, Rudolf Schündler.

1940 *Die drei Codonas*
Buch: Kurt Heuser, nach einer Filmnovelle von Joachim Friedrich Bremer und Philipp Lothar Mayring.
Mit Josef Sieber, René Deltgen, Ernst von Klipstein, Lena Normann.

Achtung! Feind hört mit!
Buch: Kurt Heuser, nach einer Idee von Georg C. Klaren.
Mit Kirsten Heiberg, Rolf Weih, René Deltgen, Michael Bohnen, Lola Müthel.

1941 *... reitet für Deutschland*
Buch: Fritz Reck-Malleczewen, Richard Riedel und Josef Maria Frank, nach der Biographie des Freiherrn von Langen (Bearbeitung: Clemens Laar).
Mit Willy Birgel, Paul Dahlke, Herbert A. E. Böhme, Willi Rose, Wolfgang Staudte.

Leichte Muse
Buch: Kurt Heuser, nach dem Roman »Viva la musica« von Hans Fritz Köllner.
Mit Willy Fritsch, Adelheid Seeck, Paul Hoffmann, Anja Elkoff, Paul Bildt, Erich Ponto.

1942 *Fronttheater*
Buch: Georg Hurdalek, Hans Fritz Köllner, Werner Plücker, nach einer Idee von Werner Scharf.
Mit Heli Finkenzeller, René Deltgen, Hedi und Margot Höpfner.

Meine Frau Teresa
Buch: Willy Klever, Ellen Fechner, nach dem gleichnamigen Roman von Ellen Fechner.
Mit Elfie Mayerhofer, Hans Söhnker, Rolf Weih, Mady Rahl, Harald Paulsen, Wilhelm Bendow.

1943 *Liebespremiere*
Buch: Willy Clever, Ellen Fechner, nach einer Idee von Géza von Cziffra.
Mit Kirsten Heiberg, Hans Söhnker, Margot Hielscher, Rolf Weih, Fritz Odemar, Charlott Daudert.

Zirkus Renz
Buch: Roland Betsch, Otto Ernst Hesse.
Mit René Deltgen, Paul Klinger, Angelika Hauff, Alice Treff, Fritz Odemar, Herbert Hübner, Gunnar Möller, Rudolf Schündler.

1944 *Das Leben ruft*
Buch: Otto Ernst Hesse, nach Motiven des Bühnendramas »Mutter Erde« von Max Halbe.
Mit Paul Klinger, Sybille Schmitz, Gerhild Weber, Otto Wernicke, Paul Henckels.

Am Abend nach der Oper (EA: 1945)
Buch: Johanna Sibelius, nach der Novelle »Der Fund« von Franz Nabl.
Mit Gusti Huber, Siegfried Breuer, Robert Lindner, Erich Ponto.

1945 *Regimentsmusik* (EA: 1950, u. d. Titel: *Die Schuld der Gabriele Rottweil*)
Buch: Peter Francke, nach dem gleichnamigen Roman von Hans Gustl Kernmayr.
Mit Heidemarie Hatheyer, Siegfried Breuer, Gustav Waldau, Friedrich Domin.

Wir beide liebten Katharina (unvollendet)
Buch: A. A. Kuhnert, Roland Betsch.
Mit Angelika Hauff, René Deltgen.

1948 *Chemie und Liebe*
(DDR)
Buch: Marion Keller, Frank Clifford, nach einer Idee von Béla Balázs.
Mit Hans Nielsen, Tilly Lauenstein, Ralph Lothar, Arno Paulsen, Maria Milde.

Morgen ist alles besser
Buch: F. D. Andam, Werner Zibaso, nach Motiven des gleichnamigen Romans von Annemarie Selinko.
Mit Ellen Schwannecke, Rudolf Prack, Paul Klinger, Grethe Weiser, Fita Benkhoff, Jakob Tiedtke.

1949 *Das Mädchen Christine*
(DDR)
Buch: Frank Clifford, nach einer Novelle von Hans Rabl.
Mit Petra Peters, Wolfgang Lukschy, Tilly Lauenstein, Reinhard Kolldehoff, Ilse Hülper.

Anonyme Briefe
Buch: E. G. von Rodde (= Ernst Hasselbach), nach dem gleichnamigen Roman von Annemarie Artinger.
Mit Käthe Haack, Tilly Lauenstein, O. E. Hasse, Petra Peters, Jeanette Schultze, Cornell Borchers sowie Viktor de Kowa, Michi Tanaka als Gäste.

Martina
Buch: Grete Illing, Werner Illing, O. B. Wendler.
Mit Jeanette Schultze, Siegmar Schneider, Cornell Borchers, Werner Hinz, Albert Hehn, Margarete Kupfer.

Nächte am Nil
Buch: Bobby E. Lüthge, Ernst Hasselbach, nach der musikalischen Komödie »Darf man? Darf man nicht?« von Bobby E. Lüthge.
Mit Sonja Ziemann, Wolfgang Lukschy, Ralph Lothar, Aribert Wäscher.

0 Uhr 15, Zimmer 9
Buch: Gerhard T. Buchholz.
Mit Cornell Borchers, Peter Pasetti, Walter Franck, Maria Schanda, Ethel Reschke, Ernst Waldow.

1950 *Die Frau von gestern nacht*
Buch: Gustav Kampendonk, Curt Goetz jr.
Mit Heli Finkenzeller, Albert Matterstock, Paul Heidemann, Hilde Sessak, Ellen Bang.

Hochzeit im Heu
(Ö/D)
Buch: Hans Gustl Kernmayr, Alexander Lix, nach dem Bühnenstück »Der Doppelselbstmord« von Ludwig Anzengruber.
Mit Oskar Sima, Inge Egger, Dagny Servaes, Lotte Lang, Hugo Lindinger, Helli Servi, Josef Egger.

1951 *Unvergängliches Licht*
Buch: Vahagen Vartany, Alexander Lix, nach einer Story von Alexander Lix.
Mit Rudolf Forster, Cornell Borchers, Volker von Collande, Hilde Hildebrand, Katharina Mayberg.

Das weiße Abenteuer
Buch: Wolf Neumeister, nach einer Idee von Frank Gontard und Robert Gilbert.
Mit Joe Stöckel, Lucie Englisch, Adrian Hoven, Franz Muxeneder, Hugo Lindinger, Armin Dahlen.

La leggenda di Genoveffa
(I; D-Titel: *Genoveva)*
Buch: Lino de Joanna, Corrado Pavolini.
Mit Rossano Brazzi, Anne Vernon, Gianni Santuccio, Enzo Fiemonte.

1952 *Die Försterchristl*
Buch: Fritz Böttger, Joachim Wedekind, nach der gleichnamigen Operette von Georg Jarno und Bernhard Buchbinder.
Mit Johanna Matz, Karl Schönböck, Angelika Hauff, Will Quadflieg, Käthe von Nagy, Oskar Sima, Ivan Petrovich.

Alraune
Buch: Kurt Heuser, nach dem gleichnamigen Roman von Hanns Heinz Ewers.
Mit Hildegard Knef, Erich von Stroheim, Karlheinz Böhm, Rolf Henniger, Harry Meyen, Trude Hesterberg.

Wir tanzen auf dem Regenbogen/Senza veli
(D/I)
Buch: Gaspare Cataldo, Ugo Zatterin. CR = Carmine Gallone.
Mit Inge Egger, Siegfried Breuer, Karl Schönböck, Isa Barzizza, Gino Mattera, Harry Meyen.

1953 *Die Fiakermilli*
(Ö; D-Titel: *Fiakermilli – Liebling von Wien*)
Buch: Martin Costa, Rabenalt, nach dem gleichnamigen Bühnenstück von Martin Costa.
Mit Gretl Schörg, Paul Hörbiger, Karl Schönböck, Rudolf Platte, Lucie Englisch, Fritz Imhoff.

Lavendel/Lavendel – eine ganz unmoralische Geschichte
(Ö/D)
Buch: Fritz Böttger, Rabenalt, nach dem gleichnamigen Stück von Bruno Schuppler.
Mit Gretl Schörg, Karl Schönböck, Hans Holt, Erni Mangold, Hans Putz.

Der letzte Walzer
Buch: Curt Johannes Braun, nach der gleichnamigen Operette von Julius Brammer, Alfred Grünwald (Libretto) und Oscar Straus (Musik).
Mit Curd Jürgens, Eva Bartok, O. E. Hasse, Christl Mardayn, Siegfried Breuer, Erni Mangold.

Der Vogelhändler
Buch: Curt Johannes Braun, nach der gleichnamigen Operette von M. West, L. Held (Libretto) und Carl Zeller (Musik).
Mit Ilse Werner, Wolf Albach-Retty, Gerhard Riedmann, Eva Probst, Günther Lüders, Siegfried Breuer, Erni Mangold.

Der unsterbliche Lump
Buch: Curt Johannes Braun, nach der gleichnamigen Operette von Felix Dörmann (Libretto) und Edmund Eysler (Musik).
Mit Karlheinz Böhm, Ingrid Stenn, Hans Olden, Paul Esser, Erik Frey.

1954 *Die Sonne von St. Moritz*
Buch: Curt Johannes Braun, nach dem gleichnamigen Roman von Paul Oskar Höcker.
Mit Winnie Markus, Karlheinz Böhm, Signe Hasso, Claus Biederstaedt, Erik Frey, Heinrich Gretler.

Der Zigeunerbaron
(D/F)
Buch: Curt Johannes Braun, nach der auf der Erzählung »Saffi« von Maurus Jokai basierenden gleichnamigen Operette von Ignaz Schnitzer (Libretto) und Johann Strauß Sohn (Musik).
Mit Gerhard Riedmann, Paul Hörbiger, Margit Saad, Maria Sebaldt, Trude Hesterberg, Karl Schönböck, Waltraut Haas.

Le baron tzigane
F-Version des vorhergehenden Films mit Georges Guétary in der Titelrolle.

Der Zarewitsch/Le tzarévitch
(D/F)
Buch: Paul H. Rameau; Roger Richebé, Pierre Gaspard-Huit, nach der gleichnamigen Operette von Bela Jenbach/Heinz Reichert (basierend auf dem Stück von Zapolska-Scharlitt) – Libretto – und Franz Lehár (Musik).
Mit Luis Mariano, Sonja Ziemann, Ivan Petrovich, Hans Richter, Maria Sebaldt.

1955 *Solang' es hübsche Mädchen gibt*
Buch: Per Schwenzen, Joachim Wedekind, Annemarie Artinger, nach dem Roman »Okay Mama« von Annemarie Artinger.
Mit Grethe Weiser, Georg Thomalla, Alice und Ellen Keßler, Rudolf Vogel, Oskar Sima, Blandine Ebinger.

Liebe ist ja nur ein Märchen
Buch: Felix Lützkendorf, Gustav Kampendonk.
Mit Willy Fritsch, Eva Crüwell, Gerhard Riedmann, Claude Farell, Georges Guétary, Lucie Englisch.

Unternehmen Schlafsack
Buch: Kurt E. Walter, nach einem Roman von Hans Nogly.
Mit Eva-Ingeborg Scholz, Paul Klinger, Karlheinz Böhm, Kurt Meisel, Charles Regnier, Willy Millowitsch.

1956 *Die Ehe des Dr. med. Danwitz*
Buch: Michael Mansfeld.
Mit Marianne Koch, Karlheinz Böhm, Heidemarie Hatheyer, Paul Dahlke, Maximilian Schell, Mathias Wieman, Erni Mangold.

Tierarzt Dr. Vlimmen
Buch: Konrad Beste, Carl Dietrich Carls, nach Motiven der Romantrilogie »Dr. Vlimmen« von A. Roothaert.
Mit Bernhard Wicki, Heidemarie Hatheyer, Wolfgang Lukschy, Ellen Schwiers, Ernst von Klipstein, Ursula Herking, Carsta Löck, Erni Mangold.

Zwischen Zeit und Ewigkeit/Entre hoy y la eternidad
(D/SP)
Buch: Robert Thoeren. CR: José Antonio Nieves Conde.
Mit Lilli Palmer, Carlos Thompson, Willy Birgel, Ellen Schwiers, Robert Lindner, Manuel Collado.

Glücksritter
Buch: Kurt E. Walter, Michael Mansfeld, nach einer Filmnovelle von Walther von Hollander.

Mit Heidemarie Hatheyer, Paul Hubschmid, Barbara Rütting, Hans Nielsen, Eva Kotthaus, Paul Klinger, Siegfried Schürenberg.

1957 *Frühling in Berlin*
Buch: Curt Johannes Braun.
Mit Walter Giller, Sonja Ziemann, Marta Eggerth, Gardy Granass, Gerhard Riedmann, Dietmar Schönherr, Ivan Petrovich, Willy A. Kleinau, Wolfgang Neuss.

Für zwei Groschen Zärtlichkeit/Kaerlighed mod betaling
(D/DK)
Buch: Werner Hill.
Mit Claus Holm, Ingmar Zeisberg, Erwin Strahl, Kai Fischer, Paul Westermeier.

Eine Frau, die weiß was sie will
Buch: Fritz Eckhardt, Per Schwenzen, Herbert Witt, nach der gleichnamigen Operette von Oscar Straus.
Mit Lilli Palmer, Fritz Eckhardt, Peter Vogel, Peter Schütte, Maria Sebaldt.

1958 *Das haut doch einen Seemann nicht um/En somand gar i land*
(D/DK)
Buch: Grete Fischer, F. M. Schilder.
Mit Karlheinz Böhm, Antje Geerk, Georg Thomalla, Annie Rosar, Hans Nielsen.

Vergiß mein nicht/Vento di primavera
(D/I)
Buch: Gina Falckenberg, Aldo de Benedetti. CR: Giulio del Torre.
Mit Sabine Bethmann, Ferruccio Tagliavini, Erich Winn, Massimo Giuliani, Lauretta Masiero, Rudolf Vogel.

Geliebte Bestie
(Ö)
Buch: Kurt Nachmann, Hans Fritz Köllner, nach dem Roman »Männer müssen so sein« von Heinrich Seiler.
Mit Gerhard Riedmann, Margit Nünke, Willy Birgel, Mady Rahl, Gustav Knuth, Gretl Schorg, Heinz Moog, Walter Giller, Ljuba Welitsch, Fred Bertelmann.

1959 *Laß mich am Sonntag nicht allein*
Buch: Ernst Neubach, Adolf Schütz, nach einer Idee von Laslo Kish.
Mit Heidi Brühl, Georg Thomalla, Willy Hagara, Violetta Ferrari, Willy Millowitsch, Annie Rosar, Franziska Kinz, Albert Rueprecht.

1960 *Der Held meiner Träume*
Buch: Gina Falckenberg, Johannes A. Hübler-Kahla, nach der Komödie »Les jours heureux« von Claude André Puget.
Mit Carlos Thompson, Heidi Brühl, Maria Perschy, Marte Harell, Lucie Englisch, Peter Vogel.

Das große Wunschkonzert
(Ö)
Buch: Felix Lützkendorf, Rolf Olsen.
Mit Carlos Thompson, Linda Christian, Edmund Purdom, Ingeborg Schöner, Eva-Ingeborg Scholz, Lotte Lang, Rudolf Schock.

1961 *Mann im Schatten*
(Ö)
Buch: Wolfgang Menge.
Mit Helmut Qualtinger, Ellen Schwiers, Helmut Lohner, Barbara Frey, Katharina Mayberg, Robert Lindner, Hans Thimig.

1968 *Im Rhythmus der Jahrhunderte*
Dokumentarfilm

1970 *Hilfe, mich liebt eine Jungfrau/Une pucelle en or*
(D/F)
Buch: Günther Heller.
Mit Gundolf Willer, Yvonne ten Hoff, Véronique Vendell, Jacques Bézard, Rudolf Schündler, Ralf Wolter.

1971 *Haie an Bord*
Buch: Rolf Olsen, August Rieger, nach einem Roman von Becker-Riepen.
Mit Freddy Quinn, Karin Dor, Werner Pochath, Volker Bogdan, Franz Mosthav, Frank Reno.

1973 *Madaus einmal anders*
Dokumentarfilm

1978 *Caribia*
Buch: Arthur Maria Rabenalt, nach dem Bühnenstück »La dispute« von Pierre Chamblain de Marivaux.
Mit Rossano Brazzi, Gaby Herbst, Ti-Corn, Ronnie Lee Williams, Judy Cheeks.

Personenregister

A

Adina, Lil 127
Adlersfeld-Ballestrem, Eufemia 97
Albers, Hans 172
Albrecht, E. H. 106
Alessandrini, Geofreddo 60
Alfieri 62
Alten, Jürgen von 25
Anzengruber, Ludwig 113
Arendt, Hannah 215
Arent, Benno von 112, 120, 135
Auen, Carl 25

B

Baarová, Lida 118f., 124, 127, 130, 135, 151, 158, 193
Bach, Johann Sebastian 97
Balázs, Béla 68
Barlog, Boleslaw 105, 144
Barnowsky, Victor 33
Barrault, Jean-Louis 69
Beethoven, Ludwig van 82
Bendow, Wilhelm 176
Benkhoff, Fita 51
Berger, Gottlieb 200
Bergman, Ingrid 128
Bergö, Aino 127
Berlioz, Hector 69
Betsch, Roland 106
Bird, Betty (Ptak, Betty) 127
Birgel, Willy 225, 229
Blech, Leo 39
Blech, Liesl 39
Boccherini, Luigi 97
Bochmann, Werner 89
Böhmelt, Harald 51
Braun, Eva 221
Brignone, Guido 69
Brodnitz, Hans 23
Bruch, Walter 90
Brümmer, Alfons 27
Bunje, Karl 75
Bürger, Berthold 76

C

Canaris, Admiral 72, 109, 205, 207
Carné, Marcel 71
Caspar, Horst 76
Chalupec, Apollonia siehe: Negri, Pola
Chaplin, Charles Spencer 17, 97
Charell, Eric 98
Christian-Jaque 69
Churchill, Winston 195, 231
Ciano, Galeazzo, Conte di Cortellazzo 61ff.
Clauren 97
Clifford, Frank 51, 54
Cohn, Jakob siehe: Coogan, Jackie
Coogan, Jackie (Cohn, Jakob) 17
Cooper, Gary 195
Cserépy, Arzen von 26, 41
Czepa, Friedl 127

D

Dagover, Lil 128
Dammann, Anna 128
Dammann, Gerhard 89, 106
Darrieux, Danielle 128, 202
Daudert, Charlott 156
Deltgen, René 106, 207
Demandowsky, Ewald von 143
Diessl, Gustav 60
Dietrich, Marlene 122, 129
Dobrovén 39
Dostojewski, Fedor M. 97
Dréville, Jean 202
Dreyer, Max 47, 80, 113
Dyckhoff, Käthe (Katharina) 156f., 179

E

Ebner-Eschenbach, Marie von 113
Eggebrecht, Axel 230
Eggerth, Marta 42
Elsner, Maria 128
Engel, Erich 100
Epp, Ully 89

F

Fassbinder, Rainer Werner 122
Feiler, Hertha 128, 143
Fernau, Rudolf 100
Feuchtwanger, Lion 43
Feyder, Jacques 59
Finck, Werner 163
Finkenzeller, Heli 209
Fischer, Adolf 89, 106
Fischer, Albert 106
Fleißer, Marieluise 113
Florath, Albert 51
Fontane, Theodor 112
Forst, Willi 41, 176
Frank, Bruno 50
Freud, Sigmund 228
Freytag, Gustav 68, 113
Fröhlich, Gustav 118, 151
Furtwängler, Wilhelm 74

G

Gad, Urban 68
Ganghofer, Ludwig 75, 113
Garbo, Greta 122, 128
Gebühr, Otto 24
George, Heinrich 40, 74
George, Stefan 196
Gerron, Kurt 26
Gigli, Benjamino 100
Gillmann, Karl Peter 49
Goebbels, Magda 29, 125
Goethe, Johann Wolfang von 97
Göring, Hermann 54, 72f.
Gottschalk, Joachim 83, 165, 175ff., 221
Graf, Hans 228
Grethe, Hildegard 106
Greven, Albert 119, 203f.
Griffith, D. W. 16
Grillparzer, Franz 77
Gründgens, Gustaf 72, 105, 110, 157, 175f.
Gundolf, Friedrich 17, 30, 68, 162
Gutter, Leopold 142

H

Haase, von 182
Hagen, Kurt 106

Hagen, Peter 195
Hagen, Peter siehe: Krause, Willi (Pseudonym)
Halbe, Max 113
Haller, Herrmann 101, 120
Hamsun, Knut 112
Hanke, Karl 119
Hansen, Rolf 110, 166
Harbou, Thea von 53
Harlan, Veit 49, 74, 122, 143, 146f.
Hartl, Karl 164
Harvey, Lilian 98, 183
Hatheyer, Heidemarie 127
Hauff, Angelika 106f., 127
Hauptmann, Gerhart 113
Haydn, Joseph 42
Heesters, Johannes 100
Heiberg, Kirsten 127, 224
Heinze 205
Henkel, Dr. 54
Hesse, Otto Ernst 106
Heyse, Paul 49
Hielscher, Margot 105f.
Hilpert, Heinz 74
Himmler, Heinrich 21, 125
Hindemith, Paul 50, 74
Hinz, Gertrud 106
Hippler, Fritz 143, 146, 178f., 227
Hitchcock, Alfred 97
Hitler, Klara 228
Hochbaum, Werner 191
Hofer, Johanna 76
Hollaender, Friedrich 101
Holt, Hans 198
Höpfner, Hedi 89, 142
Höpfner, Margot 89, 142
Hoppe, Ernst Otto 106
Hörbiger, Attila 60
Hörbiger, Paul 164
Horney, Brigitte 83f.
Horváth, Ödon von 113
Hübner, Herbert 106
Hubschmid, Paul 201
Hugenberg, Alfred 18, 26, 39, 64, 112
Hussels, Jupp 111

J

Jannings, Emil 143
Jensen, Johannes 112
Jessel, Leon 82
Joannon, Léo 202
Johst, Hanns 74
Jolson, Al 70
Jurmann, Walter 40

K

Kalanag 142
Kaper, Bronislaw 40
Kästner, Erich 76, 163
Käutner, Helmut 71, 229
Keaton, Buster 17
Keitel, Wilhelm 166
Kiepura, Jan 40, 42
Kiesler, Hedy 25
Kimmich, Maria 91
Kimmich, Max 91
Kisch, Egon Erwin 226
Klein, James 101, 120
Kleist, Heinrich von 76
Klinger, Paul 106
Klipstein, Ernst von 193
Klitzsch, Ludwig 143
Klöpfer, Eugen 74
Knauf, Erich 185
Korda, Alexander 67

Korff, Annemarie 89
Kowa, Viktor de 50, 51, 54, 197
Kracauer, Siegfried 68
Krahl, Hilde 127, 201
Kraus, Karl 31, 163
Krause, Willi (Hagen, Peter) 26
Krauß, Werner 43
Kuh, Anton 28, 31, 163
Kühne 179

L

La Cava, Gregory 71, 202
Lagerlöf, Selma 112
Lanfield, Sidney 70
Lang, Fritz 18, 25, 53, 75 f., 112
Langen, Freiherr von 228
Langhoff, Wolfgang 230
Leander, Zarah 57, 127, 143
Lehár, Franz 82
Leigh, Vivien 143
Lernet-Holenia, Alexander 128
Lessing, Gotthold Ephraim 76
Ley, Robert 72, 109, 207, 209
Lichtenberg, Georg Friedrich 122
Liebeneiner, Wolfgang 143 f.
Liebmann, Robert 26
Lind, F. 89
Lind, W. 89
Lippert, Julius 25
Lippl, Alois Johannes 75, 113
Liszt, Franz 82
Lloyd, Harold 17
Löbel, Bruni 89
Lubitsch, Ernst 97
Ludendorff, Erich 112
Lüders, Günther 51
Lueger, Karl 175

M

Maisch, Herbert 76
Mann, Thomas 29
Marischka, Ernst 42
Markowitsch 41
Marlen, Trude 52
Marlitt, Eugenie 97
May, Joe 40
Meyerinck, Hubert von 176
Mierendorff, Carlo 15, 230
Miranda, Isa 60, 128
Mog, Aribert 25
Möller, Gunnar 106
Mosse, Rudolf 33
Mozart, Wolfgang Amadeus 97
Müller, Renate 40, 98, 183 f.
Müller, Waldemar 50, 51
Münch, Armin 89
Mutschmann, Martin 73

N

Negri, Pola (Chalupec, Apollonia) 126
Nelson, Rudolf 101
Neumann, Carl 22, 27
Nierentz, Hans Jürgen 27, 91
Nusser, Luitpold 27

O

Odemar, Fritz 106
Offenbach, Jacques 39, 50, 137, 189
Ohser 39
Oswald, Richard 27, 43
Otto, Hans 162, 185 f.

P

Patton, General 141
Paulsen, Harald 74
Pawlik, Eva 102
Pfeiffer, Hermann 106
Piscator, Erwin 161
Pledath, Werner 106
Pohl, Claus 106
Polgar, Alfred 29, 31, 163
Ptak, Betty siehe: Bird, Betty
Pudowkin, Wsewolod 68

Q

Queri, Georg 75, 113

R

Rabinowitsch, Gregori 42
Raddatz, Carl 195
Rahl, Mady 198
Raky, Hortense 127
Rappaport, Herbert 39
Rathmann 89
Reck-Malleszwen, Fritz 185
Rehberg, Hans 74
Reisch, Walter 41
Remarque, Erich Maria 23
René, Ernst 89
Reutter, Otto 86
Richter, Oberleutnant 156, 179 ff.
Richter, Rotraut 134, 144 ff., 156, 179
Riefenstahl, Leni 18, 102
Ritter, Carl 196
Röhm, Ernst 54
Rökk, Marika 126
Rosay, Françoise 128
Rose, Willy 89, 106
Rosegger, Peter 113
Rosenberg, Alfred 47, 57, 72, 113
Rühmann, Heinz 143

S

Saltenburg, Heinz 33
Schäfer, Karl 102
Schaeffers, Willi 51
Schiffer, Marcellus 101
Schiller, Friedrich 76
Schlettow, Hans Adalbert 25
Schmidt, Joseph 28
Schmidt-Gentner, Willy 83
Schmitz, Ludwig 111
Schmitz, Sybille 128
Schneider, Tine 51
Schreiber, Helmut 141
Schroth, Hannelore 198
Schultz, Charlotte 106
Schündler, Rudolf 106, 165
Schünzel, Reinhold 98, 128
Schygulla, Hanna 122
Seeck, Adelheid 128, 156
Selpin, Herbert (Pinsel, Herbert) 171 ff.
Shakespeare, William 17, 68 f.
Simson, Marianne 156
Söderbaum, Kristina 122, 127, 143, 146 f.
Solari, Laura 128
Sonnemann, Emmy 72
Sörensen, Annemarie 51, 54, 128
Spira-Andresen, Lotte 106
Spoliansky, Mischa 101
Stark, Georg 26
Staudte, Wolfgang 165
Steckel, Leonard 40

Steinweg, Walter 106
Sternberg, Josef von 122, 129
Stifter, Adalbert 113
Stiller, Mauritz 122
Stolz, Robert 42
Storm, Theodor 112
Strasser, Gregor 21, 25
Strauß, Johann 82
Streicher, Julius 137
Suchanek, Alice siehe: Hauff, Angelika
Sudermann, Hermann 113

T

Tabody, Clara 126
Tasnady, Maria von 126
Tauber, Richard 27f.
Teichs, Alf 70, 143
Thoma, Ludwig 113
Tolstoi, Leo 97
Tost, Walter 106
Treff, Alice 106
Trenker, Luis 40, 113
Tschaikowsky, Peter 82
Tschechowa, Olga 126, 149
Tucholsky, Kurt 31, 163

U

Ucicky, Gustav 83
Ullstein 33

V

Vajda, László 39
Valentin, Karl 98
Valli, Alida 128
Veidt, Conrad 26, 43
Vogt, Carl de 25

W

Wagner, Adolf 73
Wagner, Richard 41
Wagner, Wolf 137
Waldow, Ernst 106
Walter, Bruno 39
Walter, Gretl 39
Waschatko, Hanns 106
Wayne, John 195
Weidenmann, Alfred 197
Weiß, Ferdl 41
Wenck, Eduard 106
Werner, Ilse 128
Wessel, Horst 29, 41, 82
Wessely, Paula 41, 127
Wieman, Mathias 195
Williams Katharina (s. a. Dyckhoff, Käthe) 156
Winkler, Max 63f., 68, 141, 203, 227
Winterstein, Willy 106
Witt, Gert 106

Z

Zerlett, Hans H. 201
Zöberlein, Hans 41
Zoch, Georg 52
Zuckmayer, Carl 75f.

MÄNNER MÜSSEN SO SEIN

MÄNNER MÜSSEN SO SEIN